促进居民收入分配结构调整的财税政策研究

浙江省财政学会 编

CUJIN JUMIN SHOURU FENPEI JIEGOU TIAOZHENG DE
CAISHUI ZHENGCE YANJIU

经济科学出版社
Economic Science Press

《促进居民收入分配结构调整的财税政策研究》
课题组

课题组织：

　　浙江省财政学会、财税政策研究室

课题参加单位：

　　湖北省财政学会、科研所

　　海南省财政学会

　　上海市闵行区财政局

　　财政部科研所财经信息中心

课题指导：

　　白景明　朱忠明

课题负责人：

　　余丽生　何华祥

课题组成员：

　　浙江省财政学会、财税政策研究室：

　　冯　健　陈优芳　虞　斌　卢名辉　盛滢婷

　　湖北省财政学会、科研所：

　　王华新　龚金保　吴晓玲　李晓东

　　海南省财政学会：

　　甘　飞　李映红　卞艳臣　陈为毅　吴晓姗

　　罗振子　李云海

　　上海市闵行区财政局：

　　周国强　顾耀强

　　财政部科研所财经信息中心：

　　吴　雪　郭占春　王志刚　曹文辉　孙家希

前　言

随着我国改革开放的不断深入，经济发展水平的不断提高，我国居民收入水平也稳步提高。2011 年，我国城镇居民人均可支配收入达到了 21 810 元，农村居民人均纯收入达到了 6 977 元，均比改革开放之初增长了 30 多倍。然而，居民收入的增长难以掩盖居民收入结构存在的问题。城乡之间、区域之间、行业之间等的居民收入差距不断拉大成了收入分配领域存在的突出问题。如何改变收入分配结构失衡的格局、促进收入公平分配、缩小不同群体间的收入差距，成为我国构建和谐社会、保持经济社会持续快速发展迫切需要解决的重大课题。

面对收入差距不断扩大的严峻形势，我国积极寻求解决之道。党的十七大指出："要深化收入分配制度改革。初次分配和再分配都要处理好效率和公平的关系，再分配更加注重公平。逐步提高居民收入在国民收入分配中的比重，提高劳动报酬在初次分配中的比重。着力提高低收入者收入，逐步提高扶贫标准和最低工资标准，建立企业职工工资正常增长机制和支付保障机制。创造条件让更多群众拥有财产性收入。保护合法收入，调节过高收入，取缔非法收入。逐步扭转收入分配差距扩大趋势。"这一论断充分表明了我国在改革和发展过程中对收入分配领域所要实现的目标以及采取的举措，为深化收入分配领域改革提供了行动纲领。

按照马斯格雷夫的财政理论，财政有三大职能，其中收入分配职能是财政重要的职能之一。同时他指出，可以通过累进税的税收制度设计和对低收入家庭的补贴来实现财政对收入分配结构的调控。因此，促进居民收入分配结构调整是政府财政的重要职责。在分配领域，政府可以通过对财税制度的设计和财税政策的安排将居民收入差距控制在社会各阶层所能承受的范围内。

2011 年，我国财政收入总规模突破了 10 万亿元，这为实施缩小居民收入差距、促进收入的公平分配奠定了坚实的财力基础。同时，通过多年的财税改革，我国已经初步建立了有利于居民收入分配结构调整的公共财政制度框架。比如，不断建立完善旨在保障低收入群体基本生活的一系列补贴制度，建立提高居民收入的就业财政政策，不断完善调节收入分配差距的个人所得税制度，健全缩小区域间收入差距的转移支付制度，等等。这些制度的建立和完善对于改善居民收入结构产生了重要作用。但随着经济社会的不断发展，收入分配领域出现了一些新矛盾、新问题，财税制度的某些方面已经滞后于形势发展的需要，不利于居民收入分配结构的优化调整。因此，如何进一步通过财税制度的设计、修正和完善来促进调整居民收入结构优化，实现收入公平分配，成为当前财税领域亟待研究和解决的热点问题。

2011 年，由浙江省财政学会、财税政策研究室牵头，湖北省、海南省财政学会、科研所、上海市闵行区财政局和财政部科研所财经信息中心参加，联合承担了中国财政学会、财政部科研所下达的"促进居民收入分配结构调整的财税政策研究"协作课题。同时，为了更好地完成课题研究，牵头单位浙江省财政学会、财税政策研究室还组织了浙江省部分院校和有关单位参加了本课题研究，举办了一次"调整居民收入分配结构的财税政策研究"学术沙龙，从调整居民收入分配结构的实践和理论等角度进行了深入的交流和探讨。在课题组全体同志的共同努力下，顺利完成了课题研究任务。整个课题由 1 个总报告、3 个分报告和 6 个专题报告组成，由牵头单位负责编辑出版。浙江省财税政策研究室的余丽生、冯健、陈优芳、虞斌、卢名辉、盛滢婷同志对课题报告进行了编审，余丽生同志对全书进行了总纂。本书的出版得到了经济科学出版社的大力支持，在此谨表谢意。

由于编者水平有限，本书如有不妥和不完善之处，敬请读者批评指正。

编 者
2012 年 5 月

目　录

下　篇

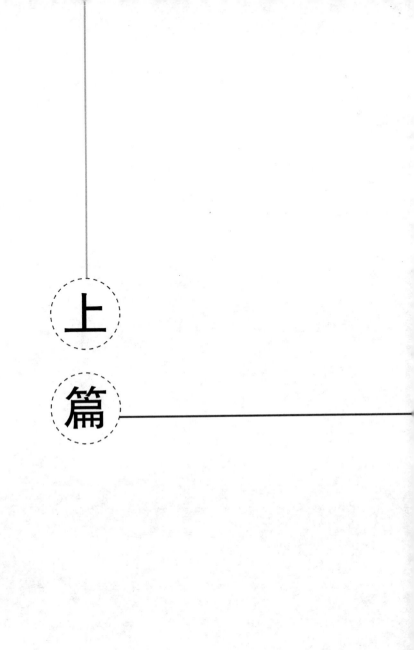

上

篇

促进居民收入分配结构调整的财税政策研究

协作课题组

改革开放以来，我国经济实现了持续快速增长，居民收入水平不断提高，人民生活水平显著改善。但与此同时，收入分配领域也出现了收入差距不断扩大、分配秩序混乱、分配格局不合理等一些不容忽视的问题，如果任其发展将会严重影响经济社会的进一步和谐发展。要扭转收入分配差距不断扩大的趋势、创造良好的收入分配秩序、优化居民收入分配格局，必须加大收入分配调节力度，加快推进收入分配制度改革，增加居民收入，让全体人民共享改革发展成果。财政作为政府调控的物质基础、财力保障，在促进居民收入分配结构调整上必须发挥出积极作用。通过税收制度、支出制度、转移支付制度等调节收入差距的手段，同时强化财税管理工作，可以加强对高收入者的税收调节，加大对低收入者转移支付力度，提高劳动者获取收入的能力，逐步提高居民收入在国民收入分配中的比重和劳动报酬在初次分配中的比重，这对于有效抑制收入差距扩大趋势、促进社会公平具有重要意义。

一、居民收入分配结构调整的内涵及必要性

（一）居民收入分配结构调整的内涵

1. 合理界定居民收入分配结构

首先是居民的范围，应包括所有的中华人民共和国公民，无论城市还是乡村，无论东部还是中西部，只要是中国辖区内的常住居民都是本项研究的

对象。

其次是收入的口径。按照统计部门的口径，城镇居民家庭总收入指家庭成员得到的工资性收入、经营净收入、财产性收入、转移性收入之和，不包括出售财物收入和借贷收入。城镇家庭可支配收入指家庭成员得到可用于最终消费支出和其他非义务性支出以及储蓄的总和，即居民家庭可以用来自由支配的收入。计算公式为：可支配收入＝家庭总收入－交纳个人所得税－个人交纳的社会保障支出－记账补贴。农村居民家庭总收入指调查期内农村住户和住户成员从各种来源渠道得到的收入总和。按收入的性质划分为工资性收入、家庭经营收入、财产性收入和转移性收入。纯收入指农村住户当年从各个来源得到的总收入相应地扣除所发生的费用后收入总和。计算方法：纯收入＝总收入－家庭经营费用支出－税费支出－生产性固定资产折旧－赠送农村内部亲友。当然，也有所谓"灰色收入"或"隐性收入"，这些收入形式不在我们的研究范畴之内。

最后是收入分配的结构。收入分配的结构可以分为三个层次：第一是宏观层次，也就是通常所说的国民收入分配结构，将国民收入分为居民、企业、政府三大收入，并形成了各自的结构比例；第二是中观层次，例如不同的行业、地区之间的收入分配结构；第三是微观层面，也就是个人之间或不同收入分组之间的收入分配结构。例如按照四等分所划分的收入分组，考察不同组人群的收入比例。这三个层面的问题集中表现"两个比重"是上升还是下降的问题，所谓的两个比重即"居民收入占国民收入的比重"以及"劳动报酬占国内生产总值"的比重。

2. 正确认识收入分配结构调整问题

一是理性看待收入分配结构失衡。收入分配结构失衡是一个历史性的、阶段性的客观事实。从宏观层次看，随着工业化、全球化的深入，资本深化成为普遍现象，资本收益高于劳动收益，居民劳动报酬占比降低难以避免，随着人口素质或人力资本的不断提高，未来经历某一拐点之后，劳动收入占 GDP 的比例也有可能会上升，呈现"U"型特征。从中微观层次看，由于体制转轨、非均衡发展经济战略、垄断、制度设计不足、劳动者个体能力差异等各种原因，城乡、行业、不同群体之间的居民收入必然会存在差距。

二是准确把握调整的含义。调整居民收入分配结构绝不是说要回归以往计划经济时代的平均主义，缩小而不是消除收入差距，将收入差距控制在一个合理的、社会可接受的范围内。同时，收入分配的调整不仅仅是一个静态的调整，更是一个动态的调整过程，它是一项长期而艰巨的工作任务，需要各方的共同努力推动。

三是充分发挥政府的调整作用。居民收入分配结构调整主要依赖市场和政府，其中，市场主要解决初次分配问题，而政府要承担再次分配的责任。出于历史文化和发展阶段所限，政府的作用尤为重要。政府要通过转变经济发展战略、实施积极的就业政策、提供基本公共服务、改革和完善税收制度等来进行顶层设计，并组织协调推进收入分配领域的改革，提高劳动报酬比重，调整居民收入分配结构。

（二）促进居民收入分配结构调整的必要性

1. 调整居民收入分配结构是实现共同富裕发展目标的必然要求

解放和发展生产力，实现共同富裕，这是社会主义的本质要求。我国尚处于并将长期处于社会主义初级阶段，共同富裕目标的实现不可能一蹴而就，将是一个循序渐进、"摸着石头过河"的过程，必须走"让一部分人、一部分地区先富起来，先富带后富，最终达到共同富裕"之路，这样，特定时期居民收入分配存在一定差距也在情理之中。但我们也要清醒地认识到，居民收入分配差距的存在具有双重效应，适度的收入差距有利于形成良好的示范效应和竞争效应，激励人们勤劳致富，能对经济社会发展起到促进作用；而过大的收入差距不仅会减少社会有效需求，降低劳动生产效率，导致经济增长乏力，而且还会引发人们的负面心理，威胁社会稳定，阻遏经济发展。因此，允许一部人"先富"，其中这个"富"是有一个边界的，即要确保"先富"的正效应占绝对主导，而调整居民收入分配结构的关键，并不在于完全消除收入差距，而是缩小收入差距，将差距控制在一个合理的、社会可接受的范围内，从而有效防范和化解"先富"风险，充分发挥"先富"积极效应，为实现"共富"营造良好环境。调整居民收入分配结构，不仅充分体现了共同富裕发展目标，而且还是确保和促进目标实现的重要举措。

2. 调整居民收入分配结构是协调改革发展稳定关系的重要基点

改革、发展与稳定是我国经济社会运行中时刻关注的重点。邓小平同志曾明确指出："改革是中国的第二次革命"，"发展才是硬道理"，"稳定压倒一切"。改革是动力，发展是目的，稳定是基础，三者有机统一。而收入分配问题事关改革、发展与稳定大局。大量理论研究和客观事实表明，居民收入分配差距已成为现阶段影响我国改革、发展与稳定的重要因素。主要表现为：一是收入分配失衡会阻碍改革进程。改革开放特别是 21 世纪以来，不断拉大的居民收入分配差距使得群众对改革的认同度和支持率有所下降，改革的社会环境变得尤为复杂，推进难度明显加大，不利于社会主义市场化改革目标的最终实现，发展的动力也相应受损；二是收入分配失衡会制约经济发展。从劳动生产率角度看，收入分配不合理，劳动者付出和获得不相匹配，其劳动和人力资本投入的积极性就很难提高，这会大大降低社会经济活动的效率；三是收入分配失衡会威胁社会稳定。失衡的收入分配结构会造成不同收入群体的分化，造成不同阶层间的对抗，导致"仇富心理"不断蔓延，群体性事件时有发生，不和谐局面加剧。特别是 2010 年我国人均 GDP 达到 4 382 美元，迈入中等收入发展阶段之后，"中等收入陷阱"风险接踵而至，亟须引起重视。因此，调整居民收入分配结构对协调改革、发展与稳定关系具有重要意义。

3. 调整居民收入分配结构是扩大内需、增强内生动力的关键所在

发展理论和实践表明，在拉动经济增长的"三驾马车"中，消费的作用和意义尤为重要。改革开放以来，我国经济发展尽管创造了"中国奇迹"，GDP 年均增速接近 10%，但国内消费需求却明显不足，其对经济增长的贡献并不突出。特别是 21 世纪以来，最终消费水平不升反降，消费率从 2000 年的 62.3% 逐步降至 2010 年的 47.4%，增长贡献率从 50.2% 降至 36.8%。而逐渐拉大的居民收入分配差距则是导致内需不足的重要原因。这是因为收入决定消费，且边际消费倾向递减，收入分配失衡导致占人口绝大多数的低收入者受收入水平制约，有消费需求和潜力却没有消费能力或消费能力相对有限，而拥有绝大多数财富的少数高收入者存在边际消费倾向递减趋势，其增加的收入中用于消费的部分达到一定程度后便很少或几乎不增长。运用财税手段调整居民收入分配结构，一方面通过税收、财政补助、转移支付等手段来缩小不同阶层、地区、行业社会成员间的收入差距，提高中等收入阶层比重，相应减少低收入阶层比重；另一方面通过加大社会保障投入，提高基本公共服务均等化水平，减少居民扩大消费的后顾之忧，从而有效增加国内消费需求，这对增强内生发展动力、促进经济平稳较快发展具有重要意义。

二、居民收入分配结构的现状及财税调整政策存在的问题

（一）居民收入分配结构的现状

总体看，我国居民收入差距不断拉大，而且在结构上也存在诸多突出的问题，具体表现为居民收入增长速度相对较缓，劳动报酬占初次分配比重不断降低，城乡、区域、不同群体之间的居民收入分配差距不断扩大等几个方面。

1. 总体收入分配差距进一步加大

（1）基尼系数不断攀升。一般而言，基尼系数值越小，表示收入差距越小，分配越平均；数值越大，表示收入差距越大，收入分配越不平均。根据世界银行的估计，1981年，我国的基尼系数大概在0.31左右，2001年，达到了0.44，2007年，逐渐上升至0.47，20年间增长了约0.16个点。从城镇内部看，根据有关专家测算，1978年城镇居民收入的基尼系数大概为0.16，2005年城镇居民收入系数升至0.39。从农村内部看，1978年的基尼系数大概为0.22，2006年则达到0.41①。尽管由于数据来源和测算方法的不同，基尼系数测算结果有一定差距，但无论采取什么样的方法进行测算，我国基尼系数总体上升趋势是一致的。这就意味着，我国收入差距的总体趋势在不断扩大，这不仅表现在居民收入水平的整体上，也表现在城乡内部中。

（2）国民收入中居民收入增长速度相对较缓。增速虽不能直接反映国民收入构成比重，但在国民收入增量一定的情况下，年均增长速度快的指标所占比重将逐年增加，而年均增长速度慢的指标所占比重将逐年降低，这从另一个角度可以解释居民收入占国民收入比重不断下降的现象。新世纪以来，我国政府、企业和居民的收入都有较大幅度的提高，但居民收入增长相对偏慢。我国财政收入由2000年的13 395.23亿元增长到2010年的83 080亿元，年均增速达20.02%，规模以上工业企业利润同期从4 393亿元增长到了38 828亿元，年均增速更是达到了24.35%，而城镇居民人均可支配收入和农村居民人均纯收入年均增速分别为11.77%和10.14%。国民收入构成中企业效益增速第一，政府收入次之，居民收入再次之。因此，从总体水平看，我国居民的收入有了很大的提升，

---

① 城乡内部基尼系数引用于陈宗胜、周云波的测算。

但仍然迫切需要建立劳动者充分平等地分享高速经济发展成果的机制，尽可能使居民收入同企业利润增长、财政收入增长及经济发展保持相对协调的关系。

表1 财政收入、企业效益和居民收入情况

项目	2000 年	2007 年	2008 年	2009 年	2010 年	年均增速（%）
财政收入（亿元）	13 395.23	51 321.78	61 330.35	68 518.30	83 080.00	20.02
规模以上工业企业利润（亿元）	4 393	27 155	30 562	34 542	38 828	24.35
城镇居民人均可支配收入（元）	6 280	13 786	15 781	17 175	19 109	11.77
农村居民人均纯收入（元）	2 253	4 140	4 761	5 153	5 919	10.14

资料来源：《中国统计年鉴（2001～2010）》。

（3）劳动者报酬收入占初次分配比重不断降低。2000 年以前，我国劳动者报酬占 GDP 的比重均在 50% 以上，但到 2000 年以后，这个比重下降到 50% 以下。2000 年我国劳动者报酬占 GDP 的比重为 51.38%，之后却呈不断下降趋势，2003 年为 49.62%，2005 年为 41.40%，2006 年为 40.40%，2007 年更是达到了近 10 年以来的最低点 39.74%，2010 年有所上升，为 49.03%。由于劳动者报酬是大多数居民收入的主要来源，劳动者报酬的下降将严重影响居民的可支配收入，进而影响消费需求。同时，劳动者报酬下降会进一步拉开居民收入之间的差距。

表2 劳动者报酬占地区生产总值的比重情况

年 份	劳动者报酬（亿元）	地区生产总值（亿元）	占比（%）
2000	49 948.06	97 209.37	51.38
2003	67 260.69	135 539.10	49.62
2005	81 888.02	197 789.00	41.40
2006	93 822.83	231 052.30	40.61
2007	109 532.30	275 624.62	39.74
2009	170 299.70	365 303.70	46.62
2010	196 714.07	401 202.00	49.03

资料来源：《中国统计年鉴（2001～2011）》。

2. 城乡群体间收入差距不断扩大

（1）城乡居民收入分配差距扩大。近年来，我国城乡居民人均收入普遍增长，城镇人均可支配收入由 2001 年的 6 859 元增长到 2010 年的 19 109 元，同期，农村人均纯收入由 2 366 元增加到 5 919 元。但城乡居民收入之间的差距逐步拉大，主要表现在两个方面：一是收入绝对值差距不断拉大，2001 年城乡居民收入差距为 4 493 元，而到 2009 年，这一差距达到了 13 190 元；二是相对值也有所扩大，2001 年城镇人均可支配收入是农村人均纯收入的 2.9 倍，2002 ~ 2010 年这个相对值均在 3 倍以上，并呈逐年递增的趋势（见图 1）。

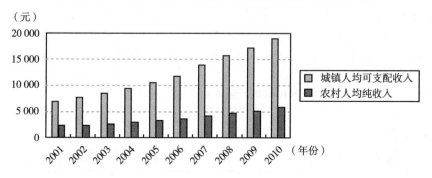

图 1   2001 ~ 2010 年城乡收入情况

资料来源：《中国统计年鉴（2011）》。

（2）城乡内部收入差距不断扩大。从城市看，2003 年城镇最低收入户家庭平均每人可支配收入为 2 590.17 元，最高收入户家庭平均每人可支配收入为 21 837.32 元，最高与最低收入比为 8.43∶1，到 2010 年，最高与最低收入两者之比为 8.65∶1；从农村考察，2003 年，农村最低收入户家庭平均每人纯收入为 965.90 元，最低收入户家庭平均每人纯收入为 6 346.80 元，最高与最低收入比为 7.32∶1，到 2010 年，最高与最低收入之比为 7.51∶1。从这个指标看，无论是城镇还是农村，最高收入户的收入增长速度要高出最低收入户的收入增长速度，从而导致城乡内部收入呈现分化的态势。

表 3 　　　　　　城乡最高和最低收入户家庭平均每人可支配收入情况 　　　　　单位：元

项目	2003 年		2008 年		2009 年		2010 年	
	最低收入户	最高收入户	最低收入户	最高收入户	最低收入户	最高收入户	最低收入户	最高收入户
城镇	2 590.17	21 837.32	4 753.59	43 613.75	5 253.23	46 826.05	5 948.11	51 431.57
农村	865.90	6 346.80	1 499.81	11 290.20	1 549.30	12 319.05	1 869.80	14 049.69

资料来源：《中国统计年鉴（2004 ~ 2011）》。

3. 区域间居民收入分配差距较大

（1）东、中、西、东北地区居民人均收入差距较大。改革开放以来，各地居民收入普遍增加，但各地经济发展水平的不同，导致各地居民收入增长速度不同，区域间存在着较大收入差距。2010 年，我国东、中、西、东北地区的城镇居民可支配收入分别为 23 273 元、15 962 元、15 806 元和 15 941 元，而东、中、西、东北地区的农村居民纯收入分别为 8 143 元、5 510 元、4 418 元和 6 435 元。从数值看，中、西、东北地区的城镇居民收入相差不大，但东部地区要远高于其他三个区域，东、西部之比为 1.47∶1；各区域之间的农村居民纯收入差距较为明显，不仅东部与中、西、东北地区之间的差距较大，而且中、西、东北地区之间的收入差距也较为明显，东、西部之比更是达到 1.87∶1。

表4　　　　　　　　2010 年城乡区域性居民收入差距　　　　　　　单位：元

项目	东部地区	中部地区	西部地区	东北地区	东、西比
城镇居民可支配收入	23 273	15 806	15 806	15 941	1.47∶1
农村居民纯收入	8 143	5 510	4 418	6 435	1.84∶1

资料来源：《中国统计年鉴（2011）》。

（2）高收入与低收入城乡居民地区差距较大。区域之间的居民收入差距还表现在各省层面之间的差距。2010 年，城镇居民人均可支配收入前三位分别为上海、北京和浙江，后三位分别是青海、新疆和甘肃；农村居民纯收入前三位分别仍为上海、北京和浙江，后三位分别为青海、贵州和甘肃。省（市、区）之间的收入差距主要有以下两个特点：一是城乡居民收入高的省主要集中在经济较为发达的东部沿海地区，而城乡居民收入低的省主要集中在经济欠发达的西部地区。二是各省之间的收入差距较大。城镇居民可支配收入最高的上海为 31 838 元，是最低的甘肃（13 189 元）的 2.41 倍；农村居民纯收入的差距也较大，收入最高的上海为 13 978 元，是最低的甘肃（3 425 元）的 4.08 倍。由此可见，省级层面无论是城镇还是农村居民收入差距都比较大（见表5）。

表5　　　　　　2010 年前三位与后三位省（市、区）居民收入差距　　　　单位：元

项目	前三位			后三位			全国平均	最高最低比
城镇居民可支配收入	上海	北京	浙江	青海	新疆	甘肃	19 109	2.41∶1
	31 838	29 073	27 359	13 855	13 644	13 189		
农村居民纯收入	上海	北京	浙江	青海	新疆	甘肃	5 919	4.08∶1
	13 978	13 262	11 303	3 863	3 472	3 425		

资料来源：《中国统计年鉴（2011）》。

4. 行业间居民收入分配差距增大

改革开放以来，我国不同行业职工之间工资收入差距不断扩大，特别是工资最高收入与最低收入行业之比，由 1985 年的 1.60∶1 逐步扩大到 2007 年的 4.4∶1，近几年虽有下降趋势，但 2010 年仍达 4.19∶1。同时，行业之间的最高与最低收入的绝对值之比也在不断扩大，1978 年，收入最高的行业是电力、燃气及水的生产与供应业，年平均工资收入为 849 元，最低的是农、林、牧、渔业，年平均工资收入为 467 元，两者差距为 382 元；到 2010 年，收入最高的金融业与最低的农、林、牧、渔业两者差距为 53 429 元。

特别值得在关注的是，高收入行业主要集中在电力、燃气及水的生产与供应业、信息传输、计算机服务和软件业、金融业、科学研究、技术服务和地质勘探等行业，而低收入行业则集中在农、林、牧、渔业、建筑业、批发和零售业、住宿和餐饮业等行业。高收入行业多为垄断性行业，收入稳定且增长较快，最典型的是金融业。改革开放之初，金融业收入低于平均水平，而到了 2010 年，金融业工资收入水平已经居各行业之首了。而低收入行业则多为劳动密集型行业，收入长期在低水平徘徊且增长速度较慢，最典型的为农、林、牧、渔业。改革开放之初，农、林、牧、渔业收入为全行业平均水平的 0.76，而到了 2010 年，农、林、牧、渔业不仅远低于最高行业的金融业收入水平，甚至只有全行业平均水平的 0.46，这表明农、林、牧、渔业的行业收入增长速度远远慢于其他行业增长速度。从某种意义讲，行业之间的差距主要是垄断行业与非垄断行业的差距。

表6　　　　　改革开放以来我国不同行业职工之间工资收入状况及差距　　　　单位：元

行业 \ 年份	1978	1985	1990	1995	2000	2008	2009	2010
全行业平均	615	1 148	2 140	5 500	9 371	28 898	32 244	36 539
农、林、牧、渔业	467	872	1 541	3 522	5 184	12 560	14 356	16 717
电力、燃气及水的生产与供应业	849	1 240	2 654	7 843	12 830	38 515	41 869	47 309
金融业	609	1 010	2 097	7 376	13 478	53 897	60 398	70 146
行业收入最高为最低的倍数	1.81	1.60	1.72	2.23	2.63	4.37	4.21	4.19

资料来源：《中国统计年鉴（1996～2011）》。

（二）财税促进居民收入分配结构调整存在的问题

1. 税收方面存在的问题

税收制度是促进居民收入分配结构调整的重要手段。从目前看，由于我国税收结构不合理、个人所得税制和税收调节体系不够完善，使得税收调节居民收入分配结构的功能弱化，阻碍了财税调节收入分配功能的发挥。具体表现在以下几个方面：

（1）税收收入结构不够优化。一般而言，直接税在税收结构的比重中越大，则税收收入中来源于所得和财富的收入越多；同时，直接税的税负往往难以转嫁和具有累进性质，因而，以直接税为主体的税收结构对收入分配的调节作用较大。而间接税相对容易转嫁，还具有累退性质，如果间接税在税收结构的比重较大，则税收收入对收入分配的调节作用会较小。直接税中，由于个人所得税的税基是个人收入，因而该税对收入分配的调节作用最为显著，尤其在累进税制下其"限高"功能更为突出。累进税制使高收入者缴纳的税收份额占收入的比重要大大高于低收入者缴纳的收入份额占收入的比重。

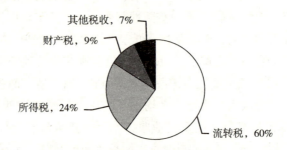

图 2　2010 年我国税收收入结构

从实际情况看，我国税收收入结构不够优化突出表现在以下两个方面：一是直接税比重过小。如图 2 所示，2010 年，我国的增值税、消费税、营业税等流转税收入额为 44 262.02 亿元，占税收总收入比重为 60.46%，企业所得税和个人所得税等所得税收入额为 17 680.81 亿元，占税收总收入比重为 24.15%，房产税、城镇土地使用税、契税等财产税收入额为 6 423.77 亿元，占税收总收入的比重为 8.77%。目前，在 OECD 成员税收总收入中，直接税收入平均占近70%，而我国恰恰相反，所得税等直接税比例在 30% 左右。二是个人所得税比重过小。2010 年，我国个人所得税收入为 4 837.27 亿元，占全部税收收入比重约为 6.61%。而美国个人所得税每年约占联邦政府收入的 45% 左右，日本约占38%，澳大利亚约占 55%，即使是经济发展水平较低的非洲，也达到 11% 左右。相比较而言，我国的个人所得税占税收收入比重明显偏低。这种以间接税为主、直接税为辅的税制结构突出了"效率优先"的分配原则，弱化了我国税收调节收入分配的功能，不利于收入的公平分配。

（2）税制不够完善。从对收入调节作用最明显的个人所得税制上看，主要有以下几个方面。

一是课征模式不合理。我国现行的个人所得税采用分类所得课税模式，即按照收入来源的不同将应税所得分为 11 项，每一项按照不同的扣除费用方法和不同的税率进行征收，而不是对纳税人所有的所得加总进行计征。与综合税制模式相比，分类征税模式难以全面、完整地体现纳税人的真实纳税能力。一方面，纳税人由于其收入项目的不同所产生的费用扣除额和征收税率也不一样，从而导致相同的纳税人纳税额度不尽相同，甚至会出现高收入者税负轻、低收入者税负重的不公平现象；另一方面，不同项目可以扣除额度不等的费用，这在一定程度上让一些收入来源多的高收入者利用分解收入、多次扣除的办法来进行避税，从而导致一些高收入者少纳税的现象发生，这种避税方式虽然合法但有违税负公平原则。

二是费用扣除标准不合理。首先在扣除标准的调整上弹性不够，比如，个人所得税工资薪金所得扣除费用仅在 2006 年和 2011 年调整过两次，没有与经济发展水平、居民收入水平和通货膨胀率等因素相挂钩并作及时的调整；其次，费用扣除标准过于简单，比如，工资薪金所得费用扣除标准为 3 500 元，这种扣除标准表面上似乎是公平的，但没有考虑到纳税人本身的状况、子女的数量、家庭人口等具体情况，实际上没有体现"量能负担"的原则，造成了纳税人之间的税负不公平。此外，我国幅员辽阔，地区之间收入水平、物价水平存在差异，扣除费用标准统一也不能体现地区差异。

三是税率设计有待进一步完善。在税收级次上，我国的个人所得税工资薪金由之前的9级累进税率改为目前的7级累进税率，有所减少，但与美国的六级累进和我国香港的四级累进税率相比，仍有改进的空间。同时，最高边际税率为45%，在国际上是比较高的，不利于增进人们工作的积极性。在比例税率上，劳务报酬和非劳务报酬所得课征税率上没有加以很好的区别。劳动报酬所得和非劳动报酬诸如财产租赁所得、财产转让所得等的税率均为20%，未加以区别，有失公平，不利于调动劳动者的积极性，同时，20%的比例税率存在累退性，对于调节公平收入分配难以起到较大的作用。

（3）税收调节体系不够完善。一是社会保障税尚未开征。我国的养老、医疗和失业等社会保障，主要是以收取社会保险费的形式作为社保基金的主要来源，大多是在省一级统筹。以缴费方式筹资，存在覆盖面小、保障项目统筹层次低、征收力度不够、基金管理制度不健全、政策不统一等问题。通过"费改税"，不仅可以弥补社会保障支出缺口，也可以通过社会保障税发挥收入再分配效应，把一部分国民收入从高收入者转向低收入者，为低收入群体提供基本的生存保障。

二是房产税作用发挥有限。房产税的征税对象是不动产，直接对纳税人征收，税负难以转嫁，征收房产税可以发挥收入再分配的作用。当前，我国对农村居民的房屋不征房产税，只对城镇居民用于营业的房产征税，而对城镇居民个人拥有的非营业性质的房产则免税，房产税的征收范围比较狭窄。同时，现行房产税以房产原值作为计税依据，造成税收增长严重滞后，影响国家对房地产业的有效调控，制约政府调控收入分配的财力增长。2010年，我国房产税收入为894.07亿元，仅占税收总收入的1.22%。由此可见，房产税在调节收入分配、缩小贫富差距方面所发挥的作用非常有限。

三是遗产税和赠与税还未开征。遗产税和赠与税的征收对于防止社会财富的过度集中、缓解收入分配不公、避免不劳而获具有积极的意义，是个人所得税对收入分配调节的有益补充。经过30多年的改革开放，我国居民的财产积累程度有相当的提高，特别是高收入群体的财产已积累到非常可观的规模。根据第13份年度《世界财富报告》公布数据显示，2008年我国的"高净值个人"富豪数量人数首次超过英国，位列全球第4位。然而，我国的个人财产转让环节却始终没能开征遗产税和赠与税，这削弱了对高收入群体的收入调控效果，也降低了我国居民收入分配的税收调控效应。

2. 支出方面存在的问题

实现基本公共服务均等化是确保收入分配公平的重要基础，基本公共服务差距可以对居民收入差距产生巨大影响。近些年来，基本公共服务供给的差距已成为城乡、地区、不同社会群体实际收入差距形成的重要因素。从我国实际情况看，教育投入的不公平、城乡公共服务的不均等、转移支付制度的不完善等问题的存在，严重影响了居民收入分配的公平性。

（1）教育投入机制不均衡。教育是形成人力资本的重要方面，教育的公平对居民收入分配的公平产生重要的作用。从实际情况看，我国在教育投入方面存在两方面的不均衡。

一是城乡之间教育投入不均衡。2009年，我国农村小学生预算内生均教育经费支出为3 069元，而城市小学生预算内生均教育经费支出为6 728元；农村初中学生预算内生均教育经费支出为3 543元，而城市初中学生预算内生均教育经费支出为9 418元。由此可以看出，中国现阶段的教育资金主要偏向城市地区，农村教育经费投入还是偏低，从而导致农村地区师资力量薄弱、教育设施落后、教育质量较低。

二是各层次教育投入不均衡。按照教育投入理论，高等教育主要作用在于提高个人素质、增加个人收入，属于准公共产品，其投入应由政府和个人共同承担；而中小学基础教育的作用在于提高整个民族的素质，属于纯公共产品，应由政府承担。从实践看，长期以来我国却对初、中、高三级教育实行无差别的财政支出政策，2009 年，财政性教育经费在初、中、高三级教育间的配置比例为 37%∶42%∶21%，三级教育经费总量配置呈三足鼎立之势。反映到初、中、高教育生均财政教育经费之比为 1∶1.2∶2.5，三级教育经费分配比例仍然显得有所失调，还有进一步改进的余地。

（2）医疗卫生供给不到位。一是财政卫生支出占比偏低。1982 年，我国财政投入卫生支出占卫生总费用的比重为 38.86%，为改革开放 30 多年以来的最高点，此后一路下滑，到 2000 年，这一比重到达 30 多年以来的最低点 15.48%，进入 21 世纪以后，政府投入有所增长，到 2009 年，这一比重为 27.5%。从医疗卫生支出占财政总支出比重的角度看，美国、德国、英国、法国的这一比例全都高于 15%，美国甚至超过了 20%。在我国，2010 年，尽管近年来财政投入有所增加，但这一比重仅为 5.23%，与发达国家相比，这一比例明显偏低。二是医疗卫生费用不均等。第一，个人医疗卫生支出比重过大。1978 年，我国个人卫生支出占卫生总费用的比例仅为 20.43%，到 2001 年，这一比例达到了 59.97%，虽然随着政府卫生投入和社会卫生投入的增加，个人卫生支出占比有所下降，但到 2009 年，这一比重为 37.5%，个人卫生支出比重仍然偏高。第二，政府卫生投入不合理。我国卫生总费用中的政府投入部分主要流向了医院，尤其是城市医院，这也造成了"看病难"、医疗服务总体效率低的现状，而居民缺乏有效的费用风险共担机制及制度保障，导致个人负担比例偏大。第三，城乡医疗卫生支出费用不均衡。2009 年，全国卫生总费用达 17 541.9 亿元，其中城市卫生费用为 11 783.0 亿元，占 67.2%；农村卫生费用为 5 758.9 亿元，占 32.8%。人均卫生费用 1 314.3 元，其中城市为 2 176.6 元，农村为 562.0 元。因此，城市的医疗费用无论是总量还是人均都远高于农村。

（3）就业投入机制有待完善。一是资金投入有待增加。由于财政预算在促进就业资金方面没有明确的规定，各地投入差异较大，在就业资金投入方面没有形成稳定的增长机制，促进就业的资金投入比较少。2010 年，我国用于就业补助资金为 624.94 亿元，占财政公共总支出的比重为 0.7%，就业补贴资金投入明显不足。二是就业支出结构有待优化。政府促进就业政策的实现主要是通过加强劳动力市场建设，开展就业培训、指导和介绍等手段。2010 年我国用于社会保险补贴的则达到了 124.26 亿元，而用于职业培训和介绍的资金仅为 59.95 亿元，补贴投入是职业培训投入的两倍。前者的投入是缓解暂时的困难，而后者的投入才是解决长远的问题，因为对于具有劳动能力的劳动者来说，真正想要的是就业岗位而不是保障资金。因此，要采取促进就业的积极就业政策，在加大促进就业的资金投入的同时，应该建立促进就业基金和专项培训基金，促进就业规模的扩大和就业工作的开展。

（4）社会保障制度不完善。一是社会保障覆盖面有待拓宽。经过长期的努力，我国的社会保障制度不断完善，各项社会保险覆盖范围继续扩大，参保人数持续增长。到 2010 年，全国参加城镇基本养老保险人数为 25 707 万人，参加新型农村社会养老保险人数为 10 277 万人，全国参加城镇基本医疗保险人数为 43 263 万人，参加失业保险人数为 13 376 万人，全国参加工伤保险人数为 16 161 万人，参加生育保险人数为 12 336 万人。尽管各项社会保险的人数不断增长，覆盖面在不断扩大，但与我国巨大的人口基数相比，这个覆盖面还是比较小的。从全国范围看，各项社会保险的参保人员主要集中在城镇，农村还有很大一部分居民都没有参加各类保险。比如，社会养老保险，城市本身存在着很大缺口，农村则刚刚突破 1 亿元，占比不到 20%。从企业性质看，社会保险制度设计时贯彻了"社会保险制度改革为国有企业改革配套"的原则，使得私营企业、民办非企业单位等非国有部门，以及处于高速流动状态的农民工参保率非常低。

二是社会保障统筹力度有待增强。第一，社会保障统筹层次有待提高。在美国，全国社保基金只有一个统一的账户，并由联邦政府直接管理，其社保是"全国统筹"的。而在我国，除某些地区某些项目实现省级统筹外，多数社会保障项目还只是实现市县级的统筹，与发达国家相比，我国社会保障统筹层次明显偏低。第二，不同群体之间有待统一。我国现行社会保障体系中的部分项目对不同社会群体在制度安排上有较大的差别，一部分社会成员享有比较完备的社会保障，而另一部分社会成员只能享受少量社会保障项目，或者其保障待遇存在较大的差别。国家机关、事业单位、企业和其他劳动者之间，在社会保障的各个项目中的待遇差别很大。第三，城乡居民之间的差距有待缩小。在城乡之间，按照现行制度设计，城镇劳动者一般享有比较完整的社会保障服务，而农村劳动者缺乏相应的保障。尽管近几年推行了新型农村合作医疗制度、新型农村社会养老保险制度，但与城市相比，保障标准比较低。

三是农村社会救助体系不完善。第一，在救助标准上偏低。由于财力有限，各地在制定社会救助标准时，城乡之间有较大的差别，往往将救助标准压得很低。按照一般的规定，城镇居民最低生活保障标准往往按当地最低工资标准的一定比例来确定，而农村居民最低生活保障标准又会以城镇居民最低生活保障标准的一定比例来确定。因此，经过几道比例的计算之后，农村居民最低生活保障标准往往被压得非常低。第二，救助资金不足，地区差别大。资金短缺是制约农村特困户社会救助工作开展的主要瓶颈，由于税费改革使乡镇经费大幅度减少，只靠县财政提供的有限资金不能为所有农村特困户提供救济，特别是有些贫困地区，社会救济实际上已陷入了停滞状态。另外，各地经济发展水平不同，农村社会救助水平也大不相同。

三、三省财税促进居民收入分配结构调整的做法及成效

近年来，浙江、湖北、海南三省财政部门结合省情，在促进居民收入分配结构调整方面做了很多工作，做法不一，但都成效显著，归纳起来，主要有以下几个方面。

（一）加快财政体制改革，为促进区域协调发展和居民增收提供财力保障

浙江省财政部门早在20世纪八九十年代，为了抓好财源建设和扶贫促富，曾确立"抓两头、带中间、分类指导"的工作思路，先后对贫困县实行"两保两挂"、"两保一挂"等财政体制。2008年，财政体制统一调整为激励与约束相结合的分类分档激励奖补机制，从体制上保障欠发达地区基本财力，激发欠发达地区发展活力，增强带动群众增收致富能力。另外，针对重点欠发达县，浙江省财政创新转移支付方式，采取专项性一般转移支付，分类实施特别扶持政策，为统筹区域发展、培育欠发达地区内生发展机制、促进居民增收提供财力保障。2010年，浙江省经济欠发达县市人均地方财政收入与经济较发达县市的比率为1:2.32，经济欠发达县市人均财政支出与经济较发达县市的比率为1:1.1。全省人均支出水平前10位的县市与后10位的县市支出水平控制在3倍以内，为缩小区域之间居民收入差距提供了体制机制保障。

湖北省从2004年6月1日起实行省管县分税制财政体制改革，对财政体制的制定、转移支付和专款的分配、财政结算、收入报解、资金调度、债务管理等财政管理的各个方面，全部实行省对县直接管理。同时，逐步建立起一整套较为完备的省对下转移支付制度：在省对县（市）的一般性转移支付中增加财

政收入激励性转移支付，建立激励机制，提高一般性转移支付资金的使用效率和效益，促进县域经济快速发展，做大财政蛋糕；根据各县（市）的财政困难状况，增加县级基本财力保障转移支付，建立基本保障机制，提高县乡基本保障能力，保障县乡财政重点支出，大力推进和谐社会建设；将转移支付与财政供养人员分流情况紧密挂钩，建立约束机制，鼓励县（市、区）做小财政供养系数，逐步减轻县乡财政负担。省管县财政体制改革以来，湖北全省财政收入年均增长20%，财政支出年均增长22%，是新中国成立以来发展最好最快的时期。

海南省"十一五"时期实施了新的财政体制，进一步明确了省与市县财权。为支持市县财政经济发展，省财政继续通过"以奖代补"方式，落实国家县级基本财力保障机制等政策措施，通过科学的指标体系和奖优罚劣机制，调动县乡发展经济和加强财政管理的积极性。随着转移支付力度的不断加大和一系列体制机制的完善，市县农业、教育、科技、卫生、社会保障等重点支出得到有效保障，县乡财政实力显著增强。为推动省内区域协调发展，省财政加大了对中西部地区、民族地区、革命老区的支持力度。一是加大了均衡性转移支付力度，增加对中西部地区、民族市县的可用财力。自2010年起5年内，将每年省对市县均衡性转移支付资金增量部分的5%专项用于补助西部市县。二是保民族地区转移支付既得利益，避免市县财力出现较大波动。为了提高市县预算编制完整性和平衡性，避免财力波动，参照2009年中央做法，在分配民族地区转移支付时，存量部分进入基数，保市县既得利益，只对增量部分进行分配。三是设立专项资金，支持西部地区开发建设。设立西部开发建设专项资金，自2010年起5年内每年安排1亿元，重点发展一批中心城镇，形成新的经济增长极，带动周围地区和广大农村发展。四是优先在西部地区安排基础设施建设项目。自2010年起5年内，新增中央投资计划、地方政府性债券以及省级财政预算内基本建设投资计划，优先安排西部地区的供水等基础设施建设项目。

（二）支持经济发展，提高居民收入水平

就浙江省而言，一是以民营经济为主要载体和实现形式，促进全民创业达到富民目标。浙江省通过创新体制机制、加大政策扶持力度等手段，有力助推民营经济发展，民营经济规模不断壮大，实力明显增强，所占比重大幅提高，富民效应尤为显著。二是加大就业资金保障力度，确保落实积极的就业政策，促进居民增收。三是鼓励民间资本扩大投资，提高资本要素的收入分配。作为

资本大省，浙江省通过降低投资门槛、放宽市场准入条件、优化投资环境、设立创投基金等手段，鼓励和引导民间资本扩大投资，参与收入分配。目前，浙江省个人资本参与国民收入初次分配的比重（50%以上）远高于全国平均水平和沿海其他发达省份（30%左右）。

就湖北省而言，一是促进"两圈一带"战略①实施。积极筹措资金，加大"两圈一带"基础设施建设投入力度。建立健全武汉城市圈财税利益分享机制，制定支持鄂西生态文化旅游圈发展的财税政策，促进圈域内经济要素合理流动和资源优化配置。二是支持县域经济发展。省级财政累计安排县级基本财力保障转移支付资金，有效缓解了县域财政困难。从2008年起，设立县域经济发展和农产品加工园区发展调度专项资金，并逐年扩大资金规模。三是推动经济结构调整优化。找准财税政策支持和资金投入的关键环节和重点行业，支持国有经济结构调整和传统优势产业改造升级，支持高新技术产业和战略性新兴产业发展。四是推动节能减排，促进绿色增长。省级财政筹措节能减排专项资金支持节能技术改造、合同能源管理、淘汰落后产能和城镇污水处理设施配套管网建设等。同时，在推进建筑节能、支持新能源汽车示范推广试点、促进实施天然林保护工程、推进资源有偿使用制度和生态环境补偿机制改革等方面，积极探索，加大支持力度。

就海南省而言，全面落实国际旅游岛建设的各项政策，大力支持产业结构调整，保持经济平稳较快发展。一是扶持优化产业结构，壮大特色优势产业。财政大力支持发展以旅游业为龙头的现代服务业，进一步推动旅游业与文化、餐饮、房地产等产业融合发展，加快发展主题公园、风情小镇和民族旅游村寨建设，积极发展都市休闲和乡村旅游，鼓励引导居民积极参与旅游服务，拓宽城乡居民财政性收入渠道，增加居民经营性收入。二是加大对集约化、园区化、产业化、高科技含量、高环保门槛的新型工业的扶持力度，鼓励和支持新材料、新能源、电子信息、生物制药、装备制造及海洋产业等新兴产业发展，做大产业规模。三是积极发展绿色、安全的热带特色现代农业。支持冬季菜篮子、热点水果、南繁育制种、渔业出口、天然橡胶等国家基地和无规定动物疫病区建设，扩大农产品现代流通综合试点，降低流通成本。四是加快基础设施建设，夯实长远发展基础。抓住中央扩大内需、稳定投资的机遇，开工建成东环高铁、

---

① "两圈一带"战略是以科学发展观为指导，以构建促进中部地区崛起重要战略支点为主要目标，以探索新型工业化、城市化道路为首要任务，以改革创新为根本动力，以武汉城市圈、鄂西生态文化旅游圈和湖北长江经济带为实施载体，指导和推动新的历史时期湖北经济社会科学发展、和谐发展的战略体系。

海口、三亚绕城高速公路、东方电厂一期、海南电网跨海联网一期等一批重大基础设施项目。加快机场、码头、铁路、公路等重大基础设施建设，带动有效投资，全面夯实本省经济社会发展基础。

（三）加大财政支农力度，确保农民稳步增收

浙江省财政加大"三农"倾斜力度，通过促进城乡统筹发展，繁荣农村、发展农业，有力促使农民增收。一是加强农村农业基础设施建设，促进农村经济发展和农民增收。二是大力支持农村经济发展，带动农民增收致富。积极培育和发展农业龙头企业、农民专业合作社和种养大户等农业新型主体，着力提升现代农业生产经营主体素质，努力提高农业产业化水平和农民组织化程度。三是努力培育小城镇，搭建农民增收致富新平台。培育和发展小城镇有利于农村富余劳动力转移和就业，能有效转移农民和富裕农民。浙江省早在1995年就开始对小城镇进行综合改革试点，先后制定出台了一系列小城镇发展培育政策。2010年，省财政设立小城市培育专项资金，一次性安排10亿元对首批27个中心镇进行重点培育扶持。2010年，浙江省城市化率达到61.6%，比全国高出14.1个百分点。四是支持开展农民培训工程，促进农民增收致富。

湖北省从统筹城乡发展的战略高度出发，不断加大支农投入，着力创新支农机制，全力推进社会主义新农村建设。一是财政支农力度前所未有，财政支农稳定增长机制初步建立。二是积极落实强农惠农政策。湖北省强农惠农政策力度不断加大，小麦、玉米、棉花、水稻等良种补贴实现了普惠制、全覆盖，农机具购置补贴的种类和范围逐步扩大，初步建立了农业补贴政策体系。三是大力改善农村生产生活环境。支持推进农村基础设施建设，加大农田水利基础设施建设、土地整治的投入，农村综合生产能力有了显著提高；加大农村公路、"百镇千村"示范工程、农村饮水安全工程和农村"一建三改"项目等方面的投入，农村人居环境有了明显变化。四是积极发展特色鲜明的现代农业。积极支持农业优势产业化经营项目发展和优势农产品板块建设；支持农业科技创新和"农村万村千乡市场工程"建设，重点扶持一批经营良好、带动辐射能力强的农民专业合作组织。五是深入推进农村综合改革。乡镇机构改革扎实推进，县乡财政管理体制改革逐步深化，全省"乡财县管"改革成效明显，"以钱养事"新机制逐步完善，农村义务教育经费保障机制全面建立，农村义务教育"普九"化债任务全面完成。

海南省加大支农力度，确保农民稳步增收。一是抓农业投入增长，确保各

项惠农政策的落实。"十一五"时期，全省一般预算支农支出总规模达到了101.89亿元（含2010年预计数，下同），占同期财政一般预算支出的13.7%。农业投入的较快增长，促进了农产品产量快速增加和农民持续较大幅度增收。二是抓重大项目建设，改善农业生产生活条件和农村面貌。着力改善生产条件，大力支持基础设施建设；着力增加农民收入，大力实施助农增收项目；着力改善生活环境，大力支持农村居民生活质量提升工程；着力支持扶贫开发工作，有效解决农村贫困人口温饱问题。

（四）加大民生投入，缩小居民收入分配差距

浙江省坚持新增财力2/3以上用于保障改善民生，努力让全体人民共享改革发展成果。一是社会保障方面。增加城乡居民养老保险投入。从2005年开始连续提高企业退休人员基本养老金待遇，2010年月人均养老金达1 595元，比2005年增长70.7%，水平居全国前列；全省578万60周岁以上符合条件的城乡居民每月可领取不低于60元的基础养老金；不断完善被征地农民基本生活保障制度，5年来各级财政补助185.7亿元，占基本生活保障资金筹资总额的40%。健全完善最低生活保障制度和社会救助体系。建立低保标准与最低工资标准联动机制、低保家庭收入核定机制，城乡低保工作实现"应保尽保、应补尽补、应退尽退"的动态、规范化管理。加强城乡居民基本医疗保障的财政支持。2010年，浙江省新农合和城镇居民医疗保障省财政补助最高标准分别提高到人均84元和90元，其中新农合参合率达92%。城市和农村人均基本公共卫生服务项目经费从2010年起统一标准为20元。二是教育方面。建立义务教育经费保障新机制，全面免除义务教育阶段学杂费、课本费和借读费，在巩固提高九年义务教育的基础上，促进基础教育向学前三年和高中段延伸，2004年率先基本普及了学前三年到高中段的15年教育，基础教育各项主要指标保持全国领先水平。三是医疗卫生方面。加强基础设施建设。列入省"五大百亿"工程的公共卫生建设项目总投资20.8亿元，建成129个疾病防控机构和传染病院。建立新型农村合作医疗制度。自2003年全省开展新型农村合作医疗制度试点以来，到2006年已经实现全省各县（市、区）的全覆盖。到2010年，全省所有县（市、区）人均筹资标准达到185元以上，其中，各级财政补助达到人均129元以上。

就湖北省而言，一是社会保障方面，实现了城乡居民医保全覆盖。目前，全省初步形成城镇职工医保、城镇居民医保、新农合、城乡医疗救助四大板块相衔接的医疗保障制度，实现对城乡全体居民的医保制度全覆盖。二是教育方

面。全省农村义务教育全面纳入公共财政保障范围，建立了"经费省级统筹，管理以县为主"的管理体制和"分项目、按比例分担"的农村义务教育经费保障机制，实现了真正意义上的免费义务教育。实行"校财局管"，将农村中小学教育经费和财务统一纳入县级管理，由县级财政、教育部门及农村中小学校共同组织实施"校财局管"。建立教师绩效考核补贴制度，教师收入水平明显提升。改善学校办学条件，学校运转水平进一步提高。学校公用经费得到保障。全省已全面建立了校舍维修改造长效机制，危房改造和校舍建设成为地方政府一项极其重要的经常性工作，改造资金有了稳定可靠的来源。加强农村教师培训，为义务教育改革发展提供人力支撑。三是在医疗卫生方面，积极推行新型农村合作医疗制度改革。2010 年全省参合农民已达 3 833 万，做到了应参尽参，而且筹资标准和保障水平不断提高，农民群众"看病难，看病贵"问题有所缓解。推进公共卫生均等化改革。把一些公共卫生服务作为政府的免费政策向全体居民提供，向重点人群提供。强调重大传染病的保障，强调每个居民健康档案的建立、健康素质乃至健康宣传，等等。

就海南省而言，一直坚持"小财政、大民生"的理念，积极支持民生事业的发展，切实采取措施保障居民收入的稳步提高。一是牵头编制民生规划。"十一五"期间，海南省财政厅牵头编制了全国第一个省级民生规划——《海南省2008～2012 年重点民生项目发展规划》，落实省委、省政府提出的新增财力主要部分（不低于55%）用于民生的要求，促进全省办成了一批事关老百姓切身利益的实事好事。二是全方位促进就业增长。积极落实中央更加积极的促进就业政策，包括阶段性降低失业、工伤、生育保险费率，缓缴社会保险费，扩大失业保险基金支出范围，实施特别职业培训、"三支一扶"和高校毕业生就业见习计划，落实小额担保贷款政策，促进以创业带动就业，努力稳定就业局势。三是养老保险更加完善。2008 年，城镇从业人员养老保险实现省级统筹，覆盖了所有城镇从业人员。2009 年，在全国率先建立省一级统一的被征地农民养老保险制度。同年，海南省在海口美兰、三亚、文昌、保亭开始试点实施新型农村社会养老保险制度，2010 年率先实现全省覆盖。四是完善医疗保险制度。2006 年，海南省新型农村合作医疗制度实现全省覆盖，比全国规定时间提前两年。2009 年，海南省城镇从业人员基本医疗保险率先建立省级异地就医结算制度，与多个省份签订异地就医合作协议，实现了签约地区参保人员异地看病、就医报销和经办机构之间的结算。五是社会救助水平不断提高。2007 年以来，连续三年提高城乡低保和五保对象补助水平，在全国率先建立起低收入群体生活补贴与物价上涨的联动机制。城乡医疗救助方面，在全国率先取消了困难群众合作医疗及医疗救助的起付线，将城乡医疗救助对象从城乡低保和农村五保对象扩大到城乡低保边缘群众，打通城乡医疗救助资金，医疗救助标准实现城乡一体化。

四、运用财税政策促进居民收入分配结构调整的国际经验

（一）国际经验

1. 突出税收功能调节居民收入分配结构

（1）科学设置个人所得税。

大多数发达国家均把征收个人所得税作为调整居民收入分配结构的重要手段，且征收原则呈现"量能赋税"的特点。

英国是世界上第一个推行个人所得税的国家，政府通过个人所得税进行收入再分配。英国政府实行"高收入者多纳税，低收入者少纳税"的原则，调节收入差距的效果较为明显。纳税人的收入越高，税前收入和税后收入的差额也就越大，税收累进调节的力度就越大。2001年，英国政府出台了新的税收政策，提高以财产总额为计算基础的税率，降低以工资额为计算基础的税率。这表明英国税收政策采取了能力与负担对等的原则，营造了一个有利于规范人们经济行为的公平税收环境。

日本的个人所得税收入约占日本税收收入的1/3，是其第一大税种。通过数次税制改革，累进税率级别从1974年的19档调整为2007年的6档，将最低一档税率由10%下调为5%，最高一档税率由37%上调为40%。对低收入阶层视其家庭结构、家庭人数设置最低征税额，收入在一定金额下可免税，减轻了低收入群体的纳税负担，提升高收入群体的应纳税额，从而更好地发挥所得税的再分配作用。

德国的个人所得税收入占税收总收入的40%以上，是其调节税收分配的主要手段。从2000年开始，德国开始进行"以富帮穷，富人多交税，穷人少交税，低收入者免交税"的个税改革，力求使个人所得税降到第二次世界大战后最低水平。根据国民家庭情况，德国政府按照单身、已婚无孩子、已婚有孩子等分类划分不同的个税起征点，对不同家庭情况的中低收入者来说，税收负担增加得比较平缓，更容易接受，感觉更公平。这种人性化、多样化和强制化特点，切实防止了中低收入者承担个税负担中的"大头"，有利于形成两头小、中

间大的"橄榄型"社会结构,使个人所得税成为预防经济波动的"自动稳定器"。

（2）普遍开征财产税。

财产税是很多欧美和亚洲国家主要的税种和重要的收入来源。政府通过财产税的征收,可有力调控贫富差距和财富分配的均衡性。日本的财产税包括固定资产税、城市规划税等税种,主要针对土地、房屋等固定资产征收,税率较低,一般不超过2%。法国的财产税包括财产转移税、财产升值税、巨富税等税种,主要针对动产、不动产的交易征收,其中巨富税需在缴纳9%的财产转移税基础上,超出额定部分再加收1.65%的累进税。美国的财产税是地方政府财政收入的主要来源,所占比重达到75%左右,其重要的课税对象是非农业地区的居民住宅和非农业的工商业财产,税率最高可至10%。总之,国民财产越多,纳税也越多。

（3）人性化征收遗产税和赠与税。

从发达国家的做法看,通过开征遗产税,可以控制因继承遗产而出现暴富的现象,进一步调节贫富差距,缓解收入分配不公的矛盾。日本从1905年开始征收遗产税,从总遗产税制演变到现如今的分遗产税制,同时单独设置赠与税,实行分赠与税制。纳税人主要是遗产继承人和受益人,税率采用6级超额累进税率,边际税率为10%～50%。虽然税率颇高,但如果继承人为配偶、未成年人或残疾人,且继承的遗产低于基本免税额,则政府将免征遗产税,这体现了政府征税人性化的一面。德国的遗产税征收亦采用分遗产税制,按照亲属关系远近将纳税人归入三个税率等级。适用累进税率制,税率按照其等级及遗赠财产价值大小定在7%～50%之间,同时根据不同的税率等级制定了不同的基本免税额,对逝者的配偶及子女另享有额外免税额。美国于1797年起开征遗产税。1976年的税收改革法案合并了遗产税和赠与税,统一了税率表和宽免项目,并改名称为财富转移税。与日、德不同的是,美国联邦政府和大部分州政府施行总遗产税制,遗产税的纳税人主要是指遗嘱管理人或执行人,履行"先税后分"程序,即先缴税再分遗产。如果该纳税人没有缴纳遗产税,则再由遗产继承人负责缴纳。美国遗产税实行17级超额累进税率,税率为18%～49%,遗产越多,缴纳的税款也越高。

2. 完善高水准的社会保障体系,缩小贫富差距

社会保障制度是缩小国民间收入分配差距最直接有效的手段。德国是世界上最早实行社会保障制度的国家,也是目前社会保障体系最为完善的国家之一。

经过 100 多年的发展，德国逐步建立起来一个涵盖社会每个公民的生老病死、失业、退休、教育以及住房等体制健全的社会保障制度。据统计，德国社会保障制度至少使德国的收入差距缩小了 35%。如果用基尼系数来衡量，在国家通过福利制度进行再分配之前，德国的基尼系数为 0.436，通过国家福利制度实行再分配以后基尼系数下降为 0.282。因此，德国社会保障制度在一定程度上调节了社会成员因收入分配不公导致的贫富差距的扩大化。瑞典的社会保障体系包括养老保险（年金制度）、失业保险、工伤保险、医疗保险、社会福利津贴和其他社会补贴。其社会保障支出通常可占到 GDP 的 23% 左右。瑞典的社会保障为普享式，所有居住和工作的人普遍享有社会保险待遇。芬兰政府对境内不同层次的居民提供不同程度的社会保障，主要分为五大类，分别是医疗和健康保险、家庭补贴、失业补贴、就业保险和养老保险。每年芬兰社会保障费用支出超 4 000 亿欧元，占 GDP 的比重均保持在 27% 左右。支出的绝对数不断攀升，而比重基本保持稳定。瑞典、芬兰两国居民在享有福利权利和政府尽力提供社会服务的广泛性和综合性上走在了世界前列。这种高福利的社会保障对缩小分配差距起到了十分重要的作用。

3. 加大对教育的财政投入，促进收入分配的起点公平

公平分配教育资源是国民收入分配合理化的前提和基础。西方各国通过完善的义务教育体系和教育机会均等化机制来提高国民的整体文化水平和综合素质，从而达到缩小收入分配差距的目的。

德国义务教育始于 1763 年，是世界上最早实行义务教育的国家之一，全国教育普及程度非常高，6～16 岁人口的入学率平均达到 99%。整个义务教育从小学到大学共 13 年，德国各州政府承担了义务教育 75% 的经费。在完成普通学校的初等教育之后，如果不继续升入高等学府深造而年龄不满 18 周岁者，必须要接受 3 年职业培训义务教育，为今后就业打下良好的基础。英国对初等教育和中等教育实行免费，高等教育虽然不免费，但 90% 的大学生可以获得政府发放的津贴。对义务教育结束后未能接受高等教育的青年，政府仍免费继续给予教育。通过政府财政措施的调节，低收入家庭的子女能够平等享有高收入家庭的子女所能享受的教育资源和教育机会。

4. 通过对农业和农民的补贴缩小城乡居民收入差距

政府对农业和农民的补贴已经成为法国财富再分配制度重要的组成部分。法国农业补贴的项目繁多，主要有三类：农业生产补贴、农村发展补贴和林业

持续管理补贴。这些补贴涵盖生产、流通和生活领域。20 世纪 60 年代后，法国农业补贴政策经历了按农产品价格补贴，按生产规模直接补贴和按农村环境、发展、农产品质量及动物生存条件直接补贴的演变过程。通过农业补贴政策，极大地缩小了城乡居民的收入差距。

美国政府通过农场收入补贴的方式加大对农村的投资，缩小了城乡居民收入差距。近年来，美国政府补贴占农场净收入的比重一直保持在 20% 左右，部分年份甚至超过 30%，最高的年份达 65.5%。可见政府对农场的补贴力度一直比较大，并可以根据不同年份进行调整，确保了农户收入的稳定。

5. 通过财政转移支付有效调节区域间收入差距

德国政府通过实施以财政平衡为中心的区域均衡发展措施，有效调节了区域间的收入差距。1990 年东德与西德合并后，为了缩小东、西德在经济发展上的差距，德国进行了"财政平衡"改革。财政平衡包括纵向与横向平衡两个方面。纵向财政平衡即上下级政府间的财政转移支付，包括联邦政府对州政府转移支付和州政府对地方政府转移支付两个层次。联邦对州的转移支付包括以下几个方面：一是实施返还性转移支付。主要是对某些规模小或拥有重要港口的州实行返还性转移支付，使之有能力偿还其因每年保养和改造港口等原因欠下的债务。二是对某些贫困州或根据需要拨付补助金。联邦每年要从其销售税收入份额中拿出 20% 作为对相对贫困州的分配金。三是根据《投资资助法》，联邦有义务帮助贫困州和有经济发展需要的州进行投资。四是建立"德国统一基金"，使之成为广义的纵向财政平衡的一部分。横向财政平衡是德国特有的各州之间实行的财政转移支付，即财力强的州拿出部分税收收入"捐给"财力弱的州，这种"以强扶弱"形式的转移支付此后也多为其他国家所借鉴。

6. 通过培训、减税、补贴等措施提高国民就业率

法国近些年通过完善全国性再就业培训和职业介绍机制，较好地解决了经济转型过程中的再就业问题，尽量降低收入分配中的不平等现象。政府尤其为年轻人的就业提供在职培训以及在职业变化时的各种培训，年轻人还享受社会分摊金的减免；对于残疾人和长期失业者，政府努力为其提供就业实习机会和新技能的培训；对于妇女，制定了职业平等的同工同酬公约；对于自主创业人士，政府资助长期失业者创业开业前的费用，资助开展家庭加工业、个体企业雇佣个人可减免其部分社会分摊金等。

瑞典和芬兰两国实施的一些就业保障措施有效缓解了其在工业化进程中人口老龄化和失业率较高的社会问题。瑞典不断加大对扩大就业的财政资金支持力度，目前用于就业项目的资金占 GDP 的比重已超过 1.5%。在对失业人员创办小型企业实行减税优惠政策的同时，还提供就业补贴。芬兰政府对中小企业雇佣失业人员采取减税 4% 的优惠措施，2004 年芬兰政府用于失业和就业培训的各种补贴资金达到 28.8 亿欧元。通过就业培训、政府财政补贴、税收减免等形式，提高了就业率。这些促进就业的优惠政策与措施在一定程度上缓和了失业率过高造成的社会矛盾，为改善社会成员的收入状况提供了必要的保证。

（二）国际经验对促进我国居民收入合理化分配的启示

（1）健全税制，发挥税收调节作用。在税收调节收入分配差距方面，发达国家充分发挥了个人所得税、遗产税、赠与税和社会保障税等不同税种相互协调配合的调节功能。但在我国，除了不健全的个人所得税、消费税与财产税之外，遗产税、赠与税和社会保障税都没有开征，加上个人所得税实行分类征收和征管制度的不健全，使得税收调节收入分配的功能弱化。因此，要强化税收的调节作用，必须建立健全税收体系以及健全征管制度。

（2）夯实基础，完善社会保障制度。西方发达国家在社会发展过程中建立社会保障制度起步早，完备性好，发挥出了缩小收入分配差距的作用。经过多年的努力，我国已经初步建立起了社会保障制度，由于经济发展水平的原因，我国的社会保障制度还存在着覆盖面窄，保障水平低等问题，这些问题的存在对于解决人们的后顾之忧、缩小收入差距造成了较大的障碍。因此，建立健全我国的社会保障制度，应该作为缩小收入差距的一项重要措施来实施。

（3）注重公平，统筹义务教育资源。从经费保障的角度看，美国的联邦政府和州政府承担了义务教育的大半经费；德国州政府承担了义务教育 75% 的经费；日本中央政府承担的义务教育经费达到了 50%。而目前我国的义务教育经费则主要由县及县级以下的政府承担，这种主要由地方政府负担义务教育经费的做法，不能保证全国所有儿童在义务教育阶段享受到同等的待遇。无论是以机会均等、过程均等，还是以结果均等的标准来衡量，义务教育的公平性均严重受损。因而使本来具有再分配功能的义务教育，不能起到调节收入分配差距的作用。因此，要逐步提高中央政府和省级政府对义务教育的支出责任和比例，努力保证义务教育的公平性。

（4）加大投入，增加农业农民收入。发达国家都非常重视农业的发展和农民收入的提高，各国都出台一系列名目繁多的农业补贴政策，农民收入当中有较大一部分是由国家补贴给予的。近年来，我国也高度重视"三农"问题，通过各种途径减轻农民负担，增加对"三农"的投入，但与发达国家相比，城乡之间的差距还是比较大，农民的收入水平还比较低。因此，要加大对"三农"的投入力度，增加农村的公共产品供给，促进城乡公共服务均等化，统筹城乡协调发展。

（5）重视均衡，加强财政转移支付。发达国家通过转移支付制度来平衡区域间的协调发展，进而缩小地区间的收入差距。我国自分税制改革以来，已经建立较为完善的转移支付制度，但转移支付结构不合理、项目繁多等状况的存在使得转移支付缩小收入差距的效果大打折扣。因此，进一步改善转移支付结构，增强转移支付财力均衡性的能力，促进区域间公共服务均等化，是我国下一步转移支付改革的目标。

（6）落实政策，提高社会就业水平。西方国家通过完善就业培训和职业介绍机制、政府财政补贴、税收减免等形式，较好地解决了经济转型升级过程中的再就业问题，提高了居民收入在国民收入中的比重。目前我国亦处在经济转型升级期，对人力资源的需求类型逐渐从劳动密集型向知识和技术密集型转移。为此，政府应加大对职业培训的财政投入力度，并通过各类政策扶持，提高社会就业率，从而为改善居民收入的再分配奠定良好基础。

五、促进居民收入分配结构调整的财税政策建议

（一）政策目标及原则

1. 政策目标

在总体目标上，促进居民收入分配结构的调整，就是要正确处理收入分配领域的差距和矛盾，防止两极分化，把收入分配差距控制在一个合理和社会可承受的范围内，保障社会的和谐稳定、促进经济的和谐发展。从"质"的目标出发，促进居民收入分配结构调整就是要规范收入分配秩序，即在经济发展的基础上，更加注重社会公平，着力提高低收入者收入水平，逐步扩大中等收入者比重，有效调节过高收入，坚决取缔非法收入，创造机会公平，整顿分配秩

序，逐步扭转收入分配差距扩大的趋势。从"量"的目标出发，其目标就是要提高"两个比重"，即逐步提高居民收入在国民收入分配中的比重，提高劳动报酬在初次分配中的比重。

2. 需要把握的几个原则

（1）坚持合理调控原则。促进居民收入分配结构调整，必须在承认收入分配差距的基础上将收入分配差距调控在合理、科学的范围之内。在市场经济条件下，市场在资源配置过程中起着基础性的作用，劳动、资本、技术、管理等各生产要素按贡献参与分配，而个人所占有的生产要素不尽相同，在收入分配过程中必然会产生差距。如果按照绝对公平进行分配，走回计划经济收入分配的老路，消除收入分配差距，只会挫伤人们劳动的积极性，导致社会低效发展。然而，如果收入差距过大，甚至出现两极分化的现象，则会对经济社会的发展产生负面影响，不利于和谐社会的建设。因此，对收入分配差距的调控，不是一味地减小差距和消除差距，而是在保证经济发展效率的基础上，使收入分配差距程度趋于适度、结构趋于合理。

（2）坚持限高托低原则。缩小居民收入分配差距，关键在于抓两头、稳中间，即合理调控高收入者，有力托举低收入者，只有这样，才能将收入差距保持在一个科学的范围之内。对不同的高收入者应该采取不同措施加以对待：对遵纪守法、合法经营的高收入者，可以通过完善税收制度特别是通过个人所得税的手段来加强调节；对通过以权谋私、权钱交易等腐败行为和假冒伪劣、偷税漏税等危害市场秩序和公共秩序的违法行为获取大量财富的高收入者，必须加大打击力度，坚决依法予以取缔。而对于低收入者，不仅要通过减免税等手段减轻低收入者的负担，也要通过增加补贴、提高保险待遇、建立最低工资增长机制等保障低收入者的收入，从而促进低收入者收入的稳步提高。

（3）坚持循序渐进原则。促进居民收入分配结构调整直接关系到人们的切身利益，是一项政策性强、涉及面广、难度大的工作，我们必须充分认识缩小收入分配差距的重要性、必要性、长期性和复杂性。正如在改革开放之初我国收入分配差距比较小的阶段到目前的相对较大的阶段经历了一个较长的时期，要扭转这一趋势，将收入分配调控在合理的范围内同样需要经历一段时期，而不可能做到一蹴而就。促进居民收入分配结构调整，要从经济社会发展的全局出发，高度重视收入分配问题，注重收入分配政策的稳定性、连贯性、协调性。对涉及居民收入分配许多深层次的矛盾和问题，要在实践中进一步加强研究，做好全面、充分的考量，对不同区域、行业、群体之间的收入分配差距问题应采取针对性措施，努力确保收入分配调整的稳步推进。

（二）对策建议

1. 完善税收制度，强化"限高"功能

在现代市场经济国家，税收是调整居民收入分配的重要手段，通过对财产、个人收入等进行征税，可以发挥"限高"功能，有效调节居民收入分配格局。要按照"十二五"规划的要求，深入推进税收制度改革，不断完善税收制度，进一步发挥税收对收入再分配调节的作用。

（1）不断完善个人所得税。个人所得税在整个税收体系中是最具"限高"功能的税种，要提高个人所得税在税收体系中的地位，首先要积极完善个人所得税税制。一是科学合理考虑费用扣除额。在费用扣除额的标准划定上，要充分考虑纳税人自身生计、家庭人口、住房、教育、社会保险等情况，同时，还可以将物价水平与费用扣除额紧密联系起来，即个人所得税费用扣除按通货膨胀率同比增长，以此保障居民的基本生活水平。二是优化税率结构。个人所得税工资薪金所得税税率在进一步简化级距的基础上，要经过科学计算、测量纳税人的负担，设计出一个合理的税率，优化税率结构。同时，对劳动所得应降低其税率，而对非劳动所得则应增加其税率，必要时可以加成计征。三是逐步推行综合课征模式。个人所得税采用综合课征模式，是世界各国的普遍做法。综合课征模式保留了分项课征模式的优点，扩大了税基，简化了税率结构，使税负达到量能负担的要求。四是提高征管水平。要做好个人所得税征收的基础工作，加快人口基本信息资料库建设，大力推进非现金结算，严格控制现金交易，扩大个人所得税信息管理系统的应用范围，增强税务部门与其他部门的信息网络的联系和沟通，加强对个人收入特别是高收入者的监管。

（2）适时完善和开征相关税种。无论依据税收调控理论，还是凭借对西方发达国家税收调控收入分配实践的成功经验，对居民收入分配调控，单个税种的力量是脆弱的，无法完成对居民收入分配调控的重任，客观上需要多个税种在居民收入分配的不同环节分别实施调控予以配合。一是完善房产税。加快开征房产税，不仅有利于调控房地产市场，完善地方税体系，也有利于在财产环节对高收入者增加税收，发挥"限高"功能。可以考虑在上海市、重庆市试点的基础上，逐步在全国推开房产税。在征税对象上，可以"先易后难"，先对商

业地产开征，然后对普通住宅开征；在税率设置上，各地可以根据实际情况在一定的幅度内选择合适的税率，原则上，非普通住宅征收税率要高于普通住宅税率；在免征额上，对农村居民住宅、一定面积的普通住宅和保障性住宅给予免征，对高档住宅、别墅和超过一定面积的住宅进行课征。二是开征社会保障税。开征社会保障税，不仅为社会保障事业提供了稳定的资金来源，也可以发挥调节收入分配差距的功能。我国的社会保障税可以在社会保险费的基础上开征，将企事业发放的职工工资总额、职工取得的薪金收入和各类资本所得等作为社会保障的纳税对象，对基本养老保险、基本医疗保险和失业保险三个税目按照一定的税率先行进行开征，这样有利于费转税的平稳衔接，确保改革的顺利进行。三是开征遗产税和赠与税。开征遗产税有利于平衡社会成员间的财富占有量，具有较强的收入分配调节功能。在征收模式的选择上，根据我国的实际情况，可以考虑总遗产税制，就是以被继承人死亡后的遗产总额作为课税对象，在课税时间选择上，采取"先税后分"的方式。在征收面上，出于收入调节的目的，征收面不宜太宽，主要对极少数富裕者财富进行征收。在税率选择上，可以在一定免征额的基础上，对超过部分采取累进税率进行计征。此外，为了堵塞遗产税的漏洞，赠与税也应一并开征。

2. 优化支出政策，增强"扩中"能力

中等收入人群的扩大有利于社会的稳定，而"扩中"的关键在于增加居民劳动性收入。要优化财政支出结构，加快推进经济发展，创造就业机会，实施积极的就业政策，增加就业岗位，鼓励居民创业，深化工资制度改革，改变当前居民劳动报酬比重偏低的局面，不断提高收入分配"扩中"的能力。

（1）加快经济转型升级，积极创造就业机会。加快经济转型升级，促进产业结构调整升级，不仅有利于创造更多的就业岗位和机会，同时也有利于扩大技术和管理阶层，促进薪金水平的提高。一是优化产业结构。当前，发达国家服务业就业比重普遍占70%以上，而我国服务业领域就业比重不到1/3，还有较大的就业空间。要梳理整合各项财税政策，加强对服务业发展的支持力度，积极发展服务业，优化产业结构，实现从当前的"二三一"到"三二一"产业结构转变，不断扩大服务业的就业比重。二是支持传统产业改造升级。不少传统产业是劳动密集型产业，吸纳劳动力的能力相对较强，因此，发展劳动密集型产业对增加居民收入具有重要意义。在经济转型升级的大背景下，要通过奖励、补贴等手段，支持劳动密集型产业与先进技术相结合，推动劳动密集型产业的升级，在稳定就业的基础上不断吸收新的劳动力。三是支持发展战略性新兴产

业。积极完善财税优惠政策，引导社会资本投入新材料、新能源、新技术等战略性新兴产业，支持高科技园区建设，完善公共服务平台，支持战略性新兴产业的发展，不断开辟新的就业领域。

（2）实施积极就业政策，增加居民劳动报酬。就业是民生之本，更是增加居民收入的主要途径。要发挥财政职能，推动建立促进就业的长效机制，不断增加居民劳动报酬。一是继续加大就业资金的投入力度。努力调整财政支出结构，继续增加城乡居民促进就业补助资金。重点用于岗位补贴、小额贷款担保和贴息、再就业培训补贴、职业介绍补贴等支出。二是努力创造困难群体的就业机会。针对长期失业人员、零就业家庭、被征地农民等困难群体，建立健全就业援助长效机制，努力消除零就业家庭。政府应加大购买公益性岗位的力度，努力拓宽公益性岗位的范围和规模，落实公益性岗位补贴资金，优先安置就业困难对象。三是增加各级政府职业培训经费的投入。大力加强职业教育和培训，优化教育培训机构，提高培训质量，从而不断提高劳动者整体素质及就业能力，以适应经济发展和科技进步对劳动者知识水平和劳动技能提出的越来越高的要求。四是完善就业服务体系。建立信息畅通、涵盖面广的就业信息网络，扩大职业介绍服务的空间，提高信息的覆盖面和利用率，为劳动者提供优质高效的就业信息服务。整合公共就业和人才交流服务机构，加快形成多层次、多样化的就业服务体系，灵活满足不同群体的就业需求，帮助更多劳动者实现就业。

（3）加强财政支持力度，不断促进创业富民。创业不仅可以提高自身收入，还可以带动相关人员就业和增加收入，因此，应该加大对创业的支持力度。一是健全财政创业补贴体系。从补贴人群角度，可以对创业人员尤其是下岗再就业人员、自谋职业的退役军人、大学生、困难人员给予一定的创业补助；从补贴项目角度，可以对初创企业给予社会保险费、场地房租、贷款利息等项目的补贴；从补贴领域角度，对有利于农业发展、生态环保、资源节约利用和产业转型升级的创业企业给予重点补贴。二是积极拓宽创业融资渠道。要进一步加大小额贷款的财政贴息力度，适当提高贷款的额度和扩大贷款的范围。加大对信用担保体系建设的支持力度，综合运用资本注入、风险补偿和奖励补助等方式，提高担保机构对创业企业的融资担保能力。三是加大创业培训支持力度。建立健全创业培训体系，扩大就业培训范围，将有创业意愿和能力的各类人员纳入培训范围，特别要加大对下岗失业人员、城乡新增劳动力和农村富余劳动力的培训力度。对创业培训机构给予一定的财政补贴或奖励，在财力允许的前提下，不断提高补贴标准，同时，补贴额度与培训效果相挂钩，以促进其提高培训质量。四是支持创业平台建设。完善创业服务平台，为创业者提供政策咨询、创业培训、项目开发、开业指导、小额贷款等多层次、全方位的服务。应加强创业基地、科技孵化器等创业集群建设，集聚社会资本，形成创业集群效应，降低创业风险，提高创业成功率。

（4）支持工资制度改革，增加居民工资收入。一是积极推动事业单位工资制度改革。要改革平均主义"大锅饭"的工资模式，支持建立符合不同类型事业单位特点，体现岗位绩效和分类分级管理的事业单位薪酬制度。把按劳分配和按生产要素分配有机结合起来，建立岗位职责、工作业绩、实际贡献紧密联系和鼓励创新创造的分配激励机制，研究探索信息、技术、管理等要素进入分配的方法和途径，适当拉大不同岗位之间的工资差距，体现职责和贡献的差别。积极推动绩效工资改革，逐步形成合理的绩效工资水平决定机制、完善的分配激励机制和健全的分配宏观调控机制，使事业单位工作人员收入与经济社会发展水平相适应。二是建立健全企业职工工资正常增长机制。财政部门要积极配合劳动部门制定和完善企业工资制度，加强对企业工资分配的规范、指导和调控，引导企业深化内部分配制度改革，理顺收入分配关系。探索形成企业和职工利益共享机制，把企业效益提高与增加普通职工工资收入挂钩，实现职工工资与企业经济效益同步增长。着力提高企业一线职工工资水平，特别是着重提高私营企业、外商投资企业一线员工包括农民工的工资收入，逐步提高工资收入在初次分配中的比重，在调动职工工作积极性的同时能使其充分享受企业发展成果。

3. 完善公共服务，夯实"托低"基础

完善的公共服务体系，不仅能够促进全体居民素质的提高，有利于创造更多的社会财富，增加居民整体收入，也能为低收入者创造公平收入的起点，同时，可以对特别困难的低收入群体提供直接的转移支付，保障基本收入水平，发挥公共服务对居民收入分配的"托低"作用。

（1）完善教育医疗服务，切实减轻居民负担。提供教育和医疗服务虽不直接增加居民收入，但从长远看，居民教育水平的提高和身体素质的增强可以为提高居民收入提供保障；另一个角度看，增加对教育和医疗的投入，可以减少居民家庭支出，并在一定程度上防止"因病返贫"、"因教返贫"的现象发生，这等于增加了居民收入。一是完善教育投入机制。严格落实教育经费法定增长要求，积极采取措施，调整支出结构，继续加大对教育的投入，同时，新增财力要着力向教育倾斜，优先保障教育支出。要将学前教育经费列入财政预算，

重点支持边远贫困地区和少数民族地区发展学前教育。继续完善义务教育经费保障机制，对城乡义务教育阶段学生全部免除学杂费，对家庭经济困难寄宿生提供生活补助，实现全国城乡免费义务教育。继续落实家庭经济困难学生资助政策，建立健全普通本科高校、高等职业学校和中等职业学校家庭经济困难学生资助政策体系，建立普通高中家庭经济困难学生国家资助制度，完善中等职业学校城市家庭经济困难学生纳入免学费政策。二是强化医疗卫生保障。一方面，要完善医疗卫生投入机制。建立公共医疗保障投入与财政投入之间的联动和调整机制，不断加大支持力度，逐步提高医疗卫生经费支出在财政总支出的比重，提高财政支出在医疗卫生领域总支出的比重。另一方面，要完善城乡居民医疗制度。进一步完善城镇职工基本医疗保险制度，加快覆盖就业人口，重点解决国有破产企业、困难企业等职工和退休人员以及非公有制经济组织从业人员和灵活就业人员的基本医疗保险问题。不断完善新型农村合作医疗制度，通过中央财政补助、地方财政补助、集体扶持和农民个人缴费等多渠道筹集资金，提高筹资水平与保障待遇水平，有条件的地区可以逐步与职工基本医疗保险制度并轨。坚持统筹协调，探索建立城乡一体化的医疗救助制度。扩大医疗救助对象，在切实将城乡低保家庭成员和五保户纳入医疗救助范围的基础上，逐步将其他经济困难家庭人员纳入医疗救助范围。合理确定救助标准，逐步降低或取消医疗救助的起付线，合理设置封顶线。实行多种方式救助，积极资助对城乡低保家庭成员、五保户和其他经济困难家庭人员参加城镇居民基本医疗保险或新型农村合作医疗，并对其难以负担的基本医疗自付费用给予补助。

（2）健全社会保障体系，提高居民转移性收入。社会保障作为国民收入的再分配手段，通过增加低收入者的收入来起到公平分配的作用，有效地缓解了由于人们之间利益调整所引起的社会矛盾，有利于弱化改革风险，减轻社会的震荡。一是逐步扩大社会保障范围。要顺应城市化、人口老龄化、劳动力市场一体化和就业形式多样化的趋势，增强开放性、包容性，继续扩大社会保障覆盖范围，重点促进农民工、灵活就业人员、城镇居民等群体参加城镇职工或居民社会保险，最终实现社会保障人员、项目的全覆盖。二是增强社会保障统筹力度。任何一个社会成员都享有社会保障的权利，因此，社会保障的统筹力度要增强。在行政级次上，要逐步提高社会保险基金统筹层次，逐步从县统筹过渡到省统筹，从省统筹过渡到中央统筹，以消除区域之间的保障差异；在各项目内，要逐步消除各社会保险项目内的不同群体享受不同的待遇差别，在由公共资金投入的社会保障框架内要保证统一的制度，以消除社会公众的不公平感；在城乡之间，要通过增加农村社会保障的投入，提高农民的社会保障待遇，逐步消除城乡居民之间的社会待遇差别。三是建立城乡最低生活保障制度。低保制度是社会保障体系中社会救助制度的一个组成部分，是维护社会稳定、保障人民基本生活的最后一道"防护网"。各地要在建立城乡最低生活保障制度的基础上，进一步规范城乡低保标准制定和调整工作，统筹考虑困难群众基本生活保障需要、当地经济社会发展水平和财力状况，建立和完善城乡低保标准与物价上涨挂钩的联动机制，并适时调整乡低保标准，保障城乡困难居民最低生活水平。

（3）加大"三农"资金投入，建立农民增收长效机制。一是加大对农业的支持力度。加大农业和农村基础设施建设的投入力度，重点支持重点水利工程项目建设，改善农业生产条件，增强农业抗风险能力，为农民增收提供基础性保障。加大农业技术研发资金投入和农业技术补贴，继续完善良种补贴和粮食直补政策，提高农业的生产效率，改善农业生态环境，保障农民收入稳步增长。集中资金，重点扶持一批农产品深加工龙头企业，重点扶持有利于农业产业结构优化升级的重点企业。大力推进农业科技自主创新，实施现代农业科技创新工程，推广应用农业高新技术和先进适用技术，积极创造科技富农的条件。二是增加农民非农收入。完善农村劳动力职业培训体系，对农村剩余劳动力进行技术培训，提高其就业技能，增加农民进城务工对岗位多元化选择的机会。要逐步提高城镇化水平，消除不利于城镇化的体制和政策障碍，推进城镇化建设，引导农民通过务工增加收入。推动乡镇企业新发展，大力发展农村第二、第三产业，通过产业集群带动农村服务业的发展，积极培育各具特色的专业市场，把小企业集合成大集群，逐步形成城乡一体发展的新格局，实现以工促农、以城带乡的富农新途径。健全农民创业财税优惠政策，积极为农民创业提供平台，加强对农民创业的指导，鼓励和支持农民通过创业增加收入。

（4）完善省以下财政体制，均衡基层公共服务提供。完善省以下财政体制，不仅有利于省级政府平衡各地公共服务提供能力，缩小区域间提供公共服务的水平，同时也有利于增强基层政府特别是欠发达地区政府提供公共服务的能力，从而可以间接缩小区域间居民的收入差距，起到区域性的居民收入"托低"作用。一是明确各级政府的事权和支出责任。按照建立公共财政框架的基本要求，遵循财力与支出责任相匹配的原则，界定各级政府的事权范围，进一步明确省以下各级政府的财政支出责任。在事权划分方面，市、县级政府的事权要侧重于中央与地方政策的执行和规划的实施等执行性公共事务管理责任，特别是辖区内需要执行的、与辖区利益最直接的、能够独立完成和负担的公共管理事务。

在支出责任划分方面，要充分考虑分级负担、成本弥补、受益范围、财力筹集能力的原则，总体上应当与事权的纵向配置格局相一致。二是建立规范的转移支付制度。要按照基本公共服务均等化的要求，建立和完善一套科学合理、透明规范的转移支付制度。转移支付资金的分配力求公平、公正和合理，要通过公式化方式分配转移支付资金，尽量减少中间环节。转移支付的形式要力求简化并相对稳定。转移支付资金要重点向落后地区倾斜，保障落后地区居民享有基本公共服务。三是逐步推进"省管县"财政体制改革。支持各地逐步取消市管县体制，实行省级财政直管市、县财政体制，提高省级县级保障能力，促进县域经济发展，提高财政管理水平和效率，进一步理顺省以下政府间事权划分及财政分配关系，增强基层政府提供公共服务的能力。

4. 创新财政管理，推动收入分配调整

财政管理对于收入分配的调整作用也非常重要，这点往往容易被人们所忽视。要充分发挥财税政策在收入分配中的重要作用就必须要加强财政管理工作，让财政更好地为民理财。财政管理改革让财政工作流程更加便捷、高效、畅通，让每一项惠民政策都能落地生根，让每一分财政资金都能充分发挥作用。

（1）强化预算绩效管理和预算公开管理。当前，财政管理改革的一个方向是预算绩效管理，预算绩效管理改革让部门花钱的依据不再是按需分配而是按绩效分配，要让财政的钱花得更有效果，更好地造福广大人民。当前收入分配调整中财政要加大对民生投入、提高均等化公共服务水平、减少对中低收入阶层的净税负，这些政策的落实都需要管理来保证。预算绩效管理的对象不仅仅是部门预算资金，还包括对欠发达地区的转移支付资金，因为这部分资金最容易被不规范使用，包括挪用或滥用。如果不加强对其的绩效管理考核力度，相对发达地区的政府也会产生怨言，不利于整体的稳定团结。预算公开是民主理财的重要手段，通过预算公开向民众公开各部门的收支细项，能让民众了解民生支出项目的流向，了解政府施政行为，便于加强对政府的监督，也便于提高财政资金使用效益。

（2）强化税收征管。以税收管理为例，税收管理工作要强化纳税人信息系统的建设，建立包括纳税人资产、工资、劳务、产权转让、利息、股息等各类收入的数据库系统，各地区的税务信息系统要联网，让税收部门充分掌控纳税人信息，以便更好地量能纳税，公平纳税。加强处罚措施，减少偷漏税行为的发生，让该纳税的人纳税，让该多纳税的多纳税，同时充分考虑纳税人的实际负担，包括家庭负担等参数，做到公平公正。此外，还要尽量创新财政管理方

式，加强各项管理制度建设，推动完善政府采购、规范非税收入管理、强化预算执行、完善综合预算管理体系、优化省以下财政体制等改革，以此来增强政府对收入分配的综合调控能力，规范政府、企业和居民行为，让财政管理成为助推居民收入分配调节的有力保障。

课题指导：白景明　朱忠明

课题负责人：余丽生　何华祥

课题牵头单位主要参与者：

　　浙江省财税政策研究室：冯　健　陈优芳　虞　斌　卢名辉　盛滢婷

课题组成员单位及主要参与者：

　　湖北省科研所：王华新　龚金保　吴晓玲　李晓东

　　海南省财政厅：甘　飞　李映红　卞艳臣　陈为毅　吴晓姗

　　　　　　　　　　罗振子　李云海

　　上海市闵行区财政局：周国强　顾耀强

　　财政部科研所财经信息中心：吴　雪　郭占春　王志刚　曹文辉

　　　　　　　　　　　　　　　孙家希

　　执笔：虞　斌　王志刚　吴晓玲　卢名辉　盛滢婷

浙江省促进居民收入分配结构调整的财税政策研究

浙江省财政厅课题组

促进居民收入合理化分配，不仅有利于扩大内需，拉动经济增长，而且体现了社会主义共同富裕的本质要求，有利于社会和谐、政治稳定。当前，我国居民收入分配失衡问题客观存在且较为突出，对经济发展和社会稳定带来了一定负面影响。财税政策作为政府宏观调控的重要手段，在全面建设小康社会的关键时期，充分发挥其对居民收入分配结构调整的促进作用，成为当前迫切需要研究的重要课题。本文以浙江省为例，着重从地方财税政策角度，探讨地方政府如何促进居民收入分配结构调整问题。

一、调整居民收入分配结构应理清的几个基本认识

调整居民收入分配结构是一项复杂而艰巨的系统工程，涉及经济社会发展的方方面面。因此，研究居民收入分配，我们需要理清几个基本认识，作为调整的逻辑起点，以便把握好调整的方向和着力点。

（一）居民收入分配差距的存在具有一定的客观必然性

从基本国情看，目前我国尚处于社会主义初级阶段，实现共同富裕目标是一个循序渐进的过程，不可能一蹴而就，必须走"让一部分人、一部分地区先富起来，先富带后富，最终达到共同富裕"之路，这样，居民收入分配存在差距尽在情理之中。

从分配制度看，改革开放以来，伴随社会主义市场经济体制的逐步建立和

完善，我国收入分配制度经历了从"按劳分配"到"以按劳分配为主，其他分配为辅"再到"以按劳分配为主体、多种分配方式并存"的转变。劳动、资本、技术、管理等生产要素按贡献参与分配，而不同劳动者的人力资本、劳动能力、技术水平、资产拥有、管理经验等无疑存在一定差异，这客观上会导致居民收入分配差距。

从地域角度看，城乡和地区之间存在地理区位、自然条件、经济基础以及物质资源等禀赋差异，这对居民收入分配产生的影响也是显而易见的。在市场力作用下，劳动者自身条件和所处环境差异以及由此形成的收入分配差距通常呈因果循环累积状态，存在较强的"马太效应"。

从行业角度看，不同行业拥有的竞争性资源和所处的生命周期不同，其获利能力和利润水平有明显差异，特别是不同时期总存在一些垄断性行业，比如当前的电力、石油、金融、保险、邮电、通信等，垄断行业客观存在且获得高额垄断利润，使得其从业人员获得的收入明显高于其他一般行业人员。

从企业角度看，不同行业和同一行业的不同企业获利能力和水平总是千差万别的，而企业效益的好坏对员工工资水平具有重要影响，从这个意义上讲，企业效益差异必然会产生居民收入分配差距。

（二）调整居民收入分配结构现实意义重大，需高度重视

调整居民收入分配结构是社会主义的本质要求，贫穷落后不是社会主义，两极分化更不是社会主义，社会主义的最终目标是实现共同富裕，促进居民收入合理化分配符合共同富裕原则，充分体现了社会主义的优越性。调整居民收入分配结构更是实现全面建设小康社会目标的重要环节，"全面"二字既是我国小康社会建设的可贵之处，又是难点所在，全面小康的必要条件是全民小康，没有欠发达地区、农村居民和低收入群体的小康，就没有全民小康，也就没有全面小康。因此，全面建设小康社会要求高度重视居民收入分配结构调整问题。

此外，当前制约我国经济发展的主要因素是有效需求不足，而逐渐拉大的居民收入分配差距是导致内需不足的重要原因。这是因为，占人口绝大多数的低收入者受收入水平制约，有消费倾向却没有消费能力或消费能力相对有限，而拥有绝大多数财富的少数高收入者存在边际消费倾向递减趋势，其消费达到一定程度后便很少或几乎不增长。居民收入分配差距过大，导致国内有效需求不足，使得经济增长缺乏内生动力，发展的稳定性、持续性和效益性受到较大

挑战，因此调整居民收入分配结构对促进经济平稳较快发展具有重要意义。

（三）调整居民收入分配结构并不是完全消除收入差距

温家宝总理指出，"我们的社会除了存在着经济发展不协调、不平衡和不可持续的问题之外，还存在一个突出的问题，就是收入差距过大"，不断拉大的收入分配差距对我国经济发展、社会和谐以及政治稳定带来了较大挑战，当前调整居民收入分配结构的形势尤为紧迫、任务十分艰巨。但是，调整居民收入分配结构绝对不是完全消除居民收入分配差距，再次"回归"平均主义。这一方面是因为收入分配差距的存在有一定客观必然性，任何国家任何时期都不可能绝对消除，另一方面是因为实践证明，在传统计划经济体制下，收入分配搞平均主义，吃"大锅饭"，干与不干、干好干坏、干多干少基本一个样，严重抑制了劳动者的生产积极性和创造性，最终只会导致社会的共同落后、共同贫穷。

事实上，收入分配差距的存在对经济社会发展而言是一把"双刃剑"。收入分配是促进经济增长的重要动力和手段，适度的收入差距有利于形成良好的示范效应和竞争效应，激励人们勤劳致富，能对经济增长起到促进作用；而过度的收入差距不仅会减少社会有效需求，降低劳动生产效率，导致经济增长乏力，而且还会引发人们的负面心理，容易产生"仇富"等社会问题，使得社会不和谐因素增多，社会稳定遭受威胁，经济发展也会受到阻遏。因此，调整居民收入分配结构的关键并不在于完全消除收入差距，而是缩小收入差距，将差距控制在一个合理的、社会可接受的范围内。

（四）城乡和地区结构是地方政府运用财税手段调整的重点

居民收入分配结构主要包括城乡、地区、行业、不同阶层和不同所有制之间居民收入分配关系。从地方财税政策手段和居民收入差距成因看，城乡和地区之间居民收入分配结构是地方政府运用财税手段调整的重点。这是因为，一方面，地方政府促进居民收入分配结构调整的财税手段较为单一，主要采取财政贴息、补助、转移支付、财政奖励、专项资金、体制倾斜等方式进行间接调节，其着力点主要在城乡和地区间居民收入差距上。而行业、不同阶层和所有制之间居民收入分配关系主要由所得税、财产税（如遗产税、物业税、赠与税等）、社会保障税、反垄断税等税收手段来调节，在我国现行行政管理体制下，税收立法权和政策制定权属于中央，地方政府只拥有税收征收和管理权，因此地方政府运用财税手段促进居民收入分配结构调整存在"心有余而力不足"问题。另一方面，从差距成因看，城乡和地区间居民收入差距在一定程度上是"让一部分人、一部分地区先富起来"政策选择的结果，具有经济发展的阶段性特征，地方政府可以在所管辖的行政区域内，运用财政手段，通过"先富带后富"有效解决；而一个地区内不同行业、所有制、阶层之间居民收入差距虽然从题意看是个地方性问题，但实质上这种差距是由市场经济内在规律所导致的，是一个全国性问题，单凭地方政府财政之力难以根本扭转。

二、浙江省促进居民收入分配结构调整的做法与成效

收入分配是一个动态概念，调整居民收入分配结构是在提高居民收入水平的动态过程中同步进行的。"富民强省"是浙江改革开放 30 多年的经验总结，"富民"既是发展的根本目的，又是"强省"的有效手段。浙江省走"创业富民"和"藏富于民"之路，坚持增收入与优结构"两手并举"，不仅居民收入增幅在全国居于领先地位，而且城乡居民收入差距明显低于全国平均水平。2010 年，浙江省城镇居民人均可支配收入、农村居民人均纯收入分别连续 10 年和 26 年位列各省区第一，城乡居民收入差距在各省区中最小。

（一）坚持民本经济理念，多层次提高居民收入水平

改革开放以来，浙江经济的精髓在于民本经济，即以民为本、立足全民创业、着眼民众富裕。

一是以民营经济为主要载体和实现形式，促进全民创业达到富民目标。浙江省十二次党代会提出的"创业富民、创新强省"总战略，其落脚点就在于"创业富民"，着力点就在于民营经济。通过创新体制机制、加大政策扶持力度等手段，有力助推民营经济发展，民营经济规模不断壮大，实力明显增强，所占比重大幅提高，富民效应尤为显著。2010 年，浙江省民营经济占 GDP 比重达 72%，民营企业进出口占全省总值的 53%，从业人数占全部企业的 80% 以上，全省 99.8% 的企业是中小民营企业，民营企业和个体工商户共 280 余万户，按照现有人口计算，平均每 19 个浙江人就有一个企业主或个体工商户，通过"人人当老板"的形式来富裕一方百姓。同时，浙江省深入推进 4 个国家级和 26 个省级创业型城市创建工作，5 年来累计投入扶持资金 46.08 亿元，扶持创业

41.92 万人，带动就业 190.5 万人。

二是加大就业资金保障力度，确保落实积极的就业政策，促进居民增收。"十一五"时期，全省筹集就业资金 87.5 亿元，各级财政安排 54.2 亿元；全省就业资金累计支出 73.15 亿元，社会保险补贴、公益性岗位补贴和职业介绍、职业培训补贴为 53.21 亿元，占就业总支出的 72.74%；全省享受各项就业政策扶持的总人数达 778.29 万人次，其中，享受职业培训补贴 225.8 万人，享受职业介绍补贴 305.7 万人。2010 年，全省城镇新增就业 90.65 万人，帮助 40.68 万名下岗失业人员实现再就业，城镇"零就业"家庭问题基本解决，城镇登记失业率仅为 3.2%。

三是不断完善收入分配制度，保障居民收入水平快速提高。近年来，浙江省全面推行企业工资集体协商制度，健全工资支付保障制度，大幅提高最低工资标准，加快行政事业单位绩效工资改革，建立完善国有资本经营预算制度、建立健全企业职工、事业单位人员、公务员、离退休人员等群体收入稳定增长机制，从制度上保障居民收入水平稳步提高。特别是最低工资标准，浙江省从 2011 年 4 月 1 日开始每月调整到 1 310 元，超过广东、上海，成为全国标准最高的省份。

四是鼓励民间资本扩大投资，提高资本要素的收入分配。作为资本大省，浙江省通过降低投资门槛、放宽市场准入条件、优化投资环境、设立创投基金等手段，鼓励和引导民间资本扩大投资参与收入分配。目前，浙江省个人资本参与国民收入初次分配的比重（50% 以上）远高于全国平均水平和沿海其他发达省份（30% 左右）。

（二）坚持城乡统筹发展，多渠道增加农村居民收入

从城乡情况看，调整居民收入分配结构的重点和难点在农村，关键在于打破城乡二元结构、实现城乡统筹发展。浙江省财政按照建立公共财政体制的要求，积极调整优化财政支出结构，加大财政向"三农"倾斜力度，通过促进城乡统筹发展，繁荣农村、发展农业，有力促使农民增收。"十一五"时期，财政"三农"投入累计达 3 202 亿元，年均增长 24.8%；财政农林水事务投入从 2006 年的 115.1 亿元增加到 2010 年的 290.9 亿元，年均增长 26.4%，占财政总支出比重从 7.8% 上升到 9.1%。

一是加强农村农业基础设施建设，促进农村经济发展和农民增收。俗话说"要想富，先修路"，五年来，浙江省财政共安排补助资金 91.6 亿元，用于农村

公路、客货运站场体系和水上康庄工程等交通基础设施建设，显著提高了农村公路通达深度和畅通程度；同时，以现代农业园区和粮食生产功能区建设为重点，加强大规模农田水利基本建设，五年来累计投入农业水利基础设施建设资金达45.14亿元，提高农产品生产能力达14.5亿公斤，有力促进了农业增产、农民增收。

二是大力支持农村经济发展，带动农民增收致富。积极培育和发展农业龙头企业、农民专业合作社和种养大户等农业新型主体，着力提升现代农业生产经营主体素质，努力提高农业产业化水平和农民组织化程度。截至2010年，全省拥有农业产业化经营组织2.6万个，带动农户882万户，联结基地1 723万亩，农产品精深加工水平达20%以上，初加工程度超过40%。支持农家乐休闲旅游业发展，累计发展农家乐休闲旅游村2 490个，经营农户10 896户。大力实施"低收入农户奔小康工程"，省财政累计安排扶贫资金14.2亿元，支持发展特色种养业、来料加工业等。截至2010年，全省家庭人均纯收入超过2 500元的低收入农户人口新增155.8万，其中，2007年人均纯收入低于2 500元的111万低收入农户，到2010年人均纯收入达到4 220元，年均增长19.1%。

三是努力培育小城镇，搭建农民增收致富新平台。培育和发展小城镇有利于农村富余劳动力转移和就业，能有效转移农民和富裕农民。浙江省早在1995年就开始对小城镇进行综合改革试点，先后制定出台了一系列小城镇发展培育政策。2004年在全国率先出台《浙江省统筹城乡发展、推进城乡一体化纲要》，把培育中心镇列为统筹城乡发展、推进城乡一体化的重要内容。2005年开始组织实施中心镇培育工程。2007年专门出台《关于加快推进中心镇培育工程的实施意见》，明确提出要着重培育200个左右中心镇，所有地级市和60%的县市出台了扶持政策。2010年，省财政设立小城市培育专项资金，一次性安排10亿元对首批27个中心镇进行重点培育扶持。2010年，浙江省城市化率达到61.6%，比全国高出14.1个百分点。

四是支持开展农民培训工程，促进农民增收致富。"十一五"时期财政累计安排"千万农村劳动力素质培训工程"专项资金3.42亿元，共培训各类农村劳动力686万人，其中：农业专业技能培训169万人；农村劳动力转移就业技能培训237万人，实现转移就业193万人；务工农民岗位技能培训257万人，农村后备劳动力培训23万人。2010年，浙江省农村居民工资性收入和来自第二、第三产业的农民家庭经营收入两项相加超过总收入的80%。

（三）坚持区域协调发展，促进欠发达地区群众增收

支持欠发达地区加快发展、推进欠发达地区群众增收致富奔小康，是浙江省全面建成惠及全省人民小康社会的关键环节，是调整居民收入分配结构的重要举措。浙江省围绕"增收、致富、奔小康"目标，对欠发达地区尤其是重点欠发达县和贫困集中区域给予特别扶持，努力构建欠发达地区群众增收致富奔小康的内生机制。

一是调整完善财政体制，支持欠发达地区加快发展带动居民增收。早在20世纪八九十年代，为了抓好财源建设和扶贫促富，浙江省财政厅曾确立"抓两头、带中间、分类指导"工作思路，先后对贫困县实行"两保两挂"、"两保一挂"等财政体制。2008年，根据形势发展变化，财政体制统一调整为激励与约束相结合的分类分档激励奖补机制，从体制上保障欠发达地区基本财力，激发欠发达地区发展活力，增强带动群众增收致富能力。

二是加大政策倾斜力度，推进欠发达地区加快发展和群众增收。先后出台《关于推进欠发达地区加快发展的若干意见》、《关于实施"欠发达乡镇奔小康工程"的通知》、《关于全面实施山海协作工程的若干意见》以及《关于扶持景宁畲族自治县加快发展的若干意见》等重要政策文件。其中，明确要求，省级有关扶农专项资金用于扶持欠发达地区的比例每年不低于1/3；省建设先进制造业基地专项资金切出一定比例，重点支持欠发达地区发展无污染工业项目；省级外贸发展基金每年安排2 000万元，专项用于扶持欠发达地区发展外向型经济。

三是加大转移支付力度，促进欠发达地区发展和居民增收。"十一五"时期，浙江省深入实施"欠发达乡镇奔小康"、"山海协作"和"百亿帮扶"三大工程，将公共财政的阳光更多地洒向欠发达地区，省财政对欠发达地区和海岛地区累计转移支付1 135亿元，年均增长28.6%。其中，签订山海协作特色产业项目3 971个、到位资金865亿元，帮扶低收入群众实现增收11.7亿元。截至2010年，全省欠发达地区29个县完成异地搬迁22.7万人，农民培训100.3万人次，转移31.1万人；来料加工从业人员80.6万，实现来料加工费收入118.8亿元。针对重点欠发达县，省财政创新转移支付方式，采取专项性一般转移支付，从2011年起将连续3年每年筹资16.8亿元，分类实施特别扶持政策，为统筹区域发展、培育欠发达地区内生发展机制、促进居民增收提供财力保障。

（四）构建"大社保"体系，全方位保障低收入群体

浙江省按照"人人享有基本社会保障"目标要求，坚持"广覆盖、保基本；多层次、多渠道；可衔接、可持续"基本原则，在稳步提高省级财政社保支出水平的同时，不断完善社保转移支付政策，重点向欠发达地区、困难人员和农村倾斜，努力构建统筹城乡的"大社保"体系，全方位保障低收入群体。"十一五"时期，浙江省财政社会保障支出逐年递增，累计支出超过 1 700 亿元，年均增幅超过 25%。

一是加大对城乡居民养老保险的财政支持。从 2005 年开始连续提高企业退休人员基本养老金待遇，2010 年月人均养老金达 1 595 元，比 2005 年增长 70.7%，水平居全国前列；全省 578 万 60 周岁以上符合条件的城乡居民每月可领取不低于 60 元的基础养老金；不断完善被征地农民基本生活保障制度，按照"政府出一点、集体补一点、个人缴一点"模式明确资金来源，五年来各级财政补助 185.7 亿元，占基本生活保障资金筹资总额的 40%。

二是健全完善最低生活保障制度和社会救助体系。建立低保标准与最低工资标准联动机制、低保家庭收入核定机制，城乡低保工作实现"应保尽保、应补尽补、应退尽退"动态、规范化管理。截至 2010 年底，全省在册低保对象有 70.03 万人，城乡居民最低生活保障每人每月分别达 376.7 元和 245.2 元，比 2005 年增长 68.9% 和 90.1%；低保投入从 2005 年的 5.2 亿元增加到 2010 年的 12.9 亿元，增长 147.1%；农村五保和城镇"三无"人员集中供养率达 96.8% 和 99.4%，新型社会救助体系实现城乡全覆盖。

三是加强城乡居民基本医疗保障的财政支持。浙江省是全国较早推行新型农村合作医疗和城镇居民基本医疗保险的省份之一，2010 年，浙江省新农合和城镇居民医疗保障省财政补助最高标准分别提高到人均 84 元和 90 元，其中新农合参合率达 92%。城市和农村人均基本公共卫生服务项目经费从 2010 年起统一标准为 20 元。

三、浙江省促进居民收入分配结构调整的经验与启示

与全国和其他发达省区相比，近年来，浙江省居民收入分配结构调整取得了明显成效，不仅居民收入水平普遍得到快速提高，而且城乡之间、地区之间

居民收入差距得到较好控制，在促进居民收入分配结构调整方面积累了一些经验。

（一）坚持民生为本、促进全民创业是调整居民收入分配结构的关键所在

改革开放以来，浙江省始终坚持民生为本、富民为先发展理念，走"藏富于民"、"小河有水大河满"、"放水养鱼"、"多予少取"富民惠民发展之路，鼓励和支持全民创业，大力扶持民营经济发展，激活全社会创业细胞，增强群众自主创业的积极性和能力，促进居民收入分配结构调整。创业是发展之基、富民之本，创业不仅能大幅提高创业者自身收入水平，而且还能带动就业，有利于吸纳剩余劳动力，增加劳动者收入。浙江省改革发展始终坚持民本经济理念，充分尊重群众的自主创业权，不断完善调动群众创业积极性的体制机制，支持和引导群众自主创业，以促进全民创业走向共同富裕。浙江省创业者多、小企业多、法人单位多，成为居民收入持续快速增长的不竭源泉。全民创业和民营经济发展是相互统一的，民营经济是创业的主要载体和实现形式。大力扶持民营经济发展，不仅使大批普通民众变为股东、法人或老板成功致富，居民经营性收入大幅增长，而且民营企业就业吸纳能力强，有利于增加居民工资性收入，同时民营企业创造的税收还能增强财政再分配调控能力，有利于增加居民转移性收入。

（二）不断完善社会保障体系是促进居民收入分配结构调整的重要环节

社会保障支出是财政转移支付的重要内容，有利于增加居民转移性收入。社会保障在保障群众基本生活需求的基础上，通过提高中低收入者收入水平和社会平均收入水平，间接调节收入分配关系，规范收入分配秩序，因而具有收入分配调节功能，是实现居民收入合理化分配的"调节器"。我国"十二五"规划将社会保障作为健全再分配调节机制的主要手段，明确指出要"调整财政支出结构，提高公共服务支出比重，加大社会保障投入，较大幅度提高居民转移性收入"。因此，建立健全与经济发展水平相适应的社会保障体系是调整居民收入分配结构的重要环节。近年来，浙江省不断加大社会保障投入，加快建立统

筹城乡社会保险制度，巩固完善城乡社会救助体系，大力实施城乡社区卫生服务机构建设工程，社会保障体系不断完善，保障水平大幅提高，有力助推了居民收入分配结构调整。

（三）大力培育和发展小城镇是促进居民收入分配结构调整的有效手段

小城镇是吸纳农村人口的重要载体，是产业集聚化发展的重要依托，是农民致富奔小康的重要平台。培育和发展小城镇有利于农民实现职业的非农化和生活空间非农化，促进农民向市民转变或市民化，从而减少农民比重、提高农民收入；有利于资本、技术、人力、信息等发展要素向农村农业集聚，为农民增收提供要素支撑；有利于加快基础设施向农村延伸、公共服务向农村覆盖，使农民拥有参与收入分配的公平起点。因此，培育和发展小城镇成为统筹城乡发展、有效解决"三农"问题、促进农民致富奔小康的必然选择。浙江省委、省政府较早提出"在城市化进程中择优发展小城镇"战略方针，强调要"更加重视中心镇的发展，抓紧研究制定培育中心镇的有关政策"。截至 2009 年底，首批选定的 141 个省级中心镇总人口、建成区人口、农村经济总量、财政总收入分别占全省建制镇总量的 35.2%、47.4%、39.0% 和 39.6%；全省人口超 5 万、财政总收入逾 5 亿元的中心镇达 51 个，中心镇平均建成区人口 3.2 万，农村经济总收入 105 亿元、财政总收入 3.2 亿元。小城镇尤其是中心镇的发展，农村经济的壮大，有力推动了农村居民收入的增长。

（四）"输血式"与"造血型"帮扶有机结合是地方调整居民收入分配结构的必然要求

提高低收入群体收入水平是调整居民收入分配结构的中心工作。低收入群体收入水平低的原因是多种多样的，地方政府在运用财政手段调整居民收入分配结构过程中要因地制宜、因人而异、区别对待。对客观原因导致的群体低收入，比如处于禁止开发区的群众、无劳动能力者等，地方政府应尽财力可能，通过财政转移支付实现"输血式"帮扶；对主观原因导致的群体低收入，比如要素资源未得到充分利用的地区、结构性失业者等，地方政府应充分发挥财政"四两拨千斤"杠杆效应，通过财政奖励、贴息、补助等方式实现"造血型"帮扶。"输血式"与"造血型"帮扶有机结合，不仅有利于提高有限财政资金的使用效率，而且能有效避免政府行为的"缺位"和"越位"问题。浙江省财政对主要水系源头所在市、县（市）的生态环保财力转移支付制度是典型的"输血式"帮扶；而"山海协作"工程，把发达地区充裕的资金、领先的技术与欠发达地区丰富的资源、良好的生态有机结合，是政府与市场相结合推动欠发达地区发展典型的"造血型"帮扶。

四、当前浙江省居民收入分配结构存在的主要问题

浙江省尽管在调整居民收入分配结构方面取得了显著成绩，但也清醒地认识到，浙江与全国和其他兄弟省市区一样，居民收入增速与GDP增速还不同步，收入分配存在"两个比重"偏低问题，同时，城乡、地区及其内部居民收入分配失衡问题仍不同程度存在。

（一）居民收入增长与经济发展尚不同步

21世纪以来，尽管浙江省城乡居民收入水平迅速提高，分别从2000年的9 279元、4 254元，增长到2010年的27 359元和11 303元，分别增长了1.95倍、1.66倍，年均实际增速分别达9.72%和7.86%，分别比全国水平高出0.34、1.25个百分点。但同期浙江省GDP实际增速年均达12.33%，分别比城镇居民人均可支配收入、农村居民人均纯收入年均实际增速高出2.61、4.46个百分点，居民收入增长与经济发展存在不同步问题（见图1）。

（二）居民收入分配"两个比重"相对偏低

党的十七届五中全会明确提出，要提高居民收入在国民收入分配中的比重和提高劳动者劳动报酬在初次分配中的比重，其实质是提高居民收入水平和调整居民收入分配结构。从表1可见，"十一五"时期，浙江省居民收入增长低于财政收入和企业利润增长，居民收入在国民收入分配中的比例有所下降。2010年与2006年相比，浙江省规模以上工业企业利润增长2.18倍，地方财政收入增长2倍，城镇居民人均可支配收入和农村居民人均纯收入则分别增长1.5倍、1.54倍，三者增幅依次递减。

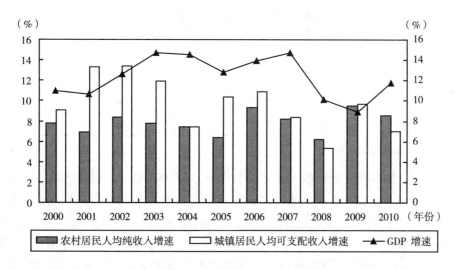

图1　2000～2010 年浙江省城乡居民收入增速与 GDP 增速比较

表1　　　　　2006～2010 年浙江省居民收入、企业效益与地方财政收入情况

指　　标	2006 年	2007 年	2008 年	2009 年	2010 年	增长（倍）
规模以上工业企业利润（亿元）	1 375.5	1 775.5	1 634.2	2 115.7	3 003.6	2.18
地方财政收入（亿元）	1 298.2	1 649.5	1 933.4	2 142.5	2 608.5	2.0
城镇居民人均可支配收入（元）	18 265	20 574	22 727	24 611	27 359	1.5
农村居民人均纯收入（元）	7 335	8 265	9 258	10 007	11 303	1.54

注："增长"为 2010 年指标值除以 2006 年指标值。

近年来，浙江省国民收入分配中劳动报酬和企业营业盈余占主导地位，两者占比之和超过 70%，其中，劳动报酬所占比重总体稳中略降，从 2006 年的 40.31% 降至 2009 年的 39.61%，企业营业盈余总体稳中有升，同期从 31.26% 升至 32.63%。但与全国相比，当前浙江省国民收入分配向企业倾斜的势头较为显著。从表2可见，2009 年，浙江省劳动报酬占 GDP 的比重比全国 46.62% 的平均水平低 7 个百分点；而企业营业盈余占比比全国 24.67% 的平均水平高出 8 个百分点。实践表明，在成熟市场经济体中，初次分配中劳动者报酬占 GDP 的比重，美国接近 70%，其他国家和地区普遍在 54%～65% 之间。浙江省与全国一样，劳动报酬占 GDP 比重相对偏低，劳资关系存在一定失衡。

表2　　　　　　　　　浙江和全国若干年份国民收入初次分配情况　　　　　　单位：%

年份/地区		劳动者报酬	生产税净额	固定资产折旧	营业盈余
浙江	2006	40.31	14.51	13.92	31.26
	2007	39.58	15.09	13.81	31.52
	2009	39.61	14.87	12.90	32.63
全　国		46.62	15.20	13.51	24.67

注：全国数据为2009年数据。

从收入结构看，居民收入由工资性收入、财产性收入、经营性收入和转移性收入四部分组成。总的来看，城镇家庭居民人均总收入中财产性收入增长最快，10年增长达8.4倍，经营性收入、转移性收入和工资性收入增长逐次递减，分别为6.6倍、2.1倍和1.8倍；农民人均纯收入中转移性收入增速最快，增长2.9倍，财产性收入、工资性收入、经营性收入逐次递减，分别为2.1倍、2倍和1.2倍。尽管工资性收入是浙江省城镇和农村居民收入的主要组成部分，但无论是城镇居民家庭人均总收入，还是农民人均纯收入，都存在工资性收入所占比重不足问题。城镇家庭居民人均总收入中工资性收入占比虽较高，但近年来呈递减态势，占比从2000年的69.5%逐步降至2010年的60.8%，10年间下降了8.7个百分点；农村居民人均纯收入中工资性收入占比虽呈递增态势，从2000年的47%升至2010年的52.6%，增长了5.6个百分点，但工资性收入的绝对值相对较小，2010年为5 950元，不足城镇18 314元的1/3。此外，尽管农民人均纯收入中转移性收入增长快于城镇家庭，但由于基数小（2000年农村仅为154元，城镇为2 190元），占比一直很低（农村2010年为5.3%，城镇为22.3%），与城镇有一定差距，这也成为城乡居民收入差距产生的重要因素。具体情况见表3。

表3　　2000年、2005年和2010年浙江省城乡居民家庭人均收入构成及其比重

指标	2000年		2005年		2010年		2010年比2000年增长（倍）
	绝对额（元）	占比（%）	绝对额（元）	占比（%）	绝对额（元）	占比（%）	
1. 家庭人均总收入	9 271	100	17 877	100	30 135	100	2.3
1.1 工资性收入	6 444	69.5	11 941	66.8	18 314	60.8	1.8
1.2 经营性收入	481	5.2	1 922	10.8	3 641	12.1	6.6
1.3 财产性收入	156	1.7	553	3.1	1 470	4.9	8.4
1.4 转移性收入	2 190	23.6	3 462	19.4	6 710	22.3	2.1

续表

指标	2000 年		2005 年		2010 年		2010 年比 2000 年增长（倍）
	绝对额（元）	占比（%）	绝对额（元）	占比（%）	绝对额（元）	占比（%）	
2. 农民人均纯收入	4 254	100	6 660	100	11 303	100	1.7
2.1 工资性收入	2 001	47.0	3 299	49.5	5 950	52.6	2.0
2.2 经营性收入	1 918	45.1	2 766	41.5	4 190	37.1	1.2
2.2.1 农业收入	953	22.4	1 248	18.7	1 884	(16.70)	1.0
2.2.2 非农收入	965	22.7	1 518	22.8	2 306	(20.40)	1.4
2.3 财产性收入	181	9.0	278.92	4.2	561	5.0	2.1
2.4 转移性收入	154	8.0	352.86	5.3	602	5.3	2.9

（三）城乡和区域间居民收入分配差距问题

从城乡看，近年来，浙江省城乡居民收入差距总体呈倒"U"型走势，城镇居民人均可支配收入与农村居民人均纯收入之比从 2000 年的 2.18 逐步上升到 2006 年的 2.49，转而进入缩小阶段，2010 年降为 2.42。近年来，浙江省城乡居民收入差距基本维持在 2.45~2.5 之间，虽在全国各省区中最小，但仅处于有效控制差距阶段，与全面建成惠及全省人民小康社会和改革开放成果全民共享要求相比仍存在一定差距（见图 2）。

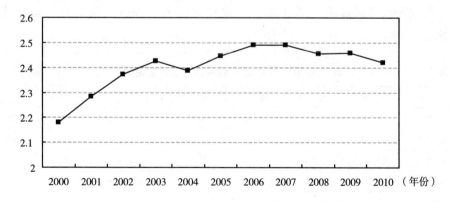

图 2 2000~2010 年浙江省城乡居民收入差距比情况

进一步看，还存在同一地区城镇、农村居民内部收入差距问题。从表 4 可见，近年来，浙江省城镇和农村内部居民收入差距虽都小于全国平均水平，

51

2006～2009 年间城镇、农村内部居民收入差距年均分别比全国水平低 0.74、0.44，但从自身角度看，浙江省农村内部居民收入差距呈扩大态势，从 2006 年的 6.74 逐步上升到了 2009 年的 7.19，而城镇内部居民收入差距仍保持在 8.0 以上这一较高水平（2010 年为 8.19）。此外，2010 年浙江省城镇和农村居民内部的基尼系数分别为 0.33 和 0.37。

表4　　　　　　　2006～2009 年浙江与全国城乡内部居民收入差距情况

地区	指　标	2006 年	2007 年	2008 年	2009 年
浙江	城镇内部居民人均可支配收入差距	8.21	8.12	8.31	8.19
	农村内部居民人均纯收入差距	6.74	7.02	7.16	7.19
全国	城镇内部居民人均可支配收入差距	8.96	8.74	9.17	8.9
	农村内部居民人均纯收入差距	7.17	7.27	7.53	7.9

注：城镇家庭居民人均可支配收入差距值 = 城镇 10% 最高收入家庭人均收入/10% 最低收入家庭人均收入；农村家庭居民人均纯收入 = 农村 20% 最高收入家庭人均收入/20% 最低收入家庭人均收入。

从地区看，浙江省区域发展仍不平衡，省内不同地区城乡居民收入水平有较大差异。从表5可见，2010 年，浙江省丽水市、温州市、衢州市和金华市城乡居民收入差距超过全省平均水平，其中，丽水市为 3.23，与全国平均水平相当。11 个地市中城镇居民人均可支配收入最高值（温州市，31 201 元）与最低值（丽水市，21 093 元）之比为 1.48；农村居民人均纯收入最高值（嘉兴市，14 266 元）与最低值（丽水市，6 537 元）之比为 2.18；城镇居民人均可支配收入最高值（温州市）与农村居民人均纯收入最低值（丽水市）之比达 4.61。

表5　　　　　　　2010 年浙江省 11 地市城乡居民收入差距情况

地　市	城　收	农　收	比　值	地　市	城　收	农　收	比　值
丽水市	21 093	6 537	3.23	绍兴市	30 164	13 651	2.21
温州市	31 201	11 416	2.73	宁波市	30 166	14 261	2.12
衢州市	21 811	8 270	2.64	湖州市	25 729	13 288	1.94
金华市	25 029	10 201	2.45	舟山市	26 242	14 265	1.84
台州市	27 212	11 307	2.41	嘉兴市	27 487	14 365	1.91
杭州市	30 035	13 186	2.28	全　省	27 359	11 303	2.42

注："城收"指城镇居民人均可支配收入；"农收"指农村居民人均纯收入；比值指城乡居民收入比。

五、进一步促进居民收入分配结构调整的财税政策建议

浙江省"十二五"规划明确提出"以富民强省、社会和谐为根本目标",不断丰富和拓展"富民"内涵。富民,就是坚持以人为本、为民谋福祉,充分调动千百万人民群众创造财富的积极性,同时调整财富的分配机制,努力让人民群众共同富裕起来,夯实和谐社会的基础。当前,浙江省居民收入分配结构相对优于全国水平和其他兄弟省区,但与全面建成惠及全省人民小康社会发展目标、改革开放成果全民共享的总体要求相比仍有一定差距,因此要进一步发挥财税职能作用,有力调整居民收入分配结构。

(一) 完善公共服务体系,实现收入分配的起点公平

起点公平是收入合理化分配的重要前提。在按劳分配为主体的收入分配制度下,劳动者的素质和能力在收入分配中起决定性作用,直接关系到居民收入分配格局。而公共教育、公共卫生、公共文化等方面的公共服务,对一个人的能力发展和素质提升具有不可替代的作用。如果不在收入分配的源头上下工夫,而仅仅在最终结果上做文章,居民收入分配差距在市场机制作用下形成的因果循环累积就很难打破。因此,不断完善公共服务体系,促进基本公共服务均等化,实现收入分配的起点公平,是地方政府促进居民收入分配结构调整的首要环节。一是提高教育均等化水平。科学调整教育布局,优化配置教育资源,财政教育投入要继续加大并向农村和欠发达地区倾斜,在改善农村中小学办学条件、师资培训等方面给予重点支持,重点帮助边远地区、海岛、少数民族地区、革命老区提高义务教育发展水平;新增财政教育投入要更好地用于保障外来务工人员子女、农村留守少年儿童、残疾儿童、城镇困难家庭子女等弱势群体平等享有接受教育的基本权利。二是提升公共卫生和基本医疗服务均等化水平。继续加强基层医疗卫生机构建设,重点支持欠发达地区医疗卫生机构的标准化建设;稳步提高基本公共卫生服务项目的经费标准,调整和扩大服务项目,增加和完善服务内容;建立和完善重大公共卫生项目调整机制,逐步将食品安全、职业卫生、精神卫生、饮用水卫生等重点任务纳入重大公共卫生服务项目,提升城乡居民公共卫生服务共享水平。三是提升公共文化服务均等化水平。建立农村文化建设长效机制,加大对农村基础文化设施建设扶持力度,重点以中心

镇建设为载体，根据其集聚、辐射效应的大小给予财力支持，推动文化设施建设，让更多文化资源向农村倾斜，同时提高文化设施利用效率，丰富农村农民文化生活。此外，积极探索建立政府"购买公共服务"新机制，形成政府主导、社会参与、群众受益的公共服务供给体系。

（二）强化就业创业扶持，重点提高居民工资性收入

就业是民生之本，创业是富民之基；就业惠民，创业则富民。千方百计扩大就业，想方设法促进创业，以就业推动创业，以创业带动就业，坚持扩大就业和促进创业并举，通过扶持就业创业来促进百姓增收致富，这既是浙江长期实践积累的宝贵经验，也是今后要继续坚持的战略举措。

一是强化就业扶持。要更加注重通过支持发展服务业扩大就业；继续加大财政就业投入，重点探索建立统筹城乡就业机制和就业长效帮扶机制；继续加强劳动力素质提升和技能培训工作，不断提高劳动力素质，增加人力资本存量，大力培养一批有经验、懂技术、会经营、善管理的新型农民；加大对公共就业服务体系特别是基层公共就业服务平台建设的支持力度，加快推进城镇公共就业服务向农村农民延伸覆盖；健全就业资金多元筹措机制，并不断完善就业资金管理办法，归并、整合不同渠道的就业资金，加强就业资金支出管理，提高资金使用绩效；完善失业保险制度，进一步做好失业保险基金扩大支出范围试点工作。在扩大就业的同时，还要逐步完善工资集体协商制度，建立健全职工工资正常增长机制和支付保障机制，探索建立最低工资与经济增长同步调整机制，及时提高最低工资标准，并加强最低工资实施监管，确保居民工资性收入增长提速。

二是强化创业扶持，以创业带动就业。谁来创业、创业方向、如何创业、到哪里创业，这是创业的基本问题，是财政促进创业应有所为的主要方面。要加大创业扶持投入，创新创业扶持方式，从鼓励各类人员创业、支持创业载体发展、拓宽创业融资渠道等方面，强化创业扶持。充分发挥财政导向作用，鼓励、支持和引导企业自主创业、农民工返乡创业、"浙商回归"创业、大学生自主创业、农民和城镇下岗失业人员自主创业、"能人"带头创业等，努力培育和有效激活创业主体，促进全民创业。充分发挥财政支撑作用，多层次搭建创业发展服务平台，大力扶持产业集聚区、各类专业市场、科教园区、创业辅导中心、创业实习基地、产学研合作平台等创业载体建设，同时培育和发展技术交易、科技投资、创业孵化、科技推广、技术贸易、信息服务等创业促进型中介

组织，充分发挥第三方力量的"桥梁作用"。充分发挥财政资金杠杆效应，拓宽创业者融资渠道，打造多渠道、多元化融资模式，帮助创业者降低创业风险、解决融资难问题。严格执行各项税费减免政策，并根据财政经济形势变化，给予初创企业和微小企业灵活多样的地方性政策优惠，比如特殊时期降低新办企业的社会保险费率等，有效减轻创业企业负担，促进创业企业加快发展。建立"人才工程"财政投入持续增长机制，积极培育引进创业人才和团队，提升创业层次，增强创业示范带动效应。

（三）加大财政扶持力度，促进欠发达地区居民增收

加大财政扶持力度，推进欠发达地区加快发展，是促进欠发达地区居民增收的关键所在。一是完善省以下财政管理体制。科学划分财力与事权，对属省市县共同承担的事权划分，应综合考虑欠发达地区实际情况，酌情合理确定分摊比例，并根据经济社会发展情况变化作动态调整。在此基础上进行财力划分，财政体制继续对欠发达地区作适当倾斜和照顾，并适时调整完善分类分档激励奖补机制，优化财力配置结构。二是健全财政转移支付制度，加大对欠发达地区扶持力度。优化转移支付结构，逐步提高一般性转移支付比重，清理、整合各类专项性转移支付，建立激励与约束相结合的激励性转移支付，完善有利于欠发达地区的生态环保财力转移支付、均衡性转移支付等转移支付办法，继续探索实施专项性一般转移支付和横向转移支付新机制，提高转移支付使用绩效，增强欠发达地区财力保障和统筹发展能力。三是支持欠发达地区立足自身资源优势，培育特色产业和生态经济，走自我积累与借力发展相结合的发展道路。按照"集中财力办大事"原则，在全力支持重点欠发达县、促使形成自我"造血"机制的基础上，根据实际情况变化，视财力可能，稳步、有序调整特别扶持范围，实现由点及面的全面突破。四是积极引导社会资本投向欠发达地区，促使欠发达地区成为新的增长点。浙江省民间资本充裕，而欠发达地区资源丰富、后发优势明显，要有效利用财政调节手段，促使社会资本和潜在资源有机结合，形成以政府投资为主导、社会各方参与的多元化投融资机制，促进欠发达地区加快发展。五是围绕欠发达地区居民增收，继续加强"山上浙江"建设，大力支持山海协作、低收入农户奔小康、欠发达乡镇奔小康、结对帮扶等重大工程，继续开展产业开发帮扶、下山脱贫、内聚外迁、金融扶贫等帮扶行动。

（四）创新财政支农机制，加快农民致富奔小康步伐

加快农民致富奔小康步伐，不仅需要加大财政"三农"投入，更需要创新财政支农机制，提高支农资金使用效益。要进一步梳理整合财政支农资金，调整财政支农重点，促进涉农资金的结构优化和统筹安排；探索和完善以奖代补、奖补结合、先建后补等财政支农资金补助方式，创新支农资金拨付方式，加快支农资金拨付进度，提高资金使用绩效；积极探索建立"政府主导、农民主体、社会参与、市场运作"的"三农"投入机制，充分发挥财政资金导向作用和乘数效应，调动农民生产的积极性、主动性和创造性，鼓励和引导社会资本投向农村发展农业。

按照"资金整合、优化投向、重点扶持"的要求，支持以"两区"建设为重点的现代高效农业发展，推动农业产业转型升级。集中资金重点支持粮油战略产业和十大主导产业生产发展；以市场为导向，立足地区资源优势，引导农业产业结构调整和优化，提高农业生产的组织化、专业化、市场化和商品化程度；大力支持农业龙头企业发展，增量与提质并举，同时探索根据农业龙头企业致富带动效应的大小给予财政扶持的新机制；加强农村市场体系建设，增强农业发展的内生动力；支持科技兴农战略，加强农村科技教育扶持，支持农村科技组织建设，提高农业科技水平。按照财力与事权相匹配、财力适度向中心镇和小城市倾斜的原则，进一步理顺中心镇财政管理体制，同时建立稳定增长的财政投入机制，完善"分类分档、奖补结合，动态考核、以奖促建"的小城市培育试点管理办法，加快推进中心镇建设。创新支持村集体经济发展方式，探索财政扶持农业龙头企业和专业合作组织发展与促进村集体经济持续发展有效结合的互动方式，通过让村集体经济在财政扶持的农业龙头企业和专业合作社中占有一定股份或形成固定分红等形式，夯实村集体组织的经济基础，提高村集体服务和带动农民增收致富的能力。支持农民增强自我发展能力。以实施百万农村"两创"实用人才培养计划为重点，深入推进"千万农村劳动力素质培训工程"；鼓励支持大学生到农民专业合作社等农业新型主体从事农业就业创业；支持山区低收入农户发展来料加工、农家乐等山区特色产业，促进低收入农户就地增收；加强转移就业培训，完善扶贫创业小额信贷体系，推进村级资金互助组织发展，提高山区农户就业创业能力。

（五）健全社会保障体系，有效发挥再分配调节功能

　　稳步增加社会保障投入，逐步提高社会保障支出占财政支出的比重，确保社会保障支出每年增幅不低于当地财政经常性支出的增长比例，逐步实现社会保障支出占财政支出的比重达到20%的目标；拓宽社会保障资金筹资渠道，以深化"三个子"改革为契机，在提高统筹政府财力水平的基础上，统筹安排一般预算资金、社会福利基金等各项预算内外资金，从国有资产收益、国有土地有偿使用收入等渠道按规定比例提取用于充实社会保障资金，推进以养老保险为重点的"社会保障风险准备金"筹措制度化、常态化。要加快推进覆盖城乡居民的社会保障体系，将城市农民工、非公有制经济组织从业人员、灵活就业人员逐步纳入社会保险范畴，逐步提高农村社会保障标准，有计划、有步骤地缩小不同群体之间的社会保障待遇差距。推进社会保障制度城乡统筹，尽快建立和实施省级基金预算制度，建立更加科学合理的基本养老保险省级调剂金补助制度，实现养老保险制度的区域间统一与平衡发展，同时加快新农合与城镇职工基本医疗保险、城镇居民基本医疗保险在制度与管理上的衔接和并轨。逐步提高企业退休人员基本养老金待遇、城乡困难人员补助标准、城乡最低生活保障标准、60周岁以上老年人口基础养老金，研究建立与经济发展、物价水平、财政收入相联系的动态调整机制，同时探索建立向一线职工倾斜的职业年金、企业年金等补充养老保险制度。逐步缩小残疾人事业区域间的发展不平衡，加大对欠发达地区和农村地区的资金倾斜力度。深化医药卫生体制改革，稳步缩小城乡和地区医疗保障待遇差距，逐步实现保障内容在人群和地区间的无差异享受。

课题组组长：朱忠明

成员：余丽生　冯　健　陈优芳　虞　斌　卢名辉（执笔）

湖北省促进居民收入分配结构调整的财税政策研究

湖北省财政厅课题组

居民收入分配结构是反映经济可持续发展能力的一个重要指标。当居民收入分配结构处于一个合理区间时，意味着经济发展成果在社会各群体之间得到比较合理的分配；反之，当居民收入分配结构不合理时，意味着经济发展成果没能合理分配给各社会群体，贫富差距大，这种不合理的收入分配结构将会导致各种社会矛盾，阻碍经济发展。

2011年3月，温家宝总理在《政府工作报告》中指出，我国目前发展中不平衡、不协调、不可持续的问题依然突出。其中，收入分配差距较大是主要问题之一。合理调整收入分配关系，既是一项长期任务，也是当前的紧迫工作。调整收入分配关系、缩小居民收入分配差距的核心是调整收入分配结构。财政部门是政府的重要调控部门，如何切实发挥财政的收入分配职能，构建一套合理可行的调整居民收入分配结构的财政制度安排，已成为政府的亟待解决的任务。本课题以湖北为例，分析全省2001～2009年城乡居民收入分配结构现状，总结财政在提高居民收入水平、促进居民收入分配结构调整、改善民生方面所做出的努力，并分析存在的问题和不足，就财政如何促进居民收入分配结构调整、缩小收入分配差距提出对策和建议。

一、2001～2009年湖北省居民收入分配结构现状分析

（一）湖北省居民收入分配结构现状分析

1. 湖北省居民总体收入的变化情况分析

（1）城乡居民总体收入变化分析。

近年来湖北省城乡居民收入水平不断提高。根据2001～2009年的数据分析，湖北省城镇居民人均可支配收入从5 856元增长到14 367元，年均增长11.87%；农民家庭人均纯收入从2001年的2 352.16元增长到2009年的5 035.26元，年均增长9.98%。就城乡居民收入对比来看，一方面，城镇居民人均可支配收入增长快于农民家庭人均纯收入，2001～2009年前者增速高出后者1.89个百分点；另一方面，湖北省城乡居民收入差距在扩大，城镇居民人均可支配收入与农民家庭人均纯收入比较，从2001年的2.49倍，扩大到2009年的2.85倍，城乡差距在拉大。与全国比较，全国城乡居民收入比从2001年的2.9倍增加到2009年的3.33倍，湖北省城乡居民收入差距较全国小（见表1）。

表1 　　　　　　　　2001～2009年湖北省与全国城乡居民人均收入对比

年份	湖北省					全国				
	城镇居民人均可支配收入（元）	农村家庭人均纯收入（元）	城镇居民人均可支配收入比上年增长率（%）	农村家庭人均纯收入比上年增长率（%）	城乡居民收入对比（倍）	城镇居民人均可支配收入（元）	农村家庭人均纯收入（元）	城镇居民人均可支配收入比上年增长率（%）	农村家庭人均纯收入比上年增长率（%）	城乡居民收入对比（倍）
2001	5 856	2 352.16	—	—	2.49	6 859.58	2 366.4	—	—	2.90
2002	6 789	2 444.06	15.93	3.91	2.78	7 702.8	2 475.63	12.29	4.62	3.11
2003	7 322	2 566.76	7.85	5.02	2.85	8 472.2	2 622.2	9.99	5.92	3.23
2004	8 023	2 890.01	9.57	12.59	2.78	9 421.6	2 936.4	11.21	11.98	3.21
2005	8 786	3 099.2	9.51	7.24	2.83	10 493	3 254.9	11.37	10.85	3.22
2006	9 803	3 419.35	11.58	10.33	2.87	11 759.5	3 587	12.07	10.20	3.28
2007	11 485	3 997.41	17.16	16.91	2.87	13 785.8	4 140.4	17.23	15.45	3.33
2008	13 153	4 656.38	14.52	16.48	2.82	15 780.8	4 760.6	14.47	14.98	3.31
2009	14 367	5 035.26	9.23	8.14	2.85	17 174.7	5 153.2	8.83	8.25	3.33
年均增长率（%）	11.87	9.98	—	—	—	12.16	10.22	—	—	—

资料来源：《湖北省统计年鉴（2010）》；《中国统计年鉴（2003）》。

（2）城乡居民家庭恩格尔系数对比分析。

衡量居民收入水平的一个重要指标是恩格尔系数。恩格尔系数是食品支出总额占个人消费支出总额的比重。一个家庭收入越少，家庭收入中（或总支出中）用来购买食物的支出所占的比例就越大，随着家庭收入的增加，家庭收入中（或总支出中）用来购买食物的支出比例则会下降，居民富裕程度与恩格尔系数成反比。一般说来，一个地区居民的恩格尔系数平均超过 60%，属于贫困，50% ~ 59% 为温饱，40% ~ 49% 为小康，30% ~ 39% 属于比较富裕，29% 以下属于富裕。从图 1 来看，2001 ~ 2008 年，湖北省农村居民家庭恩格尔系数从 2001 年的 51.9% 下降到 2008 年的 46.9%，城镇居民家庭恩格尔从 2001 年的 37.5% 增加到 2008 年的 42.2%。这说明，8 年来农村居民生活由温饱向小康水平提高，城镇居民生活处于比较富裕的水平，但是生活质量有所下降。与全国比较，湖北省农民居民家庭恩格尔系数一直高于全国，城镇居民家庭恩格尔系数，从 2003 年开始高于全国，说明湖北省农民不及全国农民富裕，而城镇居民从 2003 年开始富裕程度低于全国平均水平。

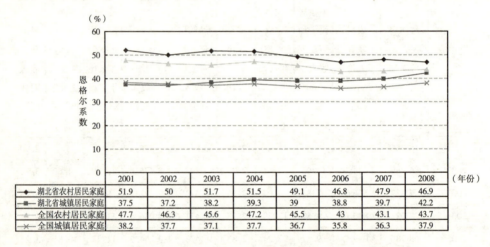

图 1　2001 ~ 2008 年湖北省、全国城乡居民家庭恩格尔系数走势

2. 湖北省居民收入分配差距分析

基尼系数是反映收入分配差距的重要指标。一般认为，基尼系数在 0.2 以下表示绝对平均；在 0.2 ~ 0.3 之间表示比较平均；0.3 ~ 0.4 表示较为合理；0.4 以上表示差距过大。2010 年，湖北省城市基尼系数 0.322、农村基尼系数 0.338，分别比 2008 年增加 0.027、0.01，综合计算得全省居民基尼系数从 2008 年 0.395 上升到 2010 年的 0.407，说明湖北省居民收入分配差距较大，且呈加大趋势。

表2 2008～2010 年湖北省居民基尼系数

年 份	2008	2009	2010
基尼系数	0.395	0.404	0.407
城镇居民	0.295	0.312	0.322
农村居民	0.328	0.344	0.338

资料来源：湖北省统计局。

3. 湖北省居民收入分配结构分析

（1）城镇居民内部不同收入群体收入分配结构分析。

近年来，城镇内部各群体之间收入差距的扩大，特别是高收入户的收入增长大大超过了低收入户的收入增长。湖北省城镇居民按收入七等份家庭人均可支配收入表所示，2001 年全省城镇居民人均可支配收入最低收入户为 2 431 元，最高收入户 12 642 元，差距为 5.2 倍，达 10 211 元。此后这一差距逐年扩大，到 2009 年最低收入户为 5 002 元，最高收入户为 37 762 元，差距为 7.55 倍，达 32 760 元。最低收入户人均可支配收入 2009 年对比 2001 年增长 420%，年均增幅为 9.4%。而最高收入户 2009 年对比 2001 年增长 655%，年均增幅达 14.7%。

表3 2001～2009 年湖北省城镇居民按收入七等份家庭人均可支配收入 单位：元

年份	最低收入户（10%）	低收入户（10%）	中等偏下户（20%）	中等收入户（20%）	中等偏上户（20%）	高收入户（10%）	最高收入户（10%）	高低收入比
2001	2 430.6	3 338.3	4 301.1	5 418.1	6 907.3	8 893.1	12 641.6	5.20
2002	1 948.2	3 250	4 484.4	6 112.5	8 011.4	10 464	17 668.2	9.07
2003	2 196.6	3 627.5	4 939.2	6 648.3	8 606.6	11 274.2	18 155.8	8.27
2004	3 014.4	4 446.6	5 783.4	7 520.9	9 581	11 964.9	17 114.7	5.68
2005	3 186.2	4 747.7	6 332.4	8 152.8	10 622.6	13 384.9	19 112.6	6.00
2006	3 560.91	5 120.5	6 768.61	9 026.96	11 766.99	15 064.38	22 302.09	6.26
2007	4 091	6 143	8 211	10 519	13 781	18 085	26 041	6.37
2008	4 614	6 603	8 784	11 689	15 611	21 116	32 478	7.04
2009	5 002.12	7 181.57	9 430.35	12 576.54	16 967.64	22 309.51	37 761.88	7.55
年均增长率（%）	9.44	10.05	10.31	11.10	11.89	12.18	14.66	—

注：1. 七等份收入分组方法：将所有调查户依户人均可支配收入由低到高排队，按表中所列比例依次分成七组；

2. 高低收入比是最高收入户与最低收入户的人均可支配收入比。

资料来源：《湖北统计年鉴》（2001～2010）。

（2）农村居民内部不同收入群体收入分配结构分析。

2010 年底，反映全省农村居民收入差距的基尼系数大约为 0.338 左右，虽然收入差距处于合理区间，但从动态趋势看，农村居民收入差距也呈扩大趋势。从绝对值看，2001 年，低收入户人均纯收入 1 077.23 元，而高收入户人均纯收入 4 643.37 元，相差 3 566.14 元，相对差距达 4.3 倍。2010 年低收入户人均纯收入 2 096.36 元，而高收入户人均纯收入增加到 12 588.29 元，两者绝对差距扩大到 10 491.39 元，相对差距达 6 倍。最低收入户人均可支配收入 2010 年对比 2001 年，年均增长 7.68%，而最高收入户年均增幅达 11.72%，存在明显的"马太效应"（见表 4）。

表 4　　　　　　　2001～2010 年湖北省农村居民纯收入按五等份分组　　　　　单位：元

年份	低收入户	中低收入户	中等收入户	中高收入户	高收入户	高低收入比
2001	1 077	1 651	2 122	2 802	4 643	4.31
2002	1 095	1 711	2 231	2 892	4 873	4.45
2003	1 119	1 785	2 315	3 056	5 195	4.64
2004	1 148	2 036	2 662	3 521	5 811	5.06
2005	1 187	2 111	2 894	3 831	6 302	5.31
2006	1 312	2 369	3 208	4 241	6 830	5.20
2007	1 527	2 744	3 738	4 968	8 013	5.25
2008	1 632	3 100	4 297	5 755	9 658	5.92
2009	1 623	3 204	4 566	6 337	10 771	6.64
2010	2 096	3 851	5 326	7 330	12 588	6.00

注：数据来源于国家统计局湖北调查总队。

4. 湖北省居民收入构成结构分析

（1）城镇居民收入构成结构分析。

根据表 5 分析，城镇居民纯收入中，工资性收入占最大比重，转移性收入占比其次。城镇居民工资性收入从 2001 年的占比 77.33% 下降到 2010 年的 65.22%；转移性收入则从 2001 年的 18.52% 上升到 2010 年的 24.71%；财产性收入占比高低起伏，趋势不明显；经营净收入从 2001 年的 2.17% 增加到 2010 年的 7.92%，呈上升趋势。2001～2010 年，工资性收入、家庭净收入、财产性收入、转移性收入年均增长 10.8%、30.4%、14.0% 和 16.6%，可见，家庭经营收入增长最快，其次是转移性收入、财产性收入，工资性收入增长最慢。

表5 　　　　　　　　　**2001～2010 年湖北省城镇居民纯收入结构** 　　　　单位：元,%

年份	总收入				工资性收入		家庭经营收入		财产性收入		转移性收入	
	数额	比重	可支配收入		数额	比重	数额	比重	数额	比重	数额	比重
			数额	比重								
2001	5 889	100	5 856	99.44	4 554	77.33	128	2.17	116	1.98	1 091	18.52
2002	7 142	100	6 789	95.05	5 278	73.9	179	2.51	96	1.34	1 589	22.24
2003	7 746	100	7 322	94.53	5 848	75.49	239	3.08	85	1.1	1 574	20.33
2004	8 522	100	8 023	94.14	6 391	74.99	292	3.43	123	1.44	1 717	20.14
2005	9 395	100	8 786	93.52	6 577	70	420	4.47	112	1.23	2 286	24.33
2006	10 533	100	9 803	93.06	7 574	71.9	487	4.62	123	1.17	2 350	22.31
2007	12 422	100	11 486	92.47	8 810	70.92	693	5.58	166	1.33	2 753	22.16
2008	14 174	100	13 153	92.79	9 475	66.85	1 115	7.86	244	1.72	3 341	23.57
2009	15 698	100	14 367	91.52	10 332	65.81	1 232	7.85	297	1.89	3 838	24.45
2010	17 573	100	16 058	91.38	11 460	65.22	1 392	7.92	378	2.15	4 342	24.71

注：数据来源于国家统计局湖北调查总队。总收入＝工资性收入＋经营净收入＋财产性收入＋转移性收入；可支配收入＝家庭总收入－缴纳个人所得税－个人缴纳的社会保障支出。

（2）农村家庭人均纯收入构成结构分析。

湖北省农村居民纯收入中，家庭经营收入占最大比重，其次是工资性收入，财产性收入和转移性收入所占份额最小。家庭经营性收入 2001 年占 71.26%，2009 年仍占 56.77%，处于主要地位，但所占比重在逐步下降；工资性收入 2001 年占比 24.77%，2009 年增加到 37.75%，次于家庭经营性收入，但所占比重在逐渐上升；财产性收入占比高低起伏，趋势不明显；转移性收入从 2001 年的 0.55% 增加到 2009 年的 4.48%，呈上升趋势。家庭经营性收入从 2001 年的 1 676.19 元，增加到 2009 年的 2 858.38 元，年均增长 6.90%；工资性收入从 2001 年的 582.6 元增加到 2009 年 1 900.69 元，年均增长 15.93%；财产性收入从 2001 年的 12.85 元，增加到 2009 年的 50.37 元，年均增长 18.62%；转移性收入从 2001 年的 80.52 元，增加到 2009 年的 225.81 元，年均增长 13.76%。可见，财产性收入增长最快，其次是工资性收入，家庭经营性收入增长最慢（见表6）。

表6　　　　　　　2001～2009 年湖北省农村居民纯收入结构表

年份	平均每人纯收入		工资性收入		家庭经营收入		财产性收入		转移性收入	
	数额	比重	数额	比重	数额	比重	转移	比重	数额	比重
2001	2 352. 16		582. 6	24. 77	1 676. 19	71. 26	12. 85	3. 42	80. 52	0. 55
2002	2 444. 06		662. 19	27. 09	1 694. 4	69. 33	14. 09	0. 58	73. 38	3
2003	2 566. 76		706. 79	27. 54	1 785. 27	69. 55	15. 76	0. 61	58. 95	2. 3
2004	2 890. 01		755. 23	26. 13	2 051. 62	70. 99	16. 19	0. 56	66. 96	2. 32
2005	3 099. 2		941. 64	30. 38	2 049. 04	66. 12	16. 81	0. 54	91. 71	2. 96
2006	3 419. 35		1 199. 16	35. 07	2 095. 1	61. 27	25. 91	0. 76	99. 13	2. 9
2007	3 997. 41		1 451. 9	36. 32	2 395. 35	59. 92	33. 49	0. 84	116. 67	2. 92
2008	4 656. 38		1 742. 33	37. 42	2 690. 83	57. 79	40. 82	0. 88	182. 4	3. 92
2009	5 035. 26		1 900. 69	37. 75	2 858. 38	56. 77	50. 37	1	225. 81	4. 48

资料来源:《湖北统计年鉴 (2001～2009)》。

5. 不同地区之间居民收入分配结构分析

（1）城镇居民人均可支配收入分析。

——湖北省与中、东、西部、全国的比较。

从 2005～2009 年①的数据看，湖北省城镇居民人均可支配收入从 2005 年的 8 786 元，增加到 2009 年的 14 367 元，与中部地区水平相当，但是低于全国、东部地区水平。湖北省城镇居民人均可支配收入与全国水平的差距，从 2005 年的 1 707 元，增加到 2009 年的 2 537.7 元；与东部地区的差距，从 2005 年的 4 588.9元，扩大到 2009 年的 6 586.21 元，差距在拉大。从增长速度看，2005～2009 年，湖北省城镇居民人均可支配收入年均增长 13.08%，高于东、中、西部地区年均增长率，但是低于全国年均增长率。

——湖北省内不同地区之间的比较。

省内不同地区城镇居民人均可支配收入存在一定差距。这里，选取湖北省地方一般预算收入最大的 A 市（县）和贫困山区 B 县的数据作为样本对比分析。从表7 可见，A 市城镇居民人均可支配收入从 2001 年的 5 203 元增加到 2010 年的 15 020 元，年均增长 12.5%，B 县城镇居民可支配收入从 2001 年的 4 592 元增加到 2010 年的 11 103 元，年均增长 10.31%，A 市居民收入增

---

① 由于 2005 年之前中国统计年鉴无东、中部数据，所以本部分选取 2005～2009 年的数据进行对比分析。

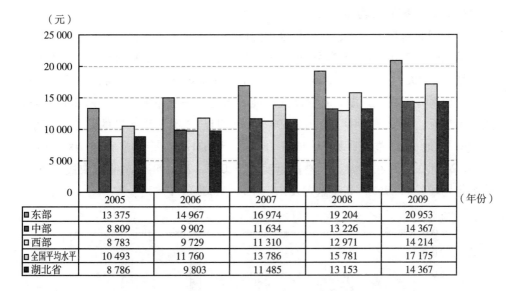

（元）

	2005	2006	2007	2008	2009
□ 东部	13 375	14 967	16 974	19 204	20 953
■ 中部	8 809	9 902	11 634	13 226	14 367
□ 西部	8 783	9 729	11 310	12 971	14 214
□ 全国平均水平	10 493	11 760	13 786	15 781	17 175
■ 湖北省	8 786	9 803	11 485	13 153	14 367

（年份）

图2 2005～2009年不同地区城镇居民人均可支配收入对比

资料来源：中国统计年鉴（2002～2006），2002年以前的西部数据缺西藏数据。

长快于B县。除了2005年、2006年B县高出A市外，其余年份，A市均高出B县，且近两年差距拉大。

表7	湖北省A、B市（县）城镇居民人均可支配收入对比		单位：元
年份	A市（县）	B县	差值
2001	5 203	4 592	611
2002	5 910	5 126	784
2003	6 351	5 824	527
2004	6 916	6 256	660
2005	7 334	7 616	−282
2006	7 890	8 001	−111
2007	8 758	8 653	105
2008	9 567	9 335	232
2009	12 036	10 169	1 867
2010	15 020	11 103	3 917
年均增长率（%）	12.50	10.31	

资料来源：A、B市统计局提供。差值是指同期A市（县）减去B市（县）的值。

（2）农村家庭人均纯收入分析。

——湖北省与中、东、西部和全国的比较。

从 2005～2009 年的数据分析，湖北省农民人均纯收入从 2005 年的 3 099.2 元，增加到 2009 年的 5 035.26 元，高于中、西部地区水平，略低于全国水平，与东部地区差距最大。湖北省农民人均纯收入与全国水平的差距，从 2005 年相差 155.7 元，减少到 2009 年的 117.94 元，说明与全国平均水平的差距在缩小；而与东部地区的差距，则从 2005 年相差 1 621.08 元，增加到 2009 年的 2 120.27 元，差距在扩大。从增长速度看，2005～2009 年，湖北省农民人均纯收入年均增长 12.9%，高于全国及东、中、西部地区年均增长率。

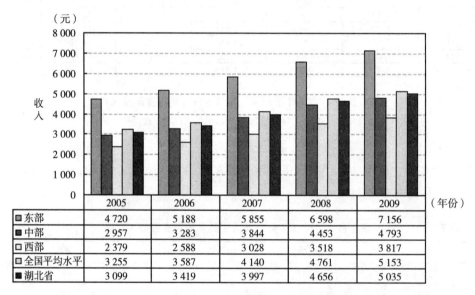

（元）	2005	2006	2007	2008	2009
☐ 东部	4 720	5 188	5 855	6 598	7 156
■ 中部	2 957	3 283	3 844	4 453	4 793
☐ 西部	2 379	2 588	3 028	3 518	3 817
☐ 全国平均水平	3 255	3 587	4 140	4 761	5 153
■ 湖北省	3 099	3 419	3 997	4 656	5 035

图 3　2005～2009 年不同地区农村家庭人均纯收入对比

——湖北省内不同地区之间的比较。

表8　　　　　　　　湖北省 A、B 市（县）农村家庭人均纯收入对比　　　　　　单位：元

年份	A 市（县）	B 县	差值	差比
2001	2 522	1 491	1 031	1.69
2002	2 609	1 441	1 168	1.81
2003	2 711	1 488	1 223	1.82
2004	3 047	1 595	1 452	1.91
2005	3 269	1 657	1 612	1.97

年份	A市（县）	B县	差值	差比
2006	3 704	1 881	1 823	1.97
2007	4 317	2 153	2 164	2.01
2008	4 997	2 543	2 454	1.97
2009	5 604	2 798	2 806	2.00
2010	6 688	3 240	3 448	2.06
年均增长率（%）	11.45	9.01	—	—

注：数据由A、B市（县）统计局提供，差值为同期A市减去B县数据，差比为A市除以B县数据所得。

从表8可见，A市农村家庭人均纯收入从2001年的2 522元增加到2010年的6 688元，年均增长11.45%，B县从2001年的1 491元增加到2010年的3 448元，年均增长9.01%，A市农民收入增长快于B县。从差值和差比来看A市农民收入较B县差距拉大。

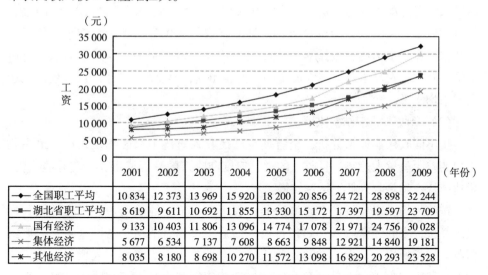

（元）	2001	2002	2003	2004	2005	2006	2007	2008	2009（年份）
全国职工平均	10 834	12 373	13 969	15 920	18 200	20 856	24 721	28 898	32 244
湖北省职工平均	8 619	9 611	10 692	11 855	13 330	15 172	17 397	19 597	23 709
国有经济	9 133	10 403	11 806	13 096	14 774	17 078	21 971	24 756	30 028
集体经济	5 677	6 534	7 137	7 608	8 663	9 848	12 921	14 840	19 181
其他经济	8 035	8 180	8 698	10 270	11 572	13 098	16 829	20 293	23 528

图4　2001～2009年不同经济类型职工平均货币工资情况对比

说明：湖北省职工平均工资2009年的数据在《湖北统计年鉴（2010）》第88页表3～表6中为23 709，而《中国统计年鉴（2010）》第131页表4～表12为26 547。鉴于前者中有2001～2009年湖北省数据，考虑数据选取的连贯性，本图选取湖北省统计年鉴数据。

资料来源：《中国统计年鉴（2010）》、《湖北统计年鉴（2010）》。

6. 不同所有制单位职工之间的收入结构分析

从图4可见，2001～2009年，湖北省职工平均工资，国有经济、集体经济、其他经济职工平均工资均呈上涨趋势。湖北省职工平均工资低于全国水平，2001 年湖北省职工平均工资 8 619 元，是全国职工平均工资 10 834 元的 79.6%，2009 年湖北省职工平均工资 23 709 元，是全国职工平均工资 73.5%，与全国的水平差距拉大。在国有、集体和其他经济三类型职工工资中，国有经济职工平均工资最高，其他经济职工平均工资排第二，集体经济职工平均工资最低。从增长速度来看，2001 ~ 2009 年，湖北省职工平均工资年均增长 13.48%，低于全国增长率（14.61%）1.13 个百分点。在三种经济类型中，集体经济职工平均工资增长率为 16.44%，排第一，国有经济职工平均工资年均增长 16.04%，排第二，其他经济职工平均工资年均增长 14.37%，排最后。

（二） 小结

（1）从收入总水平来看，近年来湖北省城乡居民收入水平不断提高，城镇居民人均可支配收入增长快于农民家庭人均纯收入，城乡居民收入差距在扩大，但全省城乡居民收入差距较全国小。湖北省农村居民生活处于温饱水平，但是生活水平在逐步提高；城镇居民生活处于比较富裕的水平，但是生活水平有所下降。湖北省农民不及全国农民富裕，而城镇居民从 2003 年开始富裕程度低于全国平均水平。

（2）从收入分配结构来看。

按不同收入群体来分析，全省城乡居民收入对比中，最低收入户和最高收入户的差距呈拉大趋势，且收入的增长速度和收入的高低成正比，越是收入高，增速越快，越是收入低，增速越慢。

按收入构成来分析，全省城镇居民收入中，工资性收入占比最大，转移性收入其次，家庭经营收入和财产性收入居后。就四者的增长情况来看，家庭经营收入增长最快，其次是转移性收入、财产性收入，工资性收入增长最慢。全省农村居民纯收入中，最主要是家庭经营收入，其次是工资性收入，财产性收入和转移性收入所占份额很小；家庭经营收入占比在下降，工资性收入、转移性收入占比在增加；财产性收入增长最快，其次是工资性收入，家庭经营收入增长最慢。

（3）按不同区域来分析，全省城镇居民人均可支配收入与中部地区水平相当，但是低于全国、东部地区水平，且差距在拉大。从增长速度看，湖北省高于东、中、西部地区，但是低于全国增速。全省农民人均纯收入高于中、西部地区水平，略低于全国水平，且差距在缩小；与东部地区差距最大，且差距在扩大。从增长速度看，湖北省高于全国及东、中、西部地区。

（4）按不同经济类型职工间收入看，湖北省职工平均工资、国有经济、集体经济、其他经济职工平均工资均呈上涨趋势；全省职工平均工资低于全国水平，且与全国的水平差距在拉大；在国有、集体和其他经济三类型职工工资中，国有经济职工平均工资最高，其他经济职工平均工资排第二，集体经济职工平均工资最低；从增长速度来看，湖北省职工平均工资低于全国；在三种经济类型中，集体经济职工平均工资增长率最快，国有经济职工平均工资其次，其他经济最后。

二、湖北省促进居民收入分配结构调整的财政政策分析

近年来，特别是"十一五"时期以来，湖北财政部门积极发挥财政职能，在提高居民收入水平、调整居民收入分配结构、缩小居民收入分配差距方面做出了努力，取得了成效。

（一）调整和完善省管县分税制财政体制，激发各县市区发展经济，增加财政收入的积极性，为提高居民收入水平提供可靠的财力保证

湖北省财政从 2004 年 6 月 1 日起实行省管县的财政体制改革。省管县财政体制主要是在调整和完善分税制财政体制的基础上，改变省管市、市管县（市）的模式，对财政体制的制定、转移支付和专款的分配、财政结算、收入报解、资金调度、债务管理等财政管理的各个方面，全部实行省对县直接管理。逐步建立起一整套较为完备的省对下转移支付制度，包括：在省对县（市）的一般性转移支付中增加财政收入激励性转移支付，建立激励机制，提高一般性转移支付资金的使用效率和效益，促进县域经济快速发展，做大财政蛋糕；根据各县（市）的财政困难状况，增加县级基本财力保障转移支付，建立基本保障机制，提高县乡基本保障能力，保障县乡财政重点支出，大力推进和谐社会建设；将转移支付与财政供养人员分流情况紧密挂钩，建立约束机制，鼓励县（市、区）做小财政供养系数，逐步减轻县乡财政负担。除实行中央税收返还制度外，在中央"三奖一补"基础上实行"四奖三补"政策：对产粮大县给予奖励，对县乡乡镇撤并、精减人员，增加重点支出给予奖励，对公务员和农村义务教育教师规范津贴补贴给予适当补助，对人均财力偏低的财政困难县（市、区）给

予财力补助，对县（市、区）政法经费保障给予适当补助，对规范后津贴补贴水平低于全省县级平均水平的县（市）给予激励性转移支付，对县（市、区）化解农村义务教育"普九"债务给予激励性转移支付。

省管县分税制财政体制的调整和完善初步缓解了县乡财政困难，保证了县乡机关事业单位人员工资足额发放和基层政权正常运转，农村义务教育等公共支出基本需要得到保障，调动了城乡发展经济积极性，有效提高了政府行政效率和管理水平，推进了基本公共服务均等化进程，促进了城乡经济社会协调发展。省管县财政体制改革以来，全省财政收入年均增长20%，财政支出年均增长22%，是新中国成立以来发展最好最快的时期。

（二）发挥财政职能，促进区域协调发展、产业结构调整，完善居民收入结构

一是促进"两圈一带"战略实施。积极筹措资金，加大"两圈一带"基础设施建设投入力度。建立健全武汉城市圈财税利益分享机制，制定支持鄂西生态文化旅游圈发展的财税政策，促进圈域内经济要素合理流动和资源优化配置。二是支持县域经济发展。省级财政累计安排县级基本财力保障转移支付资金239亿元，有效缓解了县域财政困难。从2008年起设立县域经济发展和农产品加工园区发展调度专项资金，并逐年扩大资金规模，2010年达到30亿元。三是推动经济结构调整优化。找准财税政策支持和资金投入的关键环节和重点行业，支持国有经济结构调整和传统优势产业改造升级，支持高新技术产业和战略性新兴产业发展。四是推动节能减排，促进绿色增长。省级财政筹措节能减排专项资金47.3亿元，支持节能技术改造、合同能源管理、淘汰落后产能和城镇污水处理设施配套管网建设等。同时，在推进建筑节能、支持新能源汽车示范推广试点、促进实施天然林保护工程、推进资源有偿使用制度和生态环境补偿机制改革等方面，积极探索，加大支持力度。通过经济发展、产业结构调整，就业机会大幅增加，提高了城乡居民收入水平，从而改善了居民收入分配结构。

（三）不断优化财政支出结构，着实改善民生，提高居民收入水平

"十一五"期间，湖北省财政部门把合理调整收入分配关系、提高居民收入水平作为保障和改善民生的重要内容，并做了大量卓有成效的工作。

1. 财政支农方面

"十一五"期间，全省财政部门始终把支持解决"三农"问题放在财政工作的重要位置，从统筹城乡发展的战略高度出发，不断加大支农投入，着力创新支农机制，全力推进社会主义新农村建设。一是财政支农力度前所未有。"十一五"期间，全省用于农林水的支出达1 200亿元，财政支农支出占一般预算支出的比重从2005年的8.14%提高到2010年的12.2%，财政支农稳定增长机制初步建立。二是积极落实强农惠农政策。湖北省强农惠农政策力度不断加大，小麦、玉米、棉花、水稻等良种补贴实现了普惠制、全覆盖，农机具购置补贴的种类和范围逐步扩大，初步建立了农业补贴政策体系。2006~2010年，全省累计发放各类补贴达35.35亿元，初步建立比较完整的农业补贴政策体系。三是大力改善农村生产生活环境。支持推进农村基础设施建设，加大农田水利基础设施建设、土地整治的投入，农村综合生产能力有了显著提高；加大农村公路、"百镇千村"示范工程、农村饮水安全工程和农村"一建三改"项目等方面的投入，农村人居环境有了明显变化。四是积极发展特色鲜明的现代农业。积极支持农业优势产业化经营项目发展和优势农产品板块建设；支持农业科技创新和"农村万村千乡市场工程"建设，重点扶持了一批经营良好、带动辐射能力强的农民专业合作组织。五是深入推进农村综合改革。乡镇机构改革扎实推进，县乡财政管理体制改革逐步深化，全省"乡财县管"改革成效明显，"以钱养事"新机制逐步完善，农村义务教育经费保障机制全面建立，农村义务教育"普九"化债任务全面完成。

2. 社会保障方面

"十一五"时期，全省财政社会保障支出累计1831亿元，年均增长23.8%。一是三次上调最低工资标准。"十一五"期间，湖北省于2007年、2008年、2010年，3次上调最低工资标准。全日制就业劳动者的月最低工资标准，从2005年的460元、400元、360元、320元、280元（全省分五档），提高到2010年的900元、750元、670元、600元（全省分四档），最高档增幅达95%，最低档增幅达143%。二是4 000多万人次参加五项社保。截至2010年9月底，全省养老、医疗、失业、工伤、生育五项社会保险参保人数达4 145万人次，比2005年底的2 100万人次翻了近一番。同时，不断提高养老待遇水平，2005~2010年，连续6年提高企业退休人员养老金。全省250多万企业退休人员月人均养老金，从2004年底的560元左右，提高到目前的1 200元左右。三是城乡居民医保全覆盖。2006 年，将城镇低保对象纳入医疗保险；2008 年，全面建立城镇居民基本医疗保险制度；2009 年，将大学生纳入城镇居民医保，医保覆盖范围逐步由城镇从业人员扩大到学生、儿童、老人等城镇非从业人员；在农村，新型农村合作医疗制度从局部试点走向全面推开。目前，全省初步形成城镇职工医保、城镇居民医保、新农合、城乡医疗救助四大板块相衔接的医疗保障制度，实现对城乡全体居民的医保制度全覆盖。四是 5 年新增就业 300 多万人。"十一五"期间，全省城镇新增就业 353 万人（其中帮助就业困难人员再就业 175 万人）。农村劳动力转移就业近 400 万人，城镇登记失业率控制在 4.5% 以内。在全国率先实施"新市民工程"。据不完全统计，5 年来，全省有近 10 万农民工已在城镇落户。

3. 义务教育及培训方面

一是加大投入力度，实现了真正意义上的免费义务教育。湖北省从 2006 年起，实施农村义务教育经费保障机制改革，经过 5 年的探索和完善，湖北省农村义务教育全面纳入公共财政保障范围，建立了"经费省级统筹，管理以县为主"的管理体制和"分项目、按比例分担"的农村义务教育经费保障机制，实现了真正意义上的免费义务教育。"十一五"期间，全省共投入农村义务教育保障资金 150 亿元，其中，中央 100.6 亿元、省级 37.8 亿元，市州县 11.6 亿元，省级投入占地方分担资金的 76.5%，坚持了"省拿大头"的原则。此项改革惠及全省所有农村县（市、区）1.3 万所农村中小学校、4 000 多万农民群众、600 多万农村中小学生、40 万农村教师，202 万农村义务教育阶段家庭经济困难寄宿学生享受了生活补贴政策。同时，从 2008 年秋季开学起，全省开始实施城市义务教育免除学杂费政策，全部免除城市义务教育阶段学校学生学杂费，覆盖全省所有城市义务教育阶段在校学生和进城务工农民子女在城市义务教育阶段学校就学的学生。按照小学生每生每年 210 元、初中每生每年 340 元补助标准，全省累计共投入城市义务教育免杂费资金 8.28 亿元，其中，中央 4.14 亿元，省级 1.9 亿元、县市级和区级 2.24 亿元。

二是实行"校财局管"，农村义务教育经费管理取得新突破。按照农村义务教育"以县为主"的管理体制要求，将农村中小学教育经费和财务统一纳入县级管理，由县级财政、教育部门及农村中小学校共同组织实施"校财局管"。全省 95 个县（市、区）建立了近 2 000 个财务核算点，统一安装了财务核算、行政事业资产、部门预算编制、国库集中支付 4 个管理软件，建成了横向到边、纵向到底的网络系统。农村中小学预算编制、财务核算、资金拨付、经费监管全部在网上进行，教育经费实现了"六个统一"和"四个直达"，即"统一编制预算、统一科目、统一核算、统一国库支付、统一管理软件、统一报表"，"部门预算直达学校，国库支付直达学校，财务核算直达学校，资产管理直达学校"。学校"只见数字不见钱"，所有收支行为都通过国库集中支付，从技术上避免了财政资金被挪用、挤占的可能。

三是建立教师绩效考核补贴制度，教师收入水平明显提升。为保证在国家事业单位绩效工资政策未出台前教师津补贴水平不下降，2007年，湖北省作为全国唯一省份，出台了农村义务教育绩效考核补贴政策。省财政按照每人月均150元、年均1 800元的标准，共发放义务教育阶段教师绩效考核补贴7.35亿元，2008年提高到人月均200元、年均2 400元，实现了从新机制到事业单位绩效工资改革间教师津补贴政策的平稳过渡。2009年湖北省正式实施义务教育学校教师绩效工资政策，财政部门积极配合有关部门完成经费测算、政策制定及督促各地工资兑现工作。据统计，2010年，全省义务教育学校在职人员月均绩效工资为1 037元，比实施绩效工资前增加579元；退休人员月均生活补贴为759元，增加366元。

四是改善学校办学条件，学校运转水平进一步提高。学校公用经费得到保障。2010年，全省农村中小学生均公用经费分别达到600元和400元。学校办学条件不断改善。全省已全面建立了校舍维修改造长效机制，危房改造和校舍建设成为地方政府一项极其重要的经常性工作，改造资金有了稳定可靠的来源。各地还以此为契机，结合本地实际创造性地开展工作，农村中小学的办学条件正在逐步改善，很多生态校园成为当地靓丽风景。全面完成"普九"化债任务。作为全国首批14个试点省份之一，湖北省于2007年底全面启动农村义务教育"普九"债务化解工作。目前已全面完成了30.74亿元的"普九"化债任务，共涉及全省9 359所中小学，23 763个"普九"项目，146 155个债权人，157 347笔债务。

五是加强农村教师培训，为义务教育改革发展提供人力支撑。从2005年开始，省级财政每年安排预算资金2 000万元用于实施"湖北省农村中小学教师素质提高工程"。"十一五"期间，共计安排1亿元，累计培训10万名具有示范带头作用的农村义务教育中小学校长和骨干教师，为推进义务教育改革发展提供了有力的人力支撑。

4. 医疗卫生方面

全省财政积极参与和支持医疗卫生五项改革：一是积极推行新型农村合作

医疗制度改革。新农合制度在"十一五"期间经过不断试点完善，实行了全面覆盖。2010年湖北省参合农民已达3 833万，做到了应参尽参，而且筹资标准和保障水平不断提高，做到了在县域内所有的就医及时结报，农民群众"看病难，看病贵"问题有所缓解。二是基本药物制度改革。从2010年开始，到2011年6月为止，湖北省已经有65%以上的县启动了基本药物制度改革。改革的重点是医药分开，改变原来医药养医的制度，使人民群众真正能够受益。三是医疗机构改革。基层医疗卫生服务网络体系已基本建成。通过多年基础设施建设，一大批农村医疗卫生机构经过改建或新建后，院容院貌焕然一新，县级医院软硬件条件得到加强，农民就医环境得到极大改善。农村卫生服务体系网络初步建立和健全，全省已形成以县级医疗机构为龙头、乡镇卫生院为骨干、村卫生室为基础的卫生服务网络。四是公共卫生均等化改革。把一些公共的卫生服务，作为政府的免费政策向全体居民提供，向重点人群提供。强调重大传染病的保障，强调每个居民健康档案的建立、健康素质乃至健康宣传等，作为政府一种免费的公共卫生服务内容。五是公立医院改革。通过城市大医院强化对基层医院的支持，提高基层医院医疗服务能力。进一步优化服务的流程，改善医疗民事卫生服务。通过加大人员培训，以及大批诊疗设备的装备，提高基层诊疗服务能力，不仅拓展了基层医疗卫生机构的服务领域，而且使群众得到更多便捷的优质服务。

三、财政在调节收入分配方面存在的问题

（一）税收调节收入分配功能弱化

1. 税收调节体系不完善

一方面对财富累积效应具有调节作用的遗产税和赠与税尚未开征，另一方面对资本所得具有补充调节作用的证券交易税、资本利得税和利息税征收缺位及管理不完善，进一步弱化了税收对资本所得的调节。

2. 税制改革相对滞后

一是个人所得税比重较小。目前我国实行的是以流转税为主的税制体系，所得税类占比较小。而具有公平收入分配功能的主要是具有累进性质的个人

所得税，对个人所得采用累进税率征税体现了按能力负担税负的原则，有利于调节收入分配，但由于我国对个人所得征税不多，其调节收入分配的能力并不强。在税率的累进程度上，因担心较高的边际累进税率对于储蓄和经济增长造成障碍，而采取了较低的累进性，影响了个人所得税调节收入分配的能力；免征额的设计未能考虑地区收入的差别和收入水平的动态变化；税收扣除未能考虑纳税人赡养人口、医疗费用、负担能力等因素，影响了个人所得税的按实征收。

二是消费税改革滞后。消费税是以消费品和消费行为的流转额为课税对象的一种税，是从消费环节调节收入群体的支出水平，通过对高收入群体的一些奢侈性消费项目进行课税，既可以增加财政收入，又可以减少高收入群体的收入，达到调节收入的目的。随着我国社会收入水平的变化，一些高消费项目逐渐成为普通消费项目，而被一些新式的高消费项目所代替，但消费税征税项目未能及时进行调整，弱化了其调节收入的作用。

3. 税收征管存在漏洞

由于税收管理仍有薄弱之处，依法治税水平不高，存在一定的税收流失现象，致使偷逃税成为部分人暴富的手段之一。这些非法收入既成为收入分配差距拉大的重要原因，也严重损害了国家利益。

（二）财政支出调节收入分配功能弱化

1. 在转移支付制度方面

中央对地方的转移支付主要是中央政府向中西部的纵向转移支付和东部地区向中西部地区的横向转移支付，有利于缩小地区间的居民收入差距。由于受历史和现实的条件制约，地区经济发展很不平衡，转移支付制度在调节地区平衡方面的作用有限，地区之间的居民收入差距进一步拉大。近年来湖北省虽然加大了对县市区的转移支付力度，县乡财政困难有所缓解，但随着规范公务员津补贴政策（第一步和第二步）和教师绩效工资政策的出台，以及中央省级项目支出要求县级财政配套的额度逐年增加，新增支出主要靠地方政府自行负担，县乡财政支出压力越来越大。县乡一级在满足农村公共需求、改善农村收入分配方面难以发挥作用，城乡之间的差距进一步拉大。

2. 在社会保障调节机制方面

改革开放以来，虽然湖北省社会保障事业得到了较快的发展，但是，目前的社会保障调节机制还不尽完善。

（1）社会保障的覆盖面不宽。目前世界各国社会保障的覆盖面平均达60%以上，中等收入国家达70%以上，发达国家达80%以上。"十一五"期间，湖北省参加社会保险的人数大幅增长。截至2010年12月底，全省企业职工基本养老保险、城镇职工基本医疗保险、失业保险、工伤保险、生育保险参保人数分别达977万人、842.2万人、464.5万人、444.8万人和388.6万人，比2005年分别增长33%、76.6%、18.6%、166%和195.5%。① 2009年末，全省城乡从业人数达到3 622万人，其中城镇就业人数1 357万人。城镇企业职工参加养老保险660.54万人，占城镇就业总人数的48.68%。由于农村参加养老保险的人数少，如果把农村考虑进来，这个比例还会大幅度下降。社会保障覆盖面不宽，制约了财政调节收入分配差距功能的发挥。

（2）社会保障统筹层次较低。国务院于1997年、1998年先后两次发文，要求实现养老保险从县级统筹到省级统筹的过渡，但直到2010年，湖北省仅实现了企业养老保险统筹，而事业单位养老保险、失业保险基金和医疗保险基金只是实行了市县级统筹。虽然县级或市级统筹在一定时期发挥了积极作用，取得了一定成效，但由于市县级统筹调剂能力较弱，不仅难以实现社会成员间的互助互济，而且也不能分散社会保障基金的风险。

（3）社会化程度不高。社会化是社会保障制度的一个重要特征。从内容上讲，社会保障的社会化应包括保障对象的社会化、基金统筹、管理、使用、给付的社会化和管理服务的社会化。湖北省在社会保障制度改革的过程中，对社会化这一问题虽然相当重视，但往往强调的是保障基金给付的社会化，而对其他的方面重视不够。如保障对象，社会保险应该面向所有劳动者，但是那些没有单位的个体劳动者、自由职业者以及没有固定单位的小时工、农民工等大部分未纳入预算。

（4）社会保障资金筹措困难。由于目前尚未建立稳定、可靠的社会保障资金筹措机制，资金来源单一，单靠征缴的基本养老和失业保险基金等难以满足日益增长的支付需求。加上社会保障方面的立法不完善，社会保险基金的征缴缺乏强制性，湖北省个人、企业和其他经济组织存在拒缴、拖欠现象。

① 数据来源于湖北省财政厅社保处。

3. 在义务教育调节机制方面

义务教育贫困生的生活补助覆盖面偏小，教育经费保障能力有待进一步提高。湖北省实行义务教育新机制改革后，农村教育设施和农村孩子平等受教育的环境资源得到了明显改善，但是在义务教育调解机制方面仍存在一些问题。因农村生源减少，农村中小学布局调整，各学校的服务半径普遍增大，在学校进餐的学生增多。目前，生活补助只限贫困寄宿生，而非寄宿生中的贫困生不能享受。生活补助发放范围需扩大到所有在校进餐的贫困生，并综合考虑物价因素，逐步提高补助标准。偏远及弱势学校经费不足。当前生源在逐步减少，有些位置偏远或生源较少学校，按生均公用经费补助，学校经费严重不足，教育经费保障能力亟待提高。

4. 在医疗卫生调节机制方面

医疗卫生事业关系广大人民群众的切身利益和经济社会协调发展。疾病预防控制、医疗服务质量监管和突发公共卫生事件处置等属于典型的公共产品和公共服务，是政府卫生投入的重要任务。由于政府管理的缺位造成了有限的政府投入得不到很好的利用，现在投入医疗的资源虽不断增加，但惠及的人群却比较少，老百姓看病难看病贵的问题仍然存在。医疗卫生支出方面存在的缺陷拉大了居民的贫富差距。一些地区农村因病致贫、因病返贫的居民占贫困人口的 2/3。

四、促进居民收入分配结构调整的财政政策建议

（一）促进居民收入分配结构调整需把握的原则

1. 从整体上调节居民收入分配

收入分配是一个关系经济社会发展全局的问题，单单依靠再分配无法解决问题，本质上还是经济发展不够。必须以经济建设为中心，统筹城乡和地区发展，协调经济发展和分配调节，在初次分配和再分配环节共同着力调节收入分配。在发展经济、做大"蛋糕"时，要从源头上考虑居民收入分配问题，优化经济结构，使之有利于低收入地区和群众在初次分配中提高收入水平。当前，

最重要的是优化资源配置，调整居民收入分配格局，促进农村收入和不发达地区经济社会发展，大力提高农民和不发达地区群众的收入水平，并通过财政转移支付等再分配手段努力增加收入。

2. 按劳分配与按要素分配的有机结合

社会主义市场经济条件下的分配制度既应体现一般劳动的价值，以激发广大普通劳动者的积极性和创造性；也应体现科学技术、经营管理等复杂劳动的价值，以焕发科技人员和管理工作者的创新活力与创业精神；还应体现包括土地、资本、知识产权等必不可少的生产要素的价值，以促进生产要素按效益最大化配置到国民经济各部门。深化收入分配制度改革，初次分配的重点是建立和完善市场机会均等且公平竞争的收入机制，发挥市场竞争对提高效率的作用；完善企业工资制度，规范企业按劳分配与按生产要素分配相结合的分配收入方式，全面推行企业职工工资集体协商制度，完善并严格执行最低工资制度，建立健全最低工资标准动态调整收入机制，使初次分配真正与劳动和贡献挂钩，切实保障劳动者权益。同时，合理调节政府、企业和个人的收入分配关系，切实提高劳动报酬在初次分配中的比重。再分配的重点是加大对高收入者收入的税收调节力度，保障低收入人员也能达到基本体面的生活水平。

3. 坚持"提低"、"扩中"、"调高"

通过有效调节，逐步形成"中间大、两头小"的"橄榄形"分配格局。通过大力发展职业教育和技能培训，提高劳动者基本素质和职业技能，扩大就业，增加中低收入者取得收入的能力。继续鼓励资本、技术、管理等生产要素按贡献参与分配，既有利于中等收入者稳定增加收入，也有利于促进资源优化配置，推动经济增长。在保护个人经济权益和合法收入的前提下，政府通过征收个人所得税等手段调节过高收入，进行合理有效的财政再分配。

4. 正确处理效率与公平的关系

效率与公平是相辅相成的，只有不断提高经济效率、增加社会财富，实现公平分配才有坚实的物质基础；反之，没有公平会影响效率，甚至根本没有效率。公平分配不是平均分配，平均主义既不能给予劳动者有效的激励以促进生产力的发展，也不能按照劳动者的实际劳动贡献进行分配，结果既不能提高经济效率，也不能保证普遍的社会公平；同样，社会收入差距过大，则会挫伤劳动者的生产积极性和对社会基本制度的信心，影响社会和谐稳定，导致负效率。

因此，要正确处理效率和公平的关系，在初次分配领域既要强调效率，也要重视公平，以免加大再分配调节的难度；在再分配过程中，更加注重公平，同时注重提高再分配的透明度和效率。

5. 既要积极探索，又要稳妥推进

形成合力的居民收入分配结构是一项长期而艰巨的任务。经济发展的"U"型理论认为，经济发展过程中，居民收入差距要经历一个"先不断扩大，到达拐点后逐渐缩小"的过程。因此，要因地制宜制定政策，在财力允许范围内，考虑政府财力承受力、社会承受力，避免改革力度太大、步伐过快，给社会发展带来不稳定因素。还要注意各种相关制度的配套改革，相关部门的协同配合，稳步推进。

6. 处理好当前和长远的关系

调整收入分配结构是一项牵动全局的工程，既要立足当前，抓住重点，突击解决一些老百姓最关心、群众反映最强烈、社会意见最大的收入分配问题，取信于民；也要着眼长远，更加重视影响收入分配的基础性工作，将初次分配领域中的资源配置制度、薪酬分配制度、农村分配制度以及收入分配调控制度逐步精细化、科学化、系统化、法制化，逐步健全收入分配法律体系。

（二）具体财税政策建议

1. 完善税制，充分发挥调节收入分配功能

（1）改革现行个人所得税制。一是实行综合与分类相结合的个人所得税制模式。将全部收入不分来源统一纳入收入，采用超额累进税率，根据家庭成员数量、抚养赡养、教育、医疗等具体情况进行差别扣除，按年实行全员全额自行申报汇缴，或分类源头预扣缴与综合的年度计征清算相结合。二是改革个人所得税免征额和税率。改变现行的费用扣除单一标准，采用国际上通行的"因素扣除法"，充分考虑纳税人的婚否、子女赡养等家庭状况及其他经济状况，并结合我国教育、居住、保险医疗制度的改革，对个人所得税扣除采用综合扣除和分项扣除相结合的方式。三是改革征缴方式。改革现有的银行代扣和单位代扣等征缴方式，严格按照修改后的《个人所得税法》规定，根据应纳税所得额所适用的税率计征，并从以法人纳税人为重点的间接税征管机制向以法人、自

然人并重、间接税与直接税并重的征管机制转型，逐步建立和完善直接面向人数众多、收入来源日益多元化的个税纳税人的征管机制。

（2）开征社会保障税。社会保障税纳税人应包括企业、事业单位、社会团体、民办非企业单位、个体工商户、经济组织及职工个人，某些税目（如医疗保险）应包括行政机关及职工个人。为使社会保障税与现行社会保障制度平稳对接，不至于引起太大波动，目前宜沿用现行社会保障制度的做法，暂时不将非城镇户口居民纳入工资薪金为主要征收对象的社会保障税的纳税人范畴。对农民征税问题应采取"分步实施、逐步到位"的办法，目前暂缓纳入。社会保障税税率按"专款专用"和"谁缴税谁受益"的原则，根据保障项目采取比例税率分别予以确定。社会保障税税目可确定为基本养老保险、基本医疗保险和失业保险三个项目。工伤保险、女工生育保险等多数地方尚处于试点阶段，加之这些保险的行业特点强，覆盖面远没有上述三种保险广泛，故暂时不宜作为征税项目，等将来条件成熟时再逐步纳入。社会保障税实行限额征收，超过限额部分的工资薪金或生产、经营利润不再征税。其起征点可参照我国现行的最低生活保障水平标准制定。为减弱社会保障税的累退性，可以适当提高最高限额的标准。

（3）开征遗产税与赠与税。在征税模式上，根据我国经济社会发展的实际情况并借鉴国际经验，实行总遗产税制，即被继承人死亡后的遗产总额为课税对象，遗产继承人或遗产管理人为纳税义务人。在遗产处理上采取"先税后分"的方式，即先征遗产税，然后将税后遗产分配给继承人受赠人。在税基的选择上，应像国际上通行做法一样采用超额累进税率，我国遗产税税率最好设计为15%~55%的五级超额累进税率。对丧葬费用、遗产管理费用与被继承人生前债务等进行扣除；为照顾伤残、病患者及未成年人的利益，可给予一定的额外扣除。此外，为公益性捐赠或遗产赠与予以免税。为防止纳税人偷逃税款，必须同时开征赠与税，作为遗产税的补充税种。

（4）完善财产税与消费税。经过住房制度改革，房产个人财产的主要部分，应建立以房产税为主体税种，包括土地使用税和车船税在内的财产税体系。由中介机构根据市场情况评估住房、土地、车船的市场价格，以评估值作为财产税的计价依据，从价计征。从目前财产所有者的负担能力看，宜实行低税率，并设置一定的起征点。为进一步发挥消费税的调控作用，还可以适当扩大消费税的征收范围和税基，除已征税的消费品外，可以将部分高档消费品（如奢侈品）、高档消费行为（如出境旅游等）纳入征税范围，体现对高收入者多纳税的原则。

（5）改进征税手段，严格税收征管。应大力加强计算机在税务登记、申报纳税、税款征收、税务稽查、发票管理等环节的应用，不断提高工作效率和工作质量。加快网络化进程，统一税务系统软件，中央、省、市应分别建立数据处理中心，各中心之间必须联网，提高对收入监控和数据处理的集中度，堵塞征管漏洞。

2. 促进居民收入分配结构调整的财政支出政策

（1）发挥财政职能，努力提高农民收入水平。

一是积极发展现代农业，推进农业产业化进程。继续加大力度推进农村安全饮水工程、乡村道路、电网、广播电视等基础设施建设，为农民增收创造条件。支持加快转变农业发展方式，提高农业综合生产能力、抗风险能力、市场竞争能力。积极推动水利基础设施建设，支持中小河流治理和病险水库加固，支持"小农水重点县"建设。抓好高标准农田建设，支持实施新增百亿斤粮食生产能力，提高农业综合生产能力。灵活运用各项财政政策，充分发挥湖北省农业生产优势，推进农业产业结构调整，支持建设区域特色明显、比较优势突出的农产品产业带建设。积极推进农业科技创新，健全公益性农业技术推广体系，发展现代种植业，加快农业机械化。稳步推进农业保险工作，完善农业保险保费补贴政策，研究建立农业大灾风险分散机制，支持农村金融体系建设。

二是实施科技兴农战略，为农民增收提供技术支撑。加快构建农村职业教育和培训网络，组织实施实用人才培训工程，使每个劳动力掌握1~2门实用技术。建立健全良种繁育体系，大力引进培育名、优、新、特种养品种，组织开展配套技术、无公害生产技术的研究开发。制定县、乡两级农业技术推广服务体系改革方案，加大农业科技成果推广力度，增加科技含量，促进农民增收。实行产学研相结合，建设高产示范区、无公害标准化生产基地。加快构建动植物疫病防控体系，保障农牧业健康发展。积极推进农村信息化，健全农业信息收集和发布制度，为农民和企业提供及时有效的信息服务。建立健全自然灾害预警机制，突出抓好人工增雨、人工防雹工作，提高农业灾害防御能力。建立农产品质量标准体系，提高农业标准化生产和农产品质量安全水平。

三是加强劳动技能培训，加快农村劳动力转移。大力实施"阳光工程"，开展实用技术和职业技能培训，免费培训农民工。开办学制一至两年的专业技术培训，免费培训中青年农民，并给予生活补贴。建立农民就业服务制度，完善农民就业服务维权机制。完善和规范对劳动力市场的管理，及时掌握和发布劳动力市场供求信息，强化劳务对接的协调服务，促进农村劳务向外输出。加快建立适应农民工特点的社会保障制度，在县城和有条件的乡镇建设一级劳动力市场，建立农民工工资支付监控管理制度，实行同工同酬。对进城务工的农民及其家属，其计划生育、子女教育、劳动就业、妇幼保健等工作实行属地管理，并将相应的管理经费纳入财政预算，促进农村劳动力转移就业。

四是实行城乡一体化，提高农民非农业收入。以仙桃洪湖试验区、鄂州城乡一体化试点、房县竹山城镇带建设为抓手，提高城镇化水平，增强以工促农、以城带乡的能力。大力实施"双百帮扶"工程，通过村企互动，加快农村工业化、城镇化、产业化进程。引导鼓励企业积极承担社会责任，正确处理地企关系，促进地企合作与发展。加强企业与乡村的联系和沟通，协调帮扶企业招收使用当地农民工，促进农民脱贫致富。建立失地农民社会保障制度，保障失地农民基本生活，切实维护其切身利益。加快推进十大民生工程，统筹城乡产业发展、社会事业发展、基础设施建设、劳动就业和社会保障，加快破除城乡二元体制。大力发展第三产业，实现第二、第三产业的发展与农村劳动力转移的互动。进一步确立农民家庭财产的法律地位，保障农民对集体财产的收益权，创造条件让更多农民获得财产性收入。

五是落实支农惠农政策，构建农民增收长效机制。及时足额兑现国家对粮食直补、良种补贴、农机具购置补贴、农资综合补贴以及义务教育、合作医疗、计划生育等方面的直接补助，全面落实国家对农业生产、农业发展的各项扶持政策。财政支农投入的增量要达到地方年度新增财力的20%以上，固定资产投资用于农村的增量要确保高于上年。整合支农资金，设立现代特色农业专项基金，提高对特色农业的补贴标准，对特色农业建设工作突出的乡镇、部门进行奖励。积极推进农村金融体制改革和创新，加快组建村镇银行，加强贷款贴息和小额担保贷款工作，扩大农村小额信贷和农户联保贷款。按照"政府引导、市场运作、自主自愿、协同推进"的基本原则，稳步推进全省农业保险工作，引导和鼓励商业性保险机构开展农业保险业务。进一步推进乡镇机构、农村义务教育体制、县乡财政管理体制和集体林权制度改革。继续完善农村公益性服务"以钱养事"新机制，继续开展村级公益事业建设一事一议奖补试点工作。建立健全村级组织运转经费保障机制，保障村级组织正常运转。

（2）发挥财政职能，加快提高城镇居民收入水平。

一是扩大就业再就业，不断增加城镇居民收入。全面落实就业再就业政策，千方百计增加就业岗位，多渠道扩大就业规模。大力发展各类中小企业，鼓励和引导企业吸纳本地劳动力就业。开发一批面向社区居民生活服务、机关企事业后勤保障、社区保洁、保绿、保安以及公共设施养护等公益性岗位，用于安置就业困难人员。进一步加强小额担保贷款财政贴息资金管理，完善小额担保贷款奖补政策，切实加大小额担保贷款财政贴息力度，推进全省创业促就业工作开展。

二是大力发展第三产业，支持鼓励城镇居民投资创业。鼓励和引导城镇居民把发展服务业作为创业增收的主渠道，积极投资发展商贸、餐饮、交通运输等传统服务业，发展文化、社区服务、休闲娱乐等新型消费性服务业，发展现代物流、电子商务、中介服务等现代服务业，努力提高城镇居民经营性收入。推进制度创新，加快建设资金、技术、人才等要素市场，完善居民增加要素收入的运行机制。

三是大力发展民营经济，带动全民创业增收。大力发展民营经济，倡导和鼓励全民创业，培育新的经济增长点。继续鼓励干部领办创办企业，充分发挥其在全民创业增收中的推动作用。切实转变政府职能，简化项目审批程序，营造民营经济发展的良好环境。探索建立民营中小企业信用担保服务体系。大力发展科技型、安置就业型、农产品加工型等民营企业，促进城乡居民增收致富。

（3）优化财政支出结构，促进居民收入分配结构调整。

合理的财政支出结构政策是缩小居民收入分配差距、调整居民收入分配结构的强大杠杆，是促进社会公平的基本调控手段。

一是科学界定财政支出的供给范围。界定和规范财政支出的供给范围，是构建公共财政基本框架、提高财政保障能力和支出效率的基础和前提，实质是明确政府与市场的职责。按照市场经济的一般理论，政府负责的事项和活动范围主要是通过介入"市场失效"领域，运用财政分配手段，满足社会公共需要，而不属于社会公共需要的事务和领域则一般应由市场去调节和供给。因此，社会公共性开支总体上应以财政供给为主渠道，对于一般竞争性领域的投资，财政要逐步退出，以集中有限财力着力强化国民经济的关键领域和重要基础产业的投资。

二是优化财政支出结构。首先，压缩行政管理支出的规模。规范政府公共支出行为，降低行政运行成本，严格控制人员经费和公用经费支出，坚决压缩人员经费所占比重，从严控制会议数量和规模，大力压缩会议费、招待费、出国培训费等一般性支出；按照核定的预算编制人数，科学核定不同部门、行业的定员定额标准。其次，加大对教科文事业的财政投入规模。要加大中小学教育的投入力度，特别是要进一步向贫困地区农村中小学倾斜，以满足社会对公共性教育需求，提高全民族素质。普通高等教育、职业教育等，具有准公共物品性质，可以采取市场化的经营形式，由个人负担有关大部分费用，政府给予适当补足。加大对基础研究、高新技术研究、社会公益类科研机构及国家科技基础条件平台建设的支持。同时，加大对农村基层文化建设的投入。加大对公共卫生体系、城乡基层卫生服务体系的财政投入力度。支持疾病预防控制体系、医疗救治体系、卫生执法监督体系、农村卫生服务体系能力建设，以及重大疾病预防控制和救治工作，支持开展新型农村合作医疗试点和农村医疗救助制度建设。大力支持发展循环经济。促进环境治理产业化。再其次，大力支持社会保障工作。党的十七大报告中提出了努力使全体人民"老有所养"，"加快建立覆盖城乡居民的社会保障体系，保障人民基本生活"的目标任务。财政必须加大对社会保障的支持力度，增强社会保障能力。加强养老保险制度改革力度。做好就业再就业工作。认真落实中央关于就业再就业的各项扶持政策，进一步加大投入，规范管理，做好社会保障制度与就业再就业政策的衔接工作。加大困难群体的救助力度。不断完善城市居民最低生活保障制度，实现动态管理下的应保尽保。加大救灾投入力度，完善救灾工作分级管理制度。支持做好农村"五保户"的生活保障工作。加大农村医疗工作力度，建立健全农村基本医疗制度，加强公共卫生体系建设，推进新型农村合作医疗试点工作。加大企业军转干部生活补助资金管理力度，确保企业军转干部的政策到位。完善社会保障筹资机制。巩固和完善税务征收社会保险费工作机制，促进扩大社会保险覆盖面和社会保险基金的稳定增长。

三是提高财政支出使用效率。进一步推进财政四项改革，提高财政支出使用效率。积极推进部门预算改革。要加大综合财政预算力度，增加部门预算编制的完整性，在将部门各种收入纳入预算的同时，将基建、科技三项费用等专项资金纳入预算；加大分析测算工作力度，增强部门预算的预见性；加大预算执行监督工作力度，增强部门预算执行的严肃性；加大项目支出的控管力度，进一步增强部门预算的透明度；加大对市县转移支付力度，努力缓解市县财政困难，逐步解决推行部门预算所面临的财力制约问题。继续完善国库集中收付改革。要深化预算单位级次和加大专户资金管理力度，逐步将所有预算单位和各类财政资金都纳入国库集中收付改革的范围。继续深化政府采购制度改革。扩大工程和服务类政府采购范围，加大政府采购监督检查力度，进一步规范政府采购行为，提高政府采购质量，简化政府采购程序，提高工作效率。进一步落实收支两条线改革。按照依法行政的要求，对非税收入做到应收尽收；按管理规范，做到先有预算后有支出。完善监督制约机制，严格落实收支两条线有关规定，进一步抓好收缴、罚缴分离工作。

四是加强财政支出监管。要加强对财政重大事项的事前审核调研和事中跟踪监控，并针对事前审核调研和事中监控中发现的问题，适当开展事后监督检查，建立财政资金运行全过程的财政监督新机制；抓好财政收支监督，确保财政收入质量，提高支出效益；强化会计信息监督，提高会计行业执业质量；深化内部监督，严格监督预算编制和执行进程中财政法规、政策、制度的执行情况，监督财政资金运行和管理过程中账目管理指标下达、资金拨付的合法合规情况，监管财政机关内部各单位财务收支管理情况；加强政府债务管理，积极防范和化解财政风险；规范行政审批事项和审批程序；加强财政法制建设，制定依法行政、依法理财的相关法规，建立财政监管的长效机制，提高财政工作效率和管理水平；继续推进财政系统的政务公开，相关财政资金分配要透明，所有行政性收费项目要公开，接受社会监督。

五是建立健全财政支出绩效评价体系。合理划分财政支出绩效评价层次。根据开展财政支出绩效评价工作的评价主体和客体不同，将财政支出绩效评价工作分为四个层次：财政支出项目绩效评价、单位财政支出绩效评价、部门财政支出绩效评价以及财政支出综合绩效评价。完善绩效评价制度，研究制定财政绩效评价办法、工作程序、评价指标设置及标准选择以及评介结果应用等一系列制度规范，规范绩效评价工作。建立健全财政支出绩效评价方法体系和财政支出绩效评价指标体系。建立财政支出绩效评价管理平台系统，整合绩效评价数据资源，实现绩效评价工作信息化管理。全面引入绩效预算管理思想，并贯穿于预算编制、执行和绩效评价过程中。

3. 规范转移支付，促进基本公共服务均等化

（1）建立完善统一规范的转移支付制度框架。

首先，规定转移支付的特定来源，提高一般性转移支付比重。针对这一问题，应借鉴国际上较为成功的经验赋予转移支付稳定的资金来源。可考虑将增值税收入全部作为转移支付资金来源，并从其中划出一定比例作为一般性转移支付，用于弥补财政失衡的缺口，保障最低标准的公共服务均等化。尽快研究确定适应我国国情的公共服务均等化原则。细化全国范围的公共服务最低标准，以此为基础测算一般性转移支付需要量，结合税收现状和发展趋势确定比例。

其次，整合专项转移支付，引入整块拨款的专项转移支付形式。应清理现有专项转移支付项目，对情况已经发生变化、不能发挥预期政策作用的项目予以取消；对重复交叉的项目进行整合，适当借鉴美国整块转移支付（即虽然在使用上有一定限制，但规定的使用范围较宽，在规定范围内，地方政府可以自主安排支出的具体项目和数额）的经验，对亟待完善、属于中央委托地方事务

或中央政策应大力支持，同时涉及多种支出类型的公共服务（既有基建支出，又有运转支出等需求）如公共卫生服务，引入整块拨款的专项转移支付形式。由指定具体支出项目的专项转移支付转为指定支出方向，具体分配和管理的权利由地方政府自主掌握的整块转移支付，这样的安排更适应不同地区的实际需求。

第三，建立专门用于矫正辖区间外溢效应、中央委托地方事务具有补偿性质的专项转移支付，完善专项转移支付体系。在专项转移支付项目设计上，应坚持以实现中央政府政策意图、矫正辖区间外溢效应、补偿中央委托地方事务的主要功能为导向，尽可能做到不缺位、不越位；以中长期及年度发展规划为引导使专项转移支付服务于中长期规划目标。避免因缺少长期考虑出现"打补丁"式的支出需求，过多占用可用的转移支付资源，降低资金的总体效益。矫正辖区间外溢效应和补偿中央委托地方事务的支出是转移支付的基本功能，应设立专项转移支付并使之长期化、制度化。应设立用于矫正辖区间外溢效应的专项转移支付项目，结合主体功能区规划，整合现有生态环境治理保护领域具有补偿性质的转移支付，以限制开发区和禁止开发区为突破口。探索矫正辖区间外溢效应转移支付的计算方法和公式，尽快试行并逐步推开。研究制定生态环境领域以外其他公共服务的辖区间外溢效应补偿机制，逐步完善外溢效应补偿制度实行对提供外溢性公共服务或承担公共服务负外溢性的地方政府的有效补偿，矫正外溢效应对地方政府公共支出投向的扭曲作用。在明确中央与地方政府事权与支出责任的基础上对中央委托地方事务设立专项转移支付项目。结合实际合理确定转移支付标准，采取措施监督事务执行效果。

第四，规范省以下一般性转移支付制度。规范省以下转移支付制度，形成针对省以下纵向与横向财政失衡的平衡机制。要在明确划分各级政府事权的基础上，完善省以下转移支付制度，特别要建立目标明确、责任清晰的省以下一般性转移支付制度，切实改变各级政府在财政支出上本级优先的倾向，改善省以下纵向财政失衡的状况。应明确省级政府弥补省以下纵向和横向财政失衡的职责，参照中央对省一般性转移支付办法，建立省以下一般性转移支付制度。出于成本方面的考虑，也可在中央对省方法基础上适度简化。省对下一般性转移支付分配方法、分配依据、分配结果及实施效果等都要接受中央政府监督，同时应公开信息接受社会监督。

最后，加快转移支付相关立法。将转移支付制度的主要内容以法律形式加以明确和固定，赋予转移支付制度权威性，保障其得以规范实施，增强地方财政预算的可预期性，提高转移支付透明度。因此，应尽快建立完善转移支付相关立法，包括制定出台《转移支付法》以及修订《预算法》，将中央对省、省对市县转移支付的基本目标和原则、主要类型、分配方法、监督与绩效评价方法等内容加以明确规定，使转移支付制度有法可依，加强转移支付的规范程度。

（2）改进转移支付分配方法和资金管理，提高转移支付科学性、规范性和透明度。

首先，科学确定各类转移支付分配方法。建议在财政部设立相对独立的转移支付局，集中专业人才，科学合理地确定各类转移支付分配的原则和方法。并进行定期和不定期的改进，以此为基础对转移支付资金进行分配与管理。通过收集准确的基础数据、借鉴国际经验、设计符合实际的计算公式，为转移支付的科学分配奠定基础。形成获取地方反馈意见、定期或不定期考察实施效果、定期改进分配方法的制度化程序，促进分配方法不断向合理化方向发展。

其次，建立规范的转移支付管理、监督与绩效评价制度。应由转移支付局负责专项转移支付项目的协调、整合，包括与掌握转移支付的各部门进行协调，改变多头管理造成的项目重复交叉、不符合实际等问题。通过建立职能相对集中、具有相对独立性的管理部门，提高转移支付资金分配的科学性、客观性规范性。建立转移支付的绩效评价制度，强化激励约束机制。绩效评价制度应体现转移支付资金的政策目标，以量化指标为主。以绩效评价结果为基础建立奖惩机制，对绩效保持良好的地区适当加大专项转移支付投入力度。对不按中央政府要求使用资金或支出效益低的地区要相应调减专项转移支付投入力度，以促进地方政府加强对转移支付资金的管理落实中央政策意图，提高资金使用效率。发挥各级审计部门作用，加强对转移支付资金的审计力度。

最后，提高转移支付透明度，不仅有利于提高财政的总体透明度、增强地方财政对上级财政转移支付资金的可预期性，对于转移支付制度本身的规范化也有促进作用。应通过在公开发行的出版物、相关网站上公开转移支付分配方法、分配标准、分配结果的相关数据和信息，使地方财政较为准确地将转移支付的影响纳入本级预算，促进预算管理的稳定和规范，形成较为有效的社会监督，从而对滥用职权、寻租设租行为形成制约，降低转移支付资金的漏损，促进地方政府合规使用资金，提高转移支付资金使用效率。

课题组组长：王华新

成员：龚金保　吴晓玲（执笔）　李晓东

海南省促进居民收入分配结构调整的财税政策研究

海南省财政厅课题组

经济发展理论研究表明，随着经济发展改革的不断深入，一些原有结构性矛盾将日趋凸显，如何进行结构化调整，处理好结构性矛盾，是推动改革向纵深发展的关键。改革开放以来，我国经济与社会发展发生翻天覆地的变化，社会物质高度丰富，人民物质文化生活水平不断提高，国家综合实力日益增强。然而，在经济快速发展的同时，一些经济改革过程中的固有矛盾已经凸显，且有不断扩大的趋势。其中，最为典型的是居民收入差距问题。当前，我国分配领域运行不合理，居民收入差距问题较为严重：东西部居民收入差距较大，经济发达地区和经济落后地区的落差越来越明显；即使是同一个省份，不同市县之间的居民收入差距也在进一步扩大。如何运用财税政策缩小居民收入差距，调节区域收入分配格局，实现社会均衡发展，是值得深入思考和研究的课题。

一、居民收入分配结构变化的理论溯源及分析框架构建

（一）概念涵义分析

居民收入水平是衡量国家和地区经济发展水平的核心指标，对研究经济发展和评价居民综合福利有很大的作用。居民收入水平变化反映一个国家和地区的社会经济水平变化，反映经济发展总体水平。在国民经济核算体系中，通过核算居民收入水平变化，来动态反映居民生活水平变化。比较居民收入水平的指标有两个方面：一是同一指标在不同时期的比较分析，如不同年度海南省居民收入水平的比较分析；二是不同指标之间的结构比较，通过构建指标结构，

了解指标权重变化，获取相关因素变化信息。这种指标比较方法，可根据时期和地区不同，按照需要进行结构重组，获取有益的信息。如同一指标在不同时期的比较分析，同一指标在不同地区之间的比较分析等，是实施纵向比较的主要分析手段。指标的结构性变化分析，是判定指标要素变化的核心内容，是实施横向比较的主要手段。

居民收入分配结构分析属于宏观经济分析范畴，用于评价国家整体经济实力，衡量人民物质文化水平。在理论经济学研究中，对不同时期居民收入分配结构变化进行分析，明晰其规律，是检验宏观经济政策效能的有效途径。国家特定经济政策作用于市场的过程，将是一个缓慢的催化过程，鲜有立竿见影的效果；经济政策对市场环境的影响，在于通过投入社会资源来改变现有资源布局，调节资源分配，构建新的资源环境，实现宏观调控目标。目前，财税政策主要通过调节市场运行体系，运用价格调节手段，干预市场供需双方，调节市场供求，最终形成新的市场均衡。

（二） 理论溯源

在市场均衡分析中，收入分配属于供给领域范畴。在供给领域，完整的生产流程如下：企业建筑厂房、购买生产设备，形成生产能力；通过招聘员工，购买原材料，将材料物资投入生产过程；对生产物质进行加工，使之满足产品质量要求，最终形成各项性能符合要求的产品。在生产流程中，各种要素成本构成总成本，并按照要素价值获取报酬。

1. 马克思主义收入分配结构分析

马克思主义政治经济学理论表明，生产工人的收入，源于生产活动，源于其所创造的价值，指出流通领域并不创造价值，只是参与生产领域价值分配过程，双方共同作用于生产过程，参与价值分配。

2. 西方经济学对收入分配问题的分析

西方经济学采纳了马克思主义宏观分析框架，抛弃其剩余价值分析观点，并在此基础上提出要素分析论。要素分析论指出：生产活动是一种要素组合活动，土地、资本、人力资源、企业家才能等生产要素共同作用于生产过程，参与产品生产，共同塑造价值。价值分配依要素类别及贡献，进行合理分配，并获取其应有的份额。要素分析框架，是一个开放的分析框架，各种领域经济活动，可以依要素贡献，平等参与价值分割过程。在此分析框架下，按照生产领域不同，经济活动划分为第一产业、第二产业和第三产业。产业价值取决于产业贡献，并按照产业贡献额合理参与社会价值分配。按照产业贡献分析方法，居民收入分配结构核算依从事产业工作人员不同，分为第一产业工人收入、第二产业工人收入和第三产业工人收入。核算不同产业工人工作报酬，将构成产业居民收入分配结构。通过分析居民收入分配结构，明晰其演化路径，为财政政策导入提供分析思路。此外，根据产业分析的特点，统计分析采用行业类别作为核算基础，设计行业收入结构。统计部门根据核算结构，统计不同行业居民平均收入水平，分析其收入分配结构。

（三）居民收入分配结构分析框架

关于居民收入分配结构调整模式选择，考虑数据采集要求，对口统计部门数据公布核算口径，采纳层级分析模式。第一层面为产业结构分析模式，主要核算产业结构变化，及其对居民收入分配结构的影响。其中，产业投入及其产出比率是考核的关键点。第二层面为行业结构分析模式，主要考量行业居民收入结构变化，获知行业结构调整方向。在分析方法选择上，主要采取静态分析和动态分析相结合的方法体系。静态分析主要核算单一指标在一个年份收入水平的静态变化，分析行业收入水平及其结构；动态分析主要核算同一指标在不同年份之间的变化，核算指标的变化规律；之后，根据同一指标在收入分配结构中的变化，获取居民收入结构变化规律。此外，数据分析需考虑财政投入变化因素。要根据财政部门对不同行业的投入，依一般预算支出安排的类别，确定财政投入对行业的影响，分析财政政策对行业的贡献，获取有效信息。

二、财税政策变化对居民收入分配结构调整的作用机制研究

（一）财税政策变动对居民收入分配结构的影响方式

财税政策变动对居民收入分配结构的影响，分直接影响和间接影响两种方式。

直接影响是指财政作为成本支出主体，通过增加财政投入，承担相应成本

支出，直接增加居民收入，改变收入分配结构。在直接影响模式中，成本负担主体改变是主要变更点。成本支出的原始主体应是居民，但是，由于相应的财政资金支持，成本支出的主体由居民转化为财政部门，成本支出的收益方为居民。如温家宝总理在2009年政府工作报告中指出：2008年，财政用于"三农"的投入5 955亿元，比上年增加1 637亿元，增长37.9%，其中粮食直补、农资综合补贴、良种补贴、农机具购置补贴资金达1 030亿元，比上年增长1倍。三次较大幅度提高粮食最低价，提价幅度超过20%。中央财政投资于"三农"的支出，直接发放给农民或从事农业生产的企业，直接增加收益群体的收入，提高其收入水平。直接影响模式以财政支出方式提高收益群体的收入，改变其支出结构。如政府实施的九年制义务教育政策，就是典型的直接影响政策模式。该政策将居民承担的教育费用，改为财政承担，直接增加居民收入。

间接影响是指政府将财政资金投向特定领域，通过改善特定行业基础设施，降低运行成本，提高其经济竞争力，进而提高企业收入，间接提高员工收入水平。在间接影响模式中，财税政策变动并没有直接作用于居民主体，而是通过优化投资环境，提升企业竞争力，进而提高企业收入，实现提高居民收入的目的。在间接影响模式下，财政支出对象为公共品，以维持和完善公共品的功能为出发点。政府投资主要用于基本公共服务支出，对涉及民生的道路、基础设施、医疗、基础教育、卫生等基础领域进行投资，改善公共福利，提高人民物质文化生活水平。如温家宝总理在2009年政府工作报告中指出：中央财政科技投入1 163亿元，实施16个国家重大科技专项。在信息、生物、环保等领域新建一批国家工程中心、重点实验室和企业技术中心。成功研发支线飞机、新能源汽车、高速铁路等一批关键技术和重大装备。在间接影响模式中，居民收入额受行业收益影响。

（二）财税政策变动的方式及其作用途径

1. 政府投资政策变动

政府投资政策变动是指政府为实现特定目标，改变财政资金投放方式、投放方向和投资数额，改变资金支持重点，达到调节市场的目的。在不同历史发展阶段，由于社会经济发展环境不同，中央和地方政府的财政支持重点不同。政府为了解决社会经济发展过程中的特定问题，会及时调整投资政策，改变财政支出的方向，调整政策支撑重点，影响市场运行。现阶段，中央和地方政府由于税制改革，在经济调节重点上有明确分工。所有涉及国家宏观经济运行的投资项目，由国家采取财政政策和货币政策，引导市场运行朝着有利于社会经济健康发展的方向进行。地方政府以改善地方投资环境，创造长期性就业机会，提高民众福利为目的，投资地方性发展项目。投资政策的运用，根据各级政府的需要，既可独立使用，也可与其他方式配合使用。中央政府可根据全国性市场发展需要，独立投资基础设施建设；也可以要求地方政府按照中央政府的统一部署，实施配套投资，保证宏观经济政策的运行效果。地方政府可在中央政府宏观调控的基础上，通过增量投资，加强地方经济调控的力度和效果。地方政府也可根据区域经济发展需要，在资金可控风险范畴内，独立投资特定基础建设领域，提高基础设施的效能，提高地方经济竞争力。在财政控制范围内，中央和地方政府调节财政投资的权力没有硬约束，只有软控制。政府是否调节财政政策，主要根据经济发展环境变化决定。如 2007 年全球性金融危机，各国政府为稳定货币，维护政局稳定，纷纷加大财政政策与货币政策的干预力度，加大财政投资力度，调节市场，维护市场稳定。我国政府面临金融危机时，采取积极财政政策，实施四万亿市场刺激计划，以公共财政投资，加大基础领域投入，刺激市场，扩大内需，创造就业机会，提高居民收入水平。

2. 税收政策变动

税收政策变动是指国家调整税收政策的行为。税收政策调整主要包含纳税主体变化、税率调整、纳税对象调整等内容。对居民收入影响较大的有企业所得税、个人所得税等税收制度。其中，个人所得税调整对居民收入影响较为直接。2011 年 9 月，国家对个人应税所得额基数进行调整，在扣除五项社会保障缴费和住房公积金后，纳税起征点上调为 3 500 元。个人所得税起征点上调，相应增加了低收入群体的收入，改变了高收入群体与低收入群体的比率，从而调整了收入分配结构。企业所得税下调，将降低企业成本，提高企业收益，为增加员工薪酬打下基础。目前，税收政策调整权利由中央政府掌握，地方政府除非获得特殊授权，否则不能调整税收政策。国家对纳税主体、税率调整等基础税目，拥有绝对控制权，以税收调节，提高收入分配干预能力。地方政府对税收政策的影响，主要通过积极争取中央政府特殊政策支持，获得地方性税收优惠政策来干预市场，调节区域经济运行，从而增加区域内居民收入。

3. 预算政策变动

预算政策具有"自动稳定器"功能，稳定经济的力度较大。若采取预算政策来调节市场，需调整预算安排，保证政策性目标的实现。预算政策变动对经济的调节，体现在预算制定与预算执行环节。政府根据政策性目标，灵活运用预算手段，实施长期性预算安排。当前，预算制度包括人员经费、公用经费和项目经费三个模块。人员经费具有稳定性，根据人员工资组成来安排；公用经费解决部门日常运行问题，政策调节影响力较弱；项目经费用于发展建设，完善基础设施建设，是主要调节工具。从长期预算安排角度分析，人员经费对居民收入分配有直接影响。当增加人员经费支出，个人收入将提高，居民收入分配结构将发生变化。从历年海南省财政供养人员工资变化数据分析，人员经费呈长期增加趋势。在扣除物价影响因素外，增加的幅度在财政支付能力可控范围之内。而公用经费呈逐年递增趋势，但递增幅度并不明显。综合以上分析，人员经费和公用经费对经济的影响，保持相对稳定性，没有发生较大的变化，对经济冲击力较小，稳定性较强。项目经费调整是预算政策运用的主要手段，当项目经费支持方向发生改变时，将直接调节市场，影响行业布局。以海南省为例，按照预算安排顺序及支持重点不同，分为省政府支持的项目、职能部门支持的项目和单位安排的项目。政府支持的项目居首位，是当年财政预算安排的核心。政府根据海南经济发展需要，调整预算安排，支持行业发展，调节市场。当前，政府对项目经费进行调整，长期是以支持行业发展，提高行业竞争力为目的；短期以实现特定社会发展目标，解决民生问题为目的。如近年来，海南省将新增财政收入，投向基础教育和卫生领域，提升教育公平度，提高医疗卫生水平。通过改善中小学校园校舍等基础设施，提高全省教育发展能力。在行业选择上，具有发展潜力，有后发优势的行业将是政策支持的重点。

4. 财政补贴和转移支付制度变化

财政补贴和转移支付制度对经济的调节力度很强，作用效果较为明显。财政补贴是调节收入的直接措施，对改变行业收入、增加居民收入有直接作用。财政补贴是国家将财政资金按照投资方向，直接用于补贴特定对象的政策。财政补贴和转移支付制度的效能，在于提高特定群体的收入，改变收入结构，达到调节分配结构的目的。目前，财政补贴和转移支付的重点，主要集中于民生领域，如对贫困家庭的补贴、对第一产业生产群体的补助、对城市低收入群体的补贴等，是其主要表现形式。财政补贴与转移支付制度的作用，在于通过增加财政集中支付，直接提高居民收入，降低支付成本，改变居民收入分配结构。

（三）财税政策变动对居民收入分配结构调整的作用机理

在居民收入分配结构分析框架中，以行业为核算对象，核算居民收入差异，分析其结构变化，是挖掘其作用机理的有效途径。行业收入差异是分析居民收入分配结构差异的主要依据。财政政策变化对行业的影响，表现为财政政策综合作用于市场领域，改变行业竞争力，改变行业收入水平，影响行业收入分配结构。当财政支持行业发展，增加行业投入时，将会改善行业发展环境，规范行业竞争行为，提高行业市场竞争力，进而增加行业收益，其收入分配结构比重将提高。

三、海南省居民收入分配结构现状分析

海南是一个年轻的省份，也是一个经济欠发达地区。经济发展总量一直较小，综合竞争力较弱。根据海南省统计局提供的数据，以 2005～2008 年数据为基准，结合分析需要，海南省经济基本情况如下。

（一）经济总量较小，财政可支付能力低

与国内其他省份相比，海南省经济发展总量较小，财政可支付能力低。2005～2008 年，海南国内生产总值分别为 905.03 亿元、1 031.85 亿元、1 223.28 亿元和 1 459.23 亿元。2006 年环比增长率为 14.01%，2007 年环比增长率为 18.55%，2008 年环比增长率为 19.28%。在经济总量中，第一、第二、第三产业所占的比率分别为：2005 年为 32.97%、26.06%、40.97%；2006 年为 31.35%、27.9%、40.75%；2007 年为 29.52%、29.78%、40.7%；2008 年为 29.99%、29.77%、40.24%（见表1）。

表1 海南省经济总量与结构

生产总值（亿元）	2005 年	2006 年	2007 年	2008 年
第一产业	300.75	344.48	361.07	437.61
第一产业所占比率	32.97	31.35	29.52	29.99
第二产业	230.53	287.86	364.26	434.4
第二产业所占比率	26.06	27.9	29.78	29.77
第三产业	373.75	420.51	497.95	587.22
第三产业所占比率	40.97	40.75	40.7	40.24
人均生产总值	10 998	12 654	14 555	17 175

对以上数据进行分析，海南省第一产业所占的比重较大，比率虽然有下降的趋势，但是下降并不明显，说明海南省仍是一个以农业生产为主的省份。农业与工业相比，其平均利润率较低，利润分配比率较小，居民平均收入较低。第二产业比率呈不断增长的趋势，但是增长幅度较小，2006年比2005年增加1.84%，2007年比2006年增加1.88%，2008年与2007年基本持平，说明工业对经济发展的贡献在不断加大，工业发展势头较好。工业生产由于利润率较高，其提供的工资报酬也较高，对收入分配的影响较大。第三产业的比率呈不断下降趋势，服务产业在经济发展中的比重不断下降。

由于经济总量较小，财政收入总额也较小。2005～2008年，海南省财政收入分别为84.89亿元、102.35亿元、152.46亿元和229.76亿元。有限的财政收入，制约着财政投资和干预市场的能力，对市场的影响力减弱。政府用于人员经费、公用经费、项目经费的能力不强，对社会福利、基础设施建设等的控制能力较弱。

（二）居民收入偏低，结构调整空间较大

与沿海地区其他省份相比，海南省人均居民收入偏低。2008年各省（市）居民的平均工资为，广东省23 078元，上海市39 004元，浙江省23 603元，海南省仅为14 902元，比广东省少9 178元，比上海市少24 102元，比浙江省少9 701元。在省内，城镇居民与农民之间的收入差距较大。2005～2008年，职工平均工资分别为14 417元、15 890元、19 357元和21 864元。城镇居民2005～2008年人均可支配收入分别为8 124元、9 395元、10 997元和12 608元，农民人均纯收入2005～2008年分别为3 004元、3 256元、3 791元和4 390元。城镇居民可支付收入为农民人均纯收入的270%、289%、290%和288%，说明城乡

收入差距较大，就业条件和就业环境有很大差距。由于城市配套环境较好，各种经济主体集中，城市居民就业环境优于农民，收入差距也较为明显。从收入增长的幅度分析，城市居民人均可支配收入的环比增长幅度为：15.64%、17.05%、14.65%；农民人均纯收入的环比增长幅度为：8.39%、16.43%、15.80%。城市居民人均可支配收入年均增长幅度为15%左右，增长比率较为平稳。农民人均纯收入在2005年和2006年较低，比率低于10%，而2007年和2008年收入幅度才大幅提高，与城市居民增长幅度基本相同。农民收入的快速增长，与2006年财政支农政策有直接关系。2006年以后，中央财政支持农业力度大幅提高，规模和范围不断扩大。农业基础设施建设得到重视，农业生产环境得到改善，农业生产地理环境得到优化，农业产值提高；农业补贴政策得到有效落实，各项农业补贴通过"农业一卡通"平台，按照农民可耕地面积多少，发放相应的财政支农补贴，直接提高了农民收入。此外，中央财政加大农业教育投入，也导致跟农业有关的行业获得资金支持，收入增加，提高了农业收入水平。自2006年以来，由于海南省财政收入得到改善，财政对农业的投入也相应增加。省财政投入大量资金，组织农民冬修水利，整修沟渠，改善农业基础设施；投资改善水库周边环境，增加库存量，完善农业配套措施建设，提高农业生产能力，为农业增收提供基础条件。

表2	海南省居民收入情况			
年　份	2005	2006	2007	2008
职工平均工资（元）	14 417	15 890	19 357	21 864
城镇居民人均可支配收入（元）	8 124	9 395	10 997	12 608
农民人均纯收入（元）	3 004	3 256	3 791	4 390

（三）行业收入差距巨大

根据《海南统计年鉴》提供的资料分析，2008年海南省分行业城镇注册经济单位从业人员劳动报酬的差异较大。收入最低的部门为农、林、牧、渔业，从业人员人年均劳动报酬为10 823元；收入最高的部门为信息传输、计算机服务及软件业，从业人员人年均劳动报酬为52 976元。从业人员人年均劳动报酬最高部门的收入，是低收入部门的3.9倍，行业收入差距大，福利待遇差异明显。在19个行业区中，从业人员人年均劳动报酬高于30 000元的部门有5个，主要是：信息服务、计算机服务、软件服务等信息产业；电力、燃气及水生产供应企业；金融业；交通运输、仓储和邮政业；公共管理和社会组织行业。这些行业具有资本集中、资本收益率高的特点。其中交通运输仓储和邮政业、金融业和信息产业,都是资本高度集中的行业,资本投入大,技术更新能力较强,技术附加值高,行业利润大,行业总利润额高,从业人员享受的福利待遇较好,个人收入较高,收入分配结构比例大。公共管理和社会组织行业,收入来源为财政资金,由于有财政资金作为保障,收入也保持较高水平。14 个部门从业人员人年均劳动报酬低于 30 000 元。其中,较低的行业部门为农林牧渔业、住宿餐饮业及水利环境和公共设施管理业。这些部门由于资金集中程度较低,资本平均利润小,导致行业利润较低。此外,行业技术含量较低,也是影响收入的核心要素。由于这些行业技术要求较低,技术平均利润率远低于整体利润率,因而收入较少。此外,产品功能单一、服务技术含量较少等,都是制约行业服务利润的重要影响因素,从而影响从业人员收入水平。

从工资增长的幅度分析,农林牧渔业在岗职工平均工资 2005 年为 6 338 元,2006 年为 7 175 元,2007 年为 9 163 元,2008 年为 10 793 元。环比增长幅度从 2006 年的 13.2% 增至 2008 年的 17.8%。享受财政保障的公共管理和社会组织部门,在岗职工平均工资 2005 年为 19 854 元,2006 年为 21 161 元,2007 年为 28 614 元,2008 年为 30 519 元。环比增长幅度从 2006 年的 6.6% 增至 2008 年的 6.7%。对比分析,农林牧渔业行业增长幅度较大,行业发展的势头较好。但是,由于基期数值较小,整体数额还处于较低水平,其收入绝对值远低于公共管理和社会组织部门。公共管理和社会组织部门虽然增长的幅度较小,但是由于其基期数值较大,其绝对值依然较大,收入远高于农林牧渔业行业,其绝对收入是农林牧渔业的 2 倍以上。

四、促进海南省居民收入分配结构调整的财税政策建议

(一) 增加低收入群体的补助,创造就业机会,提高低收入群体的收入水平

西欧福利国家经验研究表明,增加低收入群体直接补助,提高群体收入水平,是缩小收入差距的直接手段。2010 年海南建设国际旅游岛之后,省级财政收入增幅较快,财政可支付能力提高,财政事权控制能力增强。按照省委和省政府的统一部署,关注民生,提高人民物质文化生活水平,是一项基本政策。海南省领导多次提出,要让海南人民充分享受经济发展成果,提高物质文化生

活水平。要增加低收入群体的补助，提高特定群体收入水平。要采取多种形式，加大低收入群体补助力度，增加低收入群体收入水平。要采取具体措施，加强服务意识，切实关心民众的需求。目前，财政部门按照财力与事权相结合原则，加强资金调配管理，保证省委、省政府的各项惠民政策落实到位，责任到人，服务于发展大局。参照西欧福利国家的管理经验，提高城镇贫困居民收入，增加农村居民困难补助，是两种主要手段。对不具有就业能力或就业能力低下的城市居民，要保障其最低生活需要和生存发展权利，就须对其提供直接补助，提高其消费能力和生活水平。除此之外，采取其他互助措施，免费提供就业技能培训质量，多形式提高就业培训，为低收入群体再就业提供发展机会。目前，在省财政的大力支持下，海南省人事劳动保障部门采取灵活多样的培训手段，扩大培训范围，分期免费为失业人员提供各种专业技能培训，为城市下岗居民再就业提供技术保障。此外，以财政资金资助等方式，在企业和其他组织中设置公益性就业岗位，由财政转移支付岗位报酬，专门安置城市低收入人群，为其提供就业机会。"4050"项目就是典型的财政间接支付项目。省人事劳动保障厅要求行政事业单位，设置适合 40~50 岁年龄段、受教育程度较低人员的就业岗位，由财政支付工资报酬，专门资助年龄较大、专业技能较低人员，保障其就业。这种就业发展项目，解决了部分低素质人员的就业问题，也为其再就业提供机会。目前，许多受"4050"项目资助的人员，在获得新的发展机会之后，纷纷选择到新岗位去发展，逐渐摆脱低收入状况。在农村，对部分低收入群体提供直接资助，也是一个重要的手段。通过发放补助，增加低收入农民的收入，提高其消费能力。此外，在农村设置公益性服务岗位，也是一条解决就业问题的重要渠道。政府将部分农村管理职能，设置成公益性就业岗位。通过聘请当地农民来协助管理公共事务，获取报酬，增加其收入。

（二）采取多种方式，扩大医疗教育资助范围，降低居民生活负担，相对提高居民收入水平

2008 年以来，海南省政府确定新增财力重点投放原则，明确财政支持方向，重点解决民生问题。政府明确规定，今后五年新增财政收入重点投向教育医疗卫生领域，不断完善基础教育条件，扩大教育资助范围，提高教育水平。不断增加医疗卫生投入，改善医疗设备，提高医疗服务能力，服务全省人民。海南省政府自 2008 年以来，投入大量财政资金，用于完善基础教育设施建设，提升基础教育服务能力，减轻居民教育负担。政府明确用三年时间，修缮全省中小

学校舍，整治校园，创造干净安全的学习环境；截至 2011 年，全省中小学校舍改造工作已经完成。在完成中小学校舍改造之后，政府提出公平教育理念，均衡教育资源，保证教育公平化。在政府部门统筹下，全面实施初中教育免费制度，由财政专项资金解决初中办学成本，实现教育零收费，减轻家长教育负担。对贫困地区学生，除财政专项支持学费之外，还解决课本费问题。对部分困难学生实施饮食资助，保证学生零负担上学。加大职业教育扶持力度，增加职业教育投资，提高职业教育质量。政府安排专项资金，用于职业教育基础办学能力建设，增强职业教育办学条件。建立专项奖助学金制度，对部分涉农专业学生，提供专业奖助学金，帮助学生解决生活负担问题。所有这些措施，从宏观角度分析，解决了教育公平问题，保证城乡教育的相对公平，减少城乡教育差距。从微观层面分析，政府以财政投入方式承担教育成本，将减轻居民教育成本支出；特别是贫困地区的居民，其教育负担减少较为明显。由于贫困地区居民收入较低，教育成本支出所占比重较大，直接减免教育成本，将直接提高居民收入水平，提高生活福利。建立全省统筹的工资支付制度，政府统筹全省工资发放，所有工资支付特别是省财政负担的部分，不再下发各市县各部门，由财政部门直接发放至居民个人账户，这从根本上解决了工资资金挪用问题，保证工资足额发放。实施全省统一的工资发放标准，保证城乡工资水平一致，实现城乡收入水平的公平、合理。建立农村医疗保障制度，扩大医疗保障范围，将农民等广大群体纳入医疗保障范畴。提高最低医疗保障额度，解决农民医疗难问题。实施全省统一的医疗结算制度，保证结算资金及时到位，提高资金结算效率。所有这些措施，间接提高弱势群体收入，缩小高收入群体与低收入群体的差距，均衡收入水平，改善了收入分配结构。

（三）构建政府金融支持平台，提高资助力度，增强竞争力，改变收入分配结构

海南是一个小省，财力有限。在财政资金总量较小的情况下，如何集中财力办大事，提高财政资金的使用效率，培育有竞争力的行业，是现在亟须解决的重要问题。经济发展理论研究表明，只有不断培育新兴产业，提高产业核心竞争力，才能激活区域经济活力，提高区域经济竞争力。收入分配实践证明，一个具有较强竞争力的区域经济体，才能保障高工资水平，提高员工工资福利。在资金实力有限的前提下，只有构建政府金融支持平台，以政府信用筹集资金，集中财力，孵化企业，优化配置，才能提高政府影响力。要建立政府资金支持

系列平台，针对行业特点，支持特定行业发展，改变收入分配结构。海南具有得天独厚的自然优势，具有优越的农业发展资源环境。在农业生产领域，集合了大量小型企业，解决了大量农村劳动力就业问题。要有针对性地选择农业企业，给予资金支持，解决企业的生产基地建设和产品流通问题，提高企业市场竞争力，提高员工工资水平。在政策支持过程中，对于那些有发展潜力，竞争基础较好的企业，通过政府金融平台提供支持，解决其资金瓶颈，鼓励其技术创新，研制高技术产品，提高产品竞争力。要建立中小企业资金扶持制度，提高资金支持力度，保证企业市场开发，提高市场竞争力。要充分发挥资金平台作用，招商引资，吸引国内外大型企业参与海南建设。要提高资本运作能力，加强企业内部结构调整改革，引入战略投资者，以外部资金和技术提升企业发展能力。

（四）以政府强制性制度安排引导产业结构调整，实施就业转移，提高收入分配水平

海南是农业省份，第一产业所占比重较大，就业人数比率较高。发达地区经济演化经验表明，加快地区经济发展，意味着产业结构调整和产业升级，要由第一产业向第二产业和第三产业演化，提高第二和第三产业比率，提高产业附加值，提高居民收入水平。海南地处亚热带，有地理优势和自然资源优势。优良的热带旅游资源、多样的物种和储量丰富的油气资源等，为产业发展和产业升级提供了基础条件。要以政府为主导，加大财政支持力度，加快产业升级，提高第二、第三产业贡献率，快速提高人民物质文化水平。政府通过规划产业发展战略，明确长期发展目标，引导产业升级。加快旅游资源规划与管理，提高政府支持力度。通过招商引资，吸引符合产业发展的资本进入市场，丰富旅游产品，提高旅游质量，提升旅游产业水平，引导就业方向，提高旅游产业就业率。加快油气资源开发，做大做强石化工业，提高石化工业竞争力。扩展第二产业链条，丰富产品系列，提高产业贡献率，增加工业附加值。提高财政支持农业发展力度，加大农业投入，完善农业基础设施建设，增强农业发展潜力。通过财税政策支持，引导农业企业加快技术改革，扩展产品系列，丰富产品类型，增强产业竞争力，引导产业升级。加大政府调控产业升级力度，依靠政府资本运作平台，筹集资金，重点支持，加快产业升级进度。

课题组组长： 甘 飞

成员： 李映红　卞艳臣　陈为毅　吴晓姗　罗振子　李云海（执笔）

促进居民收入分配结构调整的公共财政政策研究

上海市闵行区财政局课题组

　　闵行区位于上海市西南地区，行政总面积 372 平方公里。1992 年 9 月 26 日，国务院决定撤销上海县和闵行区，建立新的闵行区，以原上海县和闵行区的行政区域为新闵行区的行政区域。闵行区现有 9 个镇、3 个街道，1 个市级工业区。据最新第六次人口普查统计，全区常住人口 242.93 万人，其中，外来人口 120.34 万人，2010 年全区实现地区生产总值 1 364.37 亿元，比上年增长 10.4%，实现全区财政收入 379.41 亿元，同比增长 10.7%，实现区级地方收入 125.30 亿元，同比增长 13.6%。2010 年，全区城镇居民家庭人均可支配收入 27 403 元，比上年增长 9.7%；农村居民家庭人均可支配收入 17 856 元，比上年增长 11.0%。城乡居民储蓄继续增加。年末城乡居民储蓄存款余额 1 154 亿元，比年初增长 16.4%。闵行区作为上海市一个地级行政区，在研究如何增加地方财政收入、促进地方经济发展方面，主要侧重于制定符合本地区实际的产业扶持政策，而非税收政策；在研究如何"促进地方居民收入分配结构调整"时，基本落脚点在于进一步调整优化支出结构，重点围绕财政支出倾斜于民生、二次分配资源配置更加科学合理、资金使用更加突出绩效等，根本目的是增加居民转移性收入。本课题通过闵行区在财政支出促进居民收入分配结构调整方面的一些实践案例介绍，建立居民增收长效机制，借此希望对政策研究和制定有所启发和帮助。

一、优化财政支出导向，调整支出结构，
财政支出进一步向民生领域倾斜

（一）区本级财政支出进一步向民生领域倾斜

2010 年闵行区区本级安排用于公共安全、教育、医疗卫生、社保和就业保障、文化体育与传媒、环境保护、城乡社区事务、农林水事务方面的民生投入 46.75 亿元，占区本级财政支出 70.5 亿元的 66%，比 2009 年增加了 6%。其中：公共安全 7.65 亿元，教育 12.84 亿元，文化体育与传媒 2.06 亿元，社保就业 9.59 亿元，医疗卫生 3.64 亿元，环保 2.03 亿元，城乡社区事务 6.38 亿元，农林水事务 2.56 亿元。通过财政支出进一步向民生领域倾斜，完善公共服务水平，增加公共产品种类与数量，切实解决好衣食住行医等群众最关心、最直接、最现实的利益问题，让更多公众感受到实惠。

（二）民生领域支出增幅高于地方财政支出增长比例

2010 年，闵行区全年地方财政支出 156.60 亿元，比上年增长 13.1%。其中，一般公共服务支出 15.87 亿元，增长 24.3%；医疗卫生支出 6.15 亿元，增长 24.5%。社会保障和就业支出 21.27 亿元，增长 15%；教育和农业事业费支出的增长比例均高于经常性财政收入的增长比例，达到"三个法定增长"的要求。

（三）完善财政投入机制，加大工业反哺农业力度

2008 年经区政府批转下发了《闵行区工业反哺农业专项资金管理办法》，每年按企业所得税区得部分比上年增长额的 10% 计提工业反哺农业专项资金，2006～2010 年累计计提了 3.42 亿元，形成了长效稳定的农业投入机制，进一步发挥工业反哺农业专项资金的辐射效应。2011 年工业反哺农业专项资金预算安排基本农田生态补偿 3 990.08 万元，其中：村集体经济组织补贴 1 496.28 万元，农民直接补贴 2 493.8 万元。

二、发挥财政转移支付功能，完善公共服务统筹机制，提高欠发达地区提供公共产品和服务的能力

（一）加大转移支付力度，促进区域间的经济协调发展

按照区委、区府对区域内基本公共服务均衡保障的目标要求，闵行区从"十一五"开始，出台了《闵行区财政转移支付实施方案（试行）》，在确保政府正常运转和社会发展所需财力的前提下，适当增加了转移支付总量，均衡地区间发展的不平衡，支持新农村建设。2008～2010 年共向吴泾、马桥、浦江等经济相对薄弱地区安排转移支付资金 11.3 亿元，占转移支付总量的 37.9%。

（二）增量财力实行差别化支出，建立了欠发达地区财力稳步增长的机制

实行增量财力差别化政策，重点向经济薄弱地区倾斜，在财政体制设计时，以 2007 年为基数，对财力困难的镇和街道实行增量 1:9 分成，对其他镇实行增量 3:7 分成，对工业区继续实行增量全返。2010 年比 2007 年实现的增量财力，各镇（街道、工业区）共计增加 30 亿元财力，其中享受倾斜政策的镇（街道、工业区）增加了近 20 亿元的可用财力，比重为 64.7%。

（三）完善区域统筹机制，保障地区公共服务水平均衡发展

为促进全区教育均衡化发展，闵行区自 2005 年起实行教育经费统筹分配，发挥财政横向转移支付的功能。统一设定全区教育经费增长率，确保经济欠发达镇教育经费稳定增长，向经济薄弱或学校多的地区教育经费转移数逐年提高，生均教育经费、生均公用经费、教师工资外收入指标的差距逐步缩小，有效促进教育均衡化发展。2005～2010 年莘庄镇、虹桥镇、江川、龙柏、古美三个街道、莘庄工业区六年已累计向其他镇转移资金达 5.8 亿元，2008～2010 年全区教育经费净增投入 22.7 亿元，比前三年增长了 72.9%。

1. 经费的统筹和分配

经费的统筹是由区本级负担全区教育经费总额的 60%，镇（街道、工业区）负担全区教育经费总额的 40%。其中由镇（街道、工业区）财政负担的 40% 部分，主要是按照两个因素进行筹集，40% 部分按各镇、街道和莘庄工业区三年实得财力的比重进行筹集，60% 按各镇和莘庄工业区（不包括街道）上年末常住人口的比重进行筹集。

经费的分配主要按在册学生数、教师人数为基础，由教育基本支出定额标准、成人教育定额补助、民工子女教育补助和社区教育补助、专项补贴等因素共同组成。分配给各镇（街道、工业区）的教育经费由区教育提出方案，按均衡化、标准化进行切块分配并通过财政转移支付（2005～2007 年分三年逐步到位），将相应财力并入各镇（街道、工业区），由各镇（街道、莘庄工业区）自行安排具体明晰项目统筹用于教育支出，保持其财政支出的完整。分配给区本级的经费由区教育局编制部门预算。

2. 取得成效

一是区镇两级教育支出占财政支出比重逐年提高。自实施教育经费统筹分配后，四年里除全区教育经费增幅逐年提高，区镇两级教育支出占财政支出的比重也逐年提高，解决了统筹前全区教育支出占财政总支出比重难以保障的问题

二是全区教育经费实行统一标准，全区教育公用定额、人员支出、教育教学经费等实行统一标准安排，新开办学校、校舍维修、设施设备配置均实行统一的定额标准进行管理，有效促进了区域间教育均衡化发展

另外，为实现全区公共卫生服务均等化，闵行区公共卫生服务经费投入标准逐年递增，以本区常住人口为筹集基数，人均标准从 2006 年的 30 元提高到 2010 年的 50 元。2008～2010 年区镇按 35∶65 的比例共筹集公共卫生服务经费 2.64 亿元，切实提高了地区公共卫生服务水平。

三、坚持城乡统筹发展，破解城乡二元结构，
缩小城乡居民收入差距

闵行区位于城郊结合部，城市化进程中，城市和农村并存，城乡二元结构

矛盾凸显。闵行区委、区政府紧紧围绕率先破除城乡二元结构的目标，以缩小城乡差距为重点，以推进统筹城乡发展为主线，千方百计促进农民持续增收。经第三方评估显示，在江浙沪 164 个市区县中，闵行区统筹城乡发展条件位列第八、发展水平位列第一，农民群众对统筹城乡发展工作满意度为 82.2%。2010 年，农村居民家庭人均可支配收入达 17 856 元，增幅连续 7 年实现两位数增长并超过城镇居民，城乡居民收入比由 2006 年的 1.78:1 缩小到 2010 年的 1.53:1，目前处于全国领先水平。

（一）大力促进农民就业创业，持续增加农民工资性收入

2010 年，闵行区农村居民家庭人均工资性收入为 12 470 元，占可支配收入的 69.8%，工资性收入已成为农民收入的主要来源。一是不断完善农村就业服务体系。在全市率先成立村级就业援助员队伍，积极开展农民就业援助。建成人力资源中介园区，积极为农民提供就业岗位信息。积极促进农民非农转移，"十一五"期间累计新增约 3.8 万个农村富余劳动力非农就业岗位。二是努力增强农民就业技能。将促进农村富余劳动力就业技能培训作为区政府实事项目，为农民开展免费培训。认真开展农村实用人才培养、农业实用技术培训等教育培训，有效增强农民就业技能。三是积极引导企业招录本区农民。积极制定实施促进农民就业扶持政策。例如，对企业录用本区农民，给予基本养老保险费、失业保险费单位缴纳部分 50% 补贴；对农业企业、合作社录用本区农民，给予基本养老保险费、失业保险费单位缴纳部分 100% 补贴；对企业吸纳农村就业困难人员，给予 5 000~10 000 元一次性补贴。四是积极鼓励农民农业就业。对到农业企业、合作社规范就业的本区农民，给予每月 600 元农业就业补贴。在上海市率先成立覆盖全区的村级农业综合服务队，以基本农田地区的村为主体购买农产品质量监管、动物疾病防控等农业综合服务，给予综合服务人员每人每年 1 万多元补贴。五是积极鼓励农民自主创业。对农村富余劳动力创业给予开业贷款贴息。

（二）打造"生态精品"都市农业，挖潜增加农民经营性收入

围绕"生态精品"都市农业发展目标，确立符合城乡一体化发展思路的"自然、优质、安全、科技、景观、休闲"现代都市农业内涵，全面促进农业增效、农民增收。一是大力促进农业规模化组织化发展。通过制定土地流转最低

指导价等举措，积极鼓励农民流转土地，发展规模经营，全区约60%的基本农田流转给农业规模经营主体。通过合作社开办补贴、产业化项目扶持等举措，有效促进合作社发展。合作社从2005年的7家增加到2010年的72家，带动6 500多农户。二是积极推进农业标准化生产。不断加大农业设施建设政策扶持力度，已建成设施农田2万多亩。三是全力保障农产品质量安全。严格开展农产品检测，在全区构建起区、镇、场三级农药残留检测体系。在全市率先对区内1.68万亩水稻、1.9万亩蔬菜用药进行价格补贴和统一供应，降低农业经营成本。建立地产农产品准出制度和农产品质量可追溯体系。四是大力推进农产品产销对接。积极开展"优质农产品进社区"活动，已有3家企业（合作社）与区机关4个点及18个社区实现了对接，2010年销售额约180万元，盈利水平达10%以上。五是积极推进农业旅游发展。2010年，以5个"世博观光农园"为宣传窗口，对外开放14家农业旅游景点，共接待游客116万人次，实现营业收入4 255万元。

（三） 积极探索多种途径，快速增加农民财产性收入

深入推进农村综合改革，创造条件增加农民财产性收入。一是积极推进农村集体经济产权制度改革。截至2010年底，闵行区完成产权制度改革的村级集体经济组织有22家，走在全市前列。按2003年发文以来改革的村计算，全区年农龄分配额平均为1 558元，红利率达到15%以上。成立全市首家社区股份合作社——莘庄工业区社区股份合作社，组建莘庄镇征地农民新经济实体，多种形式全方位推进农村产权制度改革的氛围基本形成。二是积极推进农村集体建设用地流转。梅陇镇陇西村被列为全市农村集体建设用地流转试点，组建由原村民出资入股的陇西资产经营管理有限公司，公司总股本为5 019万元，全部为村民个人股。三是积极推进投资经营性物业。大力支持镇村集体经济回购经营性物业，2009年全区完成物业回购总面积93.34万平方米，2010年新增物业回购面积13万平方米。七宝镇联明村探索在集体建设用地上建设单位租赁房取得成功。

（四） 不断加大扶持力度，持续增加农民转移性收入

2010年，农村居民家庭人均转移性收入达2 401元，实现连续5年增长20%以上。近年来，集中制定出台了一批惠农政策，对农民进行转移支付，包

括"关于建立生态补偿机制重点扶持经济薄弱村发展的实施意见"、"关于开展经济薄弱村结对帮扶工作的实施意见"、"完善农村社会养老保险制度办法"等。一是不断完善基本农田生态补偿和种田农民直补工作。在全市率先实施基本农田生态补偿，补贴标准从 2008 年的 300 元/亩，提高到 2010 年的 600 元/亩。种田农民直补标准每年递增约 12%，从 2008 年的 600 元/年，提高到 2010 年的852 元/年，惠及 15 000 多农民。二是认真开展经济薄弱村帮扶。全区17 个单位帮扶 21 个经济薄弱村，送去 2 200 多万元帮扶资金，九星村出资约 600 万元帮扶 3 个薄弱村，将帮扶资金股份化给农民投资物业，使农民获取长期股权收入。

（五）完善社会保障体系，注重增加农民保障性收入

加快集中城市化地区农民身份转换，探索生态保护区农民"以土地换保障"。逐步提高农民养老金水平。加大对农村困难家庭的帮扶力度。进一步完善农民医疗保障体系。2009 年，闵行全面落实第二批市级水源涵养林、浦江片林 4 810 名征地人员的纳保工作，投入资金 6.67 亿元。全区农保参保人数76 549 人，领取养老金人数 16 407 人，农民基础养老金从 2005 年的 270 元/月提高至 330 元/月。全区集中管理征地养老人员 34 132 人，征地养老人员生活费标准由每人每月 608 元提高至 688 元。全区来沪从业人员参加综合保险人数达 45 万人。

四、建立健全低收入阶层补贴长效保障机制，提高社会保障覆盖面

要解决当前的收入分配差距过大和消费不足的问题，首要的是必须尽快完善社会保障体制。这是因为社会保障体制不仅能给低收入者带来一定的安全感，还能够改变普通居民的消费和收入预期，而社会保障制度的完善，则有赖于公共财政职能的有效发挥。

（一）社会保障覆盖面持续扩大

至 2010 年末，闵行区"城保"参保人数达 44.90 万人，其中缴费人数30.91 万人。全年"城保"基金征缴额达 58.47 亿元，比上年增长 16.1%。年

末城镇社会保险退休人员 13.99 万人，月平均养老金约 1 806 元，比上年增长 6.7%。

全区"镇保"缴费人数 3.84 万人，其中征地人员新增 3 726 人，年内单位"镇保"累计缴费 4.80 亿元。"农保"参保人数 7.38 万人，领取养老金人数 1.53 万人，农民养老金平均水平约 480 元/月。全区集中管理征地养老人员 3.37 万人，累计结余征地养老资金 22.07 亿元，征地养老人员生活费标准达 768 元/月。大力推进外来从业人员综合保险，全年共有 2.73 万户企业参保，比上年增长 13.9%。全区参加综合保险人数达 45.60 万人，全年有 29.70 万人次享受到工伤保险、大病住院、老年补贴等待遇，共计金额 5.86 亿元，比上年增长 25.8%。

（二）城乡居民最低生活保障全面实现了全员覆盖和应保确保

至 2010 年末，全区有城镇救助保障对象 1.85 万人，农村救助对象 2 353 人，年内发放救助保障金 9 410 万元。全区有支内帮困补助对象 3.29 万人，年内发放支内帮困补助金 6 487 万元。全年对 1 137 人次的大病重病患者发放市级医疗救助金 521 万元；对 3 738 人次的困难对象发放区级医疗救助金 476 万元；对 5 769 名参加城镇居民医疗保险的低保对象给予个人缴费部分补助 95 万元；对 4 442 人次的困难精神病患者给予免费门诊补贴 60 万元；对 2 949 名低保家庭子女给予少儿住院基金个人缴费减免补助 18 万元；对 533 名低保家庭高校学生实施帮困助学，资助金额 250 万元。全区共有养老机构 41 家，年内新增养老床位 714 张，年末养老床位 7 491 张，比上年增长 1.5%。新增居家养老服务老人 2 350 名，服务老人总数达 11 550 名。年内开展为老助餐服务 5 450 名，新设立助餐服务点 5 个。

五、探索和搭建就业平台建设，拓宽就业渠道，提高居民工资性收入

（一）通过政府购买培训，提高居民劳动技能，增强就业竞争力

闵行区作为上海市中心城区的延伸区，就业环境和就业压力日益严峻，近年来随着区域经济的不断发展和产业结构的逐步调整，就业需求不断增加，对

从业人员的技能要求也提出了更高的标准，适应区域经济发展的从业人员培养已刻不容缓，职业技能培训以提升就业竞争力在当前形势下更显示其重要性。为此，闵行区创新就业培训途径，主动探索和搭建培训技能就业平台，从2008年起，以政府实事方式推进"劳动技能培训"项目，共与30家培训机构签订培训补贴协议，涉及专业有106个；区域性项目共有16家签订培训补贴协议，涉及专业35个。2008～2010年，参加职业技能培训人员共计111 504名，其中外来从业人员为62 045名（其中上岗证培训人员有28 009名）、本地劳动力为49 459名，财政累计投入补贴资金2 500多万元。

一方面通过政府向社会培训机构购买服务的形式，进一步提高劳动者劳动技能，增强就业率就业竞争性，增加劳动收入；另一方面依托闵行区先进制造产业优势，依托漕河泾新兴技术开发区、闵行经济技术开发区、莘庄工业园区、紫竹高新技术产业园区等国家级和市级工业区，进一步完善高技能人才培养途径，不断优化改善专业人才队伍结构和成长环境。

（二）扩大企业社会保险补贴，实现稳定就业和促进就业

1. 政策出台背景及解析

2003年以来，闵行区委区政府就把对企业社保费补贴作为一种积极财政手段，从减轻企业负担、降低企业用工成本角度考虑，通过普惠的做法和较高补贴额度为广大落户闵行的企业创造一个良好的投资环境。2009年初，在金融危机影响持续显现的背景下，闵行区委、区政府提出的"帮企业、促发展、保民生、促和谐"为主题的"暖冬"行动，出台了系列稳定就业、促进就业政策，将该政策的导向调整为以实现稳定就业和促进就业为基本立足点，层次设计实行递进式，鼓励企业多使用本地劳动者，特别是困难群体，保持就业岗位的稳定性。

一是对税基在本区、使用本区户籍劳动者并缴纳社会保险费（城保和镇保）的企业，以上年度本市职工月平均工资的60%为补贴基数，给予基本养老保险费、失业保险费单位缴纳部分50%的补贴；二是加大对企业稳定就业岗位、净增就业岗位和吸纳就业困难人员的社会保险补贴力度，企业使用本区户籍劳动者、稳定就业岗位1年以上的，按稳定就业人数追加10%的补贴；三是企业本年度使用本区户籍劳动者实际缴费人数大于上年度，对净增人数追加20%的补贴；四是企业使用持有社保补贴券的就业困难人员，给予企业、个人缴纳社会

保险费全额补贴。

2009～2010 年，区财政共对辖区内 6 442 户次企业进行了社会保险费补贴，合计核定补贴人数 131 478 人次，合计补贴金额 4.4 亿元。

2. 政策积极作用

（1）优化招商环境，促进经济持续发展。既是从稳定促进就业角度考虑，也是为帮助辖区内企业度过金融危机，加大了社保费补贴力度，让企业充分意识到闵行区对扶持企业发展、促进经济结构调整的信心和决心，为闵行区经济近年来的持续增长做出了贡献。

（2）稳定促进就业，改善人力资源市场环境。社保费补贴经过多年的实施评估，充分证明了其优化招商引资环境、改善劳动就业环境的"双轨"效应。2009 年政策导向调整之后，社保费补贴就作为促进就业政策体系的重要一环，在完成新增就业岗位指标、控制城镇登记失业人数、扩大企业使用本劳意愿等方面都起到了积极的、巨大的正面效应，促进了闵行区就业目标的实现。

（3）降低企业成本，增强企业市场竞争能力。当前闵行区仍有相当数量的劳动密集型企业，本身的盈利空间较小，生产经营主要依靠大量劳动力的简单操作，通过社保费补贴，在不裁员的前提下有效降低了企业用工成本，增强企业在同行业市场中的竞争能力和优势，同时促进了社会的和谐稳定，达到了政府、企业、个人"三赢"的政策目标。

六、积极探索试点民生服务卡，给居民提供优质优惠的消费服务

促进居民收入结构调整，大多停留在"收"字上做文章，"收"和"支"相辅相成，在"增收"步伐受制于种种因素裹足不前时，为何不能在"节支"方面动一番脑筋呢。闵行下面的案例恰恰在居民的"支"字上透现出新意。

为更好地服务迎接世博，整合挖掘优质社会资源，拉动社区居民消费需求，从 2009 年起，区政府积极探索社会服务新机制，选择古美街道试点发放申领社区服务卡。社区服务卡服务内容涵盖三个方面：文化教育、体育健身和社区服务。持有服务卡的志愿者可至签约商家进行消费，享受服务。服务卡具备三大服务功能：充值消费、服务折扣、文明积分。充值消费，就是社区服务卡具有100 元消费补贴功能，持卡者可以直接去签约商家抵扣消费额；服务折扣就是可

以在社区签约商家消费时享受一定折扣优惠；文明积分功能持卡者通过参与社区相关活动得到相应积分，兑现或购买相关公共服务。试点工作从2010年1月开始，4月上旬正式发卡，共发放人数4 722人，签约商户44家。发卡后的使用率为90%以上，居民对服务卡使用的满意率为95%以上，80%以上的商家的营业额比原来增加了1倍多。

近年来，随着智慧城市建设及城市信息化建设，杭州、南京、无锡、宁波、扬州、烟台等数十个城市发行了市民卡，并将其作为便民服务的重要载体和促进政府公共服务的有效平台。闵行通过前阶段试点性实践所推进的社区服务卡，既有上述城市市民卡的共同点，也有以下创新之处：

一是居民得到了既优质又优惠的服务，拉动了市场消费；促进了企业发展。例如：中央商场是一家包含小家电维修、配钥匙、电脑安装的便民服务维修中心，因地理环境的关系，除了居住附近的老百姓外知名度不高。自从作为社区服务卡的合作商家后，员工的工作量大幅度明显提高，特别是对一些困难老人、烈军属、残疾人等特殊人群都提供上门免费服务，企业的知名度大大提升，营业额也比未使用社区服务卡前增加了5%。

二是以文明积分搭建了互助服务平台，激活了社区居民积极参与社区服务的热情。例如：隶属古美文体联合会下属的16支文体团队均由社区中各个年龄段的居民组成，平时他们除了参与排练、比赛活动外，社区的其他公共志愿服务很少参与，自从服务卡推行服务时间换取积分奖励后，团员们参与演出文体活动的积极性普遍提高，团员之间的关系更加融合。难能可贵的是这些团队成员参与小区的公益志愿服务的热情也高了，两季度累积积分达到2 000分左右。

三是以持卡积分、消费和获得服务的方式，推动了电子商务的进一步发展。例如：商家与信息中心实现网络对接，只要持社区服务卡志愿者在商家刷卡后，信息中心就会实现后台各类信息汇总。同时社区服务卡实行实名电子信息登记，两批社区服务卡的发放也有街道志愿者协会进行直接负责操作，为志愿者协会采集信息、梳理各类对象提供了很好的依据，为志愿者协会实现规范化、科学化的志愿者管理提供了很好的平台。

四是所带来的物质上和精神上的双重供给，也使社区居民对社区的认同感、归属感和凝聚力得到增强。例如：家住平阳三村的徐阳老师是一位读书爱好者，退休的他喜欢看书，因社区没有一家正规的新华书店，平时看书要跑到较远的南方商城或小古美地区的街道图书馆，感觉并不方便。自从街道龙茗上引进上海新华书店后，再加上他加入居委读书兴趣小组获得社区服务卡后，能买到价格实惠的好书，他感慨不已。他说"生活在古美的居民就是幸福，政府什么都能为我们居民考虑"。

七、积极推行"以结果为导向"的预算绩效评价体制，进一步 发挥财政资金使用效益，提高财政预算管理水平

2005 年起，闵行区在不断探索预算编制科学性、合理性的基础上，研究并设计预算项目绩效评价工作规划，从 2006 年开始，首先对科教兴区专项资金项目开展绩效评价工作；经过四年的实践，已初步建立起绩效预算管理的框架。2008 年起闵行区财政局与复旦大学绩效评价中心合作，引入 PART 评级工具，在编制 2009 年度部门预算时试行"以结果为导向"预算编制模式；编制 2010 年度预算时，全面实行"以结果为导向"的绩效预算管理。因此，如果说 2006 年、2007 年是以项目预算绩效评价为重点，初步建立起项目事前的绩效评估机制，那么 2008 年结合"以结果为导向"的预算编制模式，则开始将绩效预算管理进一步推向深入。

（一）绩效预算管理的中国化——闵行模式

如果说绩效评价是通过科学的方法和严格的程序来测定目标预期与结果之间差异的话，绩效分析则可称之为寻找差异成因的要素分析。闵行区绩效评价工作的主要内容就是寻找差异并分析其成因。从 2005 年至今，闵行区财政局积极开展绩效评价实践，并从理论和方法上不断加以完善和提高，逐步形成了预算项目前期评审、中期过程评估和后期结果评价这一全过程绩效评价的管理框架模式。

绩效评价是实现绩效预算管理的重要环节，其目的是为实现绩效预算管理服务。只有当绩效评价的结论和绩效分析的结果，客观充分地反映到政策目标的制定及预算编制上时，才真正完成了政府绩效预算管理的全部流程。经过五年时间的实践，闵行区初步建立起了全过程绩效预算管理的框架，具体内容包括：（1）实现与部门预算编制同步的绩效预算项目前期评审；（2）实现与部门预算执行监督同步的过程评估；（3）实现以结果评价运用的财政支出绩效责任制；（4）建立全过程的评价信息公开制度；（5）形成长效的决策和工作机制。

闵行区绩效预算改革经验表明，以结果为导向的绩效预算改革，是公共财政管理体制的一项重大突破。在绩效预算改革推进过程中要注重实效，处理好

改革规模和改革实效的关系；要扩大公众参与，把百姓的参与度、满意度作为设定绩效目标的根本原则；要深化第三方绩效预算评价，预算的事前、事中以及事后环节都要有评价。

（二）闵行区预算项目支出绩效评价工作的特点

（1）通过顶层制度设计，为改革提供政治保障。闵行区推进以结果为导向的绩效预算改革，每年都有新进展，成效逐步体现，与区委区政府的大力支持是分不开的。2008年7月，中共闵行区委四届六次全会审议通过了财政重大改革事项——以结果为导向的绩效预算改革进程；2009年4月，中共闵行区委四届九次全会明确了2010年全面完善以结果为导向的预算改革管理体制，在区本级全面推行以结果为导向的绩效预算改革；2010年4月，中共闵行区委四届十三次全会强调深入推进绩效预算改革，要不断扩大领域和推进范围，不断完善绩效评价体系；2011年4月，中共闵行区委四届十七次全体会议又审议通过了将绩效评价结果与预算指标挂钩和列入各单位行政效能考核指标的决议。

（2）引入独立评价机构，保证评价结果公正客观。从2009年起，闵行区财政局通过政府购买服务的形式引入第三方独立评价机构（7家会计师事务所及3家高校科研机构），对列入年度闵行区民生领域预算项目开展绩效评价。中介机构根据项目单位提供的资料以及通过调研获得的第一手资料，对项目结果进行独立评价，保证了绩效评价结果公正客观。

（3）采用高校、科研机构与会计师事务所相结合的评价方式。在绩效评价方式中，上海财经大学中国教育支出绩效评价（研究）中心独立评价部分比较有代表性的项目，同时还指导和帮助3家会计师事务所完成若干个项目。复旦大学绩效评价中心指导并帮助4家会计师事务所完成若干个项目。科研机构与会计师事务所相结合的评价队伍既有利于绩效指标研发，又有助于培养规范的绩效评价队伍。

（4）先评审指标再评价项目，评价流程设计合理。中介机构根据所评价项目的具体情况，设定可量化的共性指标和个性指标，对项目结果进行评价。共性指标适用于各类项目的绩效评价，由财政部门统一要求；个性指标针对部门、行业和项目特点确定。财政部门会同主管部门、项目单位以专家行家先对中介机构提供的绩效评价指标体系展开评审，在吸取评审意见后，经财政部门同意，中介机构再对具体项目开展绩效评价，最后由中介机构出具评价报告，经各方代表及专家评审后，向社会公众公开。采用先评审指标再评价项目的做法，保证了绩效评价工作有的放矢，增强了被评项目实施单位对评价结果的认可度。

（5）所有绩效评价信息实行上网公开。2008～2010 年，闵行区财政对涉及农民增收、劳动就业、义务教育、社会保障、公共安全五大类的 61 个项目展开了全过程绩效评价，项目金额从 500 万元扩大至 2 000 万元以上，共计预算资金 23 亿元。项目概览、单位自评报告、中介机构重点评价报告、绩效评价总报告等评价信息在区政府门户网站"以结果为导向绩效预算评价公开"栏目向社会进行了公开，吸引了 5 000 多人次浏览并发表评论。项目单位对网民提出的问题及时进行了回答、解释，实现了政府职能部门与社会公众之间的良性互动。

（三）取得的成效

（1）树立了绩效观念。几年来，闵行区每年召开的以公共预算改革为专题的区委全委会及区人代会、区预算编制工作会议等全区性重要会议，对于预算绩效管理的贯彻和领会起到重要引领意义。区财政部门组织的全区性分层分类绩效预算管理培训，对于正确理解和操作执行起到重要作用。预算单位按照绩效预算的要求，组织实施本部门预算和绩效项目。所有这些做法合在一起，形成了一个良好的绩效管理氛围。

（2）改善了财政项目管理。通过完整的绩效预算信息的填报，使预算项目实施单位在项目立项时就考虑清楚，提前筹划项目的定位、目标和管理，预先承诺项目实施的预期效果。过程绩效跟踪与评价，有助于监督项目在实施过程中沿着预定的轨道推进，确保财务管理规范。结果的实施效果评价，对比项目的立项承诺，有助于评估和发现项目所达到的实际效果。通过网上公示、意见收集、专家评价及第三方评价，绩效评价全过程与项目管理全过程的紧密结合，反馈出许多非常好的意见和建议，大大改善了项目的管理。

（3）提高了预算透明度。绩效预算项目从立项、执行到结果全过程公开，专家、学者和社会公众代表全过程参与，大大提高了预算透明度和政府运作的透明性。不仅政府内部的人员能够清楚了解政府的重大公共性、民生性项目，而且还保障了社会公众的知情权、参与权、表达权和监督权。绩效预算下可以清楚了解某个项目总共投入了多少，产生的绩效如何，该项目由谁部门负责，有助于提高责任归属。

课题组组长：周国强

成员：顾耀强（执笔）

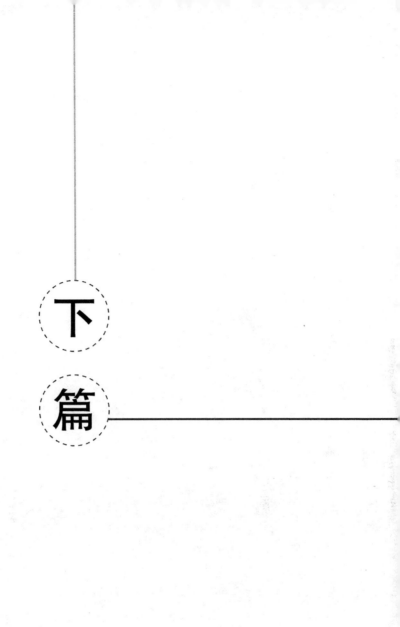

下

篇

国民收入分配及其公共财政政策的比较研究

浙江财经学院课题组

一、前 言

目前收入分配的问题日显突出，居民收入和劳动报酬两个比重持续下降、不合理的收入分配差距扩大，这个问题已经到了必须要加快解决的时候。基于收入分配问题的重要性和迫切性，2010 年 10 月召开的党的十七届五中全会指出，"十二五"期间要合理调整收入分配关系，努力提高居民收入在国民收入分配中的比重、劳动报酬在初次分配中的比重。2010 年 12 月召开的中央经济工作会议中也明确提出，2011 年中央工作安排中"要研究制定收入分配改革方案，努力扭转收入差距扩大趋势"，且"加大改革攻坚力度"，解决国民收入分配问题。

不难发现，当下国民收入分配问题的产生背景相当复杂，至少有三个方面的因素值得反思和检讨：（1）分配政策长期过于强调效率问题。改革开放以来，国家对收入分配政策开展了几次调整，由"以按劳分配为主体，其他分配方式为补充"到"以按劳分配为主，多种分配方式并存"，再到"把按劳分配与按生产要素分配结合起来"。中国经过市场取向的改革后，起初提出"兼顾效率与公平"，此时还把公平与效率放在同等地位，但党的十四届三中全会很快就改为"效率优先兼顾公平的收入分配制度"；此后，党的十五大报告、十六大报告反复强调收入分配要"坚持效率优先、兼顾公平"。"效率优先、兼顾公平"的分配政策打破了以往分配领域中存在的严重的平均主义倾向，在调动人们的劳动积极性方面发挥了一定的积极作用，加快了经济发展的速度，但同时也带来了严重的负面效应。在效率与公平的不平等博弈中，公平屡屡做出让步，"效率优先"导致了对效率的片面追求，实践中不择手段地敛聚财富的不公正、不合法的现象大量出现，通过垄断经营获取暴利、利用职权的便利侵吞国有资产、以权谋私、贪污受贿、从事各种非法活动致富等现象屡见不鲜，严重削弱了改革的公正性，致使效率与公平"双缺失"，财富两极分化之势日渐严重。(2) 收入分配过于向资本倾斜问题。在中国初次分配领域，劳动者劳动所得占整个社会国民收入分配的比重偏低，各生产要素参与收入分配的比例不合理，初次分配中的收入不平等使劳动者收入长期在低位徘徊，同时，资本剥削劳动问题严重。企业财富过于向资本倾斜，劳动所获收入并不真正能够体现其贡献多少，劳动者工资增长与企业利润增长不匹配已成为社会普遍现象，造成收入差距过于悬殊，并且这种差距有逐渐拉大之势。市场化的改革使得人们的分配观从"平均原则"过渡到"应得原则"，当前分配问题突出表现在"三个倾斜"，即向政府、垄断企业和非劳动者倾斜。当然，在引入市场经济体制以来，由于多年经济快速发展的财富累积，目前中国70%的财富掌握在0.4%的人手中，劳动所得与资本所得之间的差距超过了合理的限度，就容易引发诸多群体性社会事件。尽管中国大多数企业主要以劳动密集型、资源密集型为主，但资本过于强势的分配关系，直接导致"人对物的支配的人力产权客观本质或规律"，"被彻底异化为物对人的支配的社会经济规律。"这不仅使社会成员之间的收入差距迅速拉大，也极大地挫伤了广大劳动者的生产积极性，进而使经济与社会运行效率难以得到应有的提高。(3) 新的分配政策落实不到位。为了扭转中国居民收入差距过大这一局面，党的第十六届五中全会提出，"更加注重社会公平，加大调节收入分配的力度"，党的十七大进一步提出"初次分配和再分配都要处理好效率与公平的关系，再分配更加注重公平"。虽然政策指向由"效率优先、兼顾公平"逐步转变为"更加注重公平"，但是由于缺乏具体有效的执行措施，实践中公平原则并未得到真正的贯彻落实，如果起点和过程不公平必然会直接带来结果不公平，导致中国居民收入差距仍在继续拉大。当前中国过大的收入差距在很大程度上就是由起点和过程中权利、机会分配不均造成的。新旧体制的摩擦和矛盾不可避免地导致收入分配上的混乱，由于制度缺陷以及政策缺位现象，易形成公共权力的异化。

　　无论如何，在"初次分配注重效率，二次分配注重公平"的大原则下，发展经济的核心任务是把社会财富这个"蛋糕"做大，同时也要有合理的收入分配政策把社会财富这个"蛋糕"分好。显然，这对财政政策的实践与设计提出了更高的要求。事实上，在国民收入的初次分配过程中，市场机制发挥主导作用，产生原始收入，政府在这一过程中运用税收杠杆和法律法规进行间接调节和规范。初次分配更加注重分配效率，以分配率即劳动报酬总额占国内生产总值的比重来衡量国民收入初次分配的公平性。例如，2009年政府工作报告中指出，抓紧制定调整国民收入分配格局的政策措施，逐步提高居民收入在国民收入分配中的比重，提高劳动报酬在初次分配中的比重。国民收入的再分配是在初次分配基础上的进一步分配，再分配过程中以财政分配为主体，财政分配在整个分配机制中起到了统揽和调控的作用，再分配在全社会范围内进行，通过再分配形成的收入称作派生收入。政府财政参与国民收入分配的形式和工具主要有：①政府预算。通过财政预算，以利润和税金或各种收费的形式集中一部分国民收入；把集中起来的国民收入通过财政补贴、社会保障等转移支付，或支付非生产部门劳动者工资、津贴等方式分配到各部门，以满足社会生产、经济发展的需要。②公共债务。政府为履行其职能的需要，采用信用的方式，筹集资金所形成的债务。③公共订价。即政府通过指令性价格、指导性价格（如最高限价、最低限价）和市场调节价等多种价格形式影响消费者以及生产者的偏好，间接调节经济资源和生产力的再分配，从而实现国民收入的再分配。

众所周知，国民收入分配的目标是公平，包括经济公平和社会公平。经济公平又称为规则公平，通过市场竞争和等价交换等市场规则实现要素投入与要素收入相对称，体现了一定的起点公平和机会均等的意义，这也是收入分配初次分配的作用之一。收入分配的初次分配并不能从根本上解决收入分配公平的问题，即结果公平也就是社会公平。这里，社会公平包含两层意思：一是不可能人人都一样，适度的收入差距是必要的，也承认存在一定的收入差距；二是收入差距不能太大，差距太大造成贫富悬殊，将影响社会的稳定。

公共财政在国民收入分配以及社会资源配置过程中的政策干预可分为起点干预、过程干预和结果干预等三种情形。根据我国目前的实际情况，起点干预的财政政策主要是针对由于城乡二元结构和地区发展不平衡而引起的基本公共服务不均衡而进行的政策干预，特别重视保护社会弱势群体的基本权益；过程干预主要是在初次分配领域加快税制改革，促进企业公平竞争，深化国有企业改革，扶持中小企业创新与发展等；结果干预主要是指优化财政支出结构，改革财政预算以及完善财政转移支付制度，实现财政政策对收入再分配结果的外力干预。值得指出的是，马克思主义分配思想为探索社会主义初级阶段的收入分配解决方案提供了有用的理论指导方法。马克思和恩格斯在其不同阶段的研究中，提出了按劳分配、按需分配和过渡时期的分配三种分配理论，通过生产要素所有权的归属来解释分配权，具有一定的政策指导意义。

二、国民收入分配问题：差距比较及其背后根源

（一）不同行业的收入差距问题

由图 1 可以看出，制造业、教育、公共管理和社会组织三大行业的就业人员工资总额占了全部工资总额的绝大多数。2008 年，以上三大行业的就业人员工资总额占了全部工资总额的 49.11%，2009 年，此三大行业的就业人员工资总额也占了全部就业人员工资总额的 48.49%。据统计局计算，2003～2008 年间，行业收入标准差由 5 445 元上升到 12 156 元，年增长率为 17.4%，社会比较关注的是垄断行业收入增长过快。例如，以 2008 年以来各行业就业人员工资总额增长率指标来看，建筑业、金融业和房地产业的增长率分别达到 22.66%、20.7% 和 21.64%，建筑业是各行业中就业人员工资总额增长最快的行业，房地产业紧跟其后成为增长较快的行业之一[①]。此外，2003～2009 年间，各行业就业人员平均工资，金融业就业人员工资平均水平达 60 398 元，相对于农林牧渔业由 3.2 倍上升到 4.21 倍，是各行业就业人员平均工资水平中最高的，远远高于农林牧渔业的 14 356 元。可见，我国行业间的居民收入差距呈现扩大化趋势。

目前我国行业收入分配不公问题，不仅仅体现在不同行业间的收入差距方面，也体现在同一行业内部的差距方面。进一步分析，行业内部的收入差距问题，主要表现在行业高层的收入增长过快，而普通员工的薪酬增长率往往低于通货膨胀率，实际上工资薪酬可能并没有增加，从而导致实际的购买力反而是下降的。例如，根据上市公司年报分析，208 家国企高管与一线职工的收入差距近 18 倍，超过两成职工近五年间从未涨过工资。[②]

行业间收入差距拉大的问题已是一个现实存在的问题，不利于宏观经济长期可持续地健康发展，分析其原因，主要有以下几点：（1）市场经济体制还不完善，收入分配格局不合理。在社会主义市场经济条件下，市场经济的自由竞争机制，极大地提高了人们的生产积极性，在遵循价值规律、以按劳分配为主体、多种分配方式并存的分配原则下，行业间收入差距存在是市场竞争的必然结果。

---

① 《中国统计年鉴（2010）》。
② 张世平：《国企高管一线职工收入差距18倍》，载《西安日报》2010年3月10日。

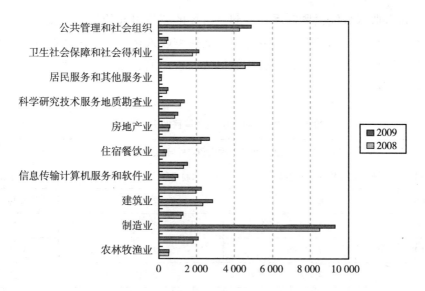

图1　不同行业的收入差距及其增长速度比较

我国还处于社会主义初级阶段，处在经济转型时期，市场发育还很不成熟，生产力发展也很不平衡，行业之间发展差距较大。（2）垄断行业的优势日益凸显。如前面数据分析，垄断企业职工1年收入甚至达到普通企业职工10年的收入。收入比较高的电力、煤气、金融、保险等垄断行业与农林牧渔业行业相比存在较大的收入差距，显示出我国行业间发展很不平衡。据中国统计局相关资料显示：石油、电力、电信、烟草等行业职工人数不到全国职工人数的8%，但其工资总额相当于全国职工工资总额的60%左右。垄断行业占了大部分资源，其成果却没有为广大人民所服务，反而转化为内部职工的奖金和福利，垄断行业凭借其高高在上不可动摇的垄断地位抬高垄断价格，获取高额垄断利润，提高行业职工收入，从而引起行业间收入差距过大。垄断行业的存在导致相关行业竞争的缺失，破坏了正常的市场秩序，侵害了消费者的权益。

（二）城乡居民间的收入差距问题

我国城乡居民间的收入差距问题由来已久，随着我国经济体制改革的不断深入，城乡居民的收入水平得到了大幅度的提高，人民生活质量不断改善。与此同时，我国城乡居民收入差距有日益扩大之势。城乡居民间存在生产条件、资源禀赋以及生产力的不同，共同决定和影响着城乡居民收入分配的公平程度。在市场经济条件下，生产条件的分配通过市场机制来实现，市场机制将生产条件的分配和收入分配紧紧联系在一起，市场的竞争引起的优胜劣汰将影响生产条件在城乡居民间的分配与再分配，由此影响收入在城乡居民间的分配和再分配。城乡间生产条件分配状况若不能尽快改善，那么缩小城乡间收入差距的任务将更为艰巨。

表1   2000～2009年间我国城乡居民收入差距比较

历年城镇居民人均可支配收入和农村居民人均纯收入之比		
年份	城镇居民人均可支配收入（元）	农村居民人均纯收入（元）	两者之比
2000	6 280	2 253.4	2.79
2001	6 859.6	2 366.4	2.90
2002	7 702.8	2 475.6	3.11
2003	8 472.2	2 622.2	3.23
2004	9 421.6	2 936.4	3.21
2005	10 493	3 254.9	3.22
2006	11 759.5	3 587	3.28
2007	13 785.8	4 140.4	3.33
2008	15 780.8	4 760.6	3.31
2009	17 174.7	5 153.2	3.33

资料来源：《中国统计年鉴（2010）》。

由表1可知，2000年城镇居民人均可支配收入和农村居民人均纯收入之比为2.79，至2009年达3.33。特别是在1998年之后，城乡居民收入差距越拉越大，从1998年的2.51:1扩大到2008年的3.31:1，2009年又扩大到3.33:1。2009年城乡居民收入的绝对差距也达到历史最高的12 022元。据初步测算，在2009年居民收入总量83 246.6亿元中，城镇居民收入总量为58 983.3亿元，占70.9%；农村居民总收入为24 263.3亿元，占29.1%。若把基本公共服务包括教育、住房、医疗、社会保障等考虑在内，城乡居民人均实际收入差距可能会高达5~6倍。[①]

必须看到，城乡二元经济格局的长期存在是我国城乡居民间的收入差距扩

---

① 2009年全国居民收入分配总体状况［EB/OL］.（2010－11－24）［2010－11－30］http://www.docin.com/p－100474487.html。

大的主要原因。城乡二元经济结构导致城乡居民收入差距扩大的原因是以户籍制度为根基的城乡分割体制，人为地将城镇居民和乡镇居民划分开来，长期以来，在这种格局下形成了城乡各自独立发展的经济制度，城乡发展起点就已经不一致了，如决策的城市倾向、就业的农村歧视和产业政策的"重城轻乡"。财政对农村支援得少，优先发展城市经济，农产品价格得不到有效的保障。据一些学者测算，新中国成立后为实现工业化原始积累，推行的城乡二元化战略，主要通过粮食价格的"剪刀差"，城市从农村"积累"走至少12 580亿元人民币。据测算，从1952年到1997年的46年间，总共有32 467亿元资金、价值从农村流入城市。[①]

（三）我国各地区国民收入分配问题

我国地域辽阔，由于地理环境和自然条件的不同，地区差距不可避免。但随着改革开放以来，不均衡发展战略的实施，倾斜政策使我国各地区的居民收入差距不断扩大。根据《中国统计年鉴（2010）》的有关资料，从城镇看，2009年我国东部、中部、西部和东北地区城镇居民可支配收入分别是13 375元、8 809元、8 783元和8 730元，东部分别是中部、西部和东北地区的1.52倍、1.52倍和1.53倍。从农村看，东部地区比中部地区农村居民收入差距由2008年的1.46∶1，提高到2009年的1.47∶1；东部地区比西部地区农村居民收入差距由2008年的1.91∶1，提高到2009年的1.92∶1。

可以看出，上海、北京、浙江三地的城镇居民人均可支配收入远远高于其他地区的人均可支配收入水平，上海城镇居民人均可支配收入达28 837.78元，北京为26 738.48元，浙江24 610.81元，最低的城镇居民人均可支配收入只有11 929.78元，最大差距达2.42倍。农村人均纯收入沪、京、浙三地也远远高于其他地区，分别达到12 482.94元、11 668.59元和10 007.31元。农村居民纯收入最低只有2 980.1元，其差距更是惊人，最高纯收入是最低纯收入的4.19倍。

概括起来，造成地区间国民收入分配差距的原因主要有：（1）"非均衡发展战略"使东、中、西部地区居民收入差距扩大。进入80年代后，我国实行了鼓励一部分地区先富起来的"非均衡发展战略"，在这一发展战略指导下，东部沿海地区成为我国经济发展的重心，大量的资金、人才等生产要素迅速向东部沿

---

① 陈德峰：《城乡发展失衡和居民收入差距扩大的根源》，http：//news. xinhuanet. com/theory/2006 - 09/11/content_ 5076007. htm，2006年9月11日。

海地区集结，大大加速了这一地区经济发展速度。与此同时，中西部地区由于政策、资金、人才等多方面受到削弱而发展缓慢，结果造成东西部地区居民收入差距的迅速扩大。尽管邓小平同志提出了"两个大局"的思想，但也没有能够阻止这一局面的产生。从城镇看，2009 年，上海市人均收入是 28 837.78 元，山西人均收入是 13 996.55 元，前者是后者的 2.06 倍。最低的甘肃省人均收入是 11 929.78 元，仅占上海市人均收入的 41.4%。从农村看，上海市农村居民人均纯收入居全国之冠，达到 12 482.94 元，是最低的甘肃省人均纯收入 2 980.10 元的 4.19 倍，是山西的 2.94 倍。（2）东西部经济发展基础条件的差别。我国东部地区和中西部地区相比，经济基础好，对外开放早，水陆交通发达，具有较长的海岸线，开展对外贸易具有得天独厚的条件。同时，人们的思想观念开放早、教育水平高。所有这些都使得东部地区的经济发展水平、居民收入高于中西部地区。新中国成立后，我国实行了倾斜的工业化发展战略，农业成了工业化资本积累的主要渠道。农业自身积累受到严重影响后，进而造成城乡收入差距长期存在并不断拉大。个人的家庭基础、先天禀赋条件、后天受教育程度等的不同，也是造成个人收入差距的原因。（3）国家发展战略的影响。发展经济学认为，落后国家发展本国经济时，主要的选择就是均衡增长战略和不均衡增长战略两种。在现实中，发展中国家大多选择不均衡发展战略，我国亦如此。由于改革开放之初各种经济资源，如资金、技术、人力资本等都十分有限，不能将有限的资源同时投放到所有经济部门和所有地区，所以集中有限的资本和资源发展东部地区及其相关产业。改革开放后，国家又在投资、财政上缴等各方面向东部地区倾斜。在一些重要的政策制定和调整中，有些政策本身就具有明显的地区倾斜性质。诸如设立经济特区、产业调整、建立市场体制，都是为了更加适应东部地区的需要，故而促进了东部地区的经济发展和收入增加。这种战略的选择，就促使东西部地区的经济发展及居民收入差距不断拉大。不均衡增长战略认为应该集中发展一些大城市，使之以较快的速度优先得到发展，形成一种资本与技术高度集中、具有规模经济效益、自身增长迅速并能对其他地区产生强大辐射作用的"发展极"。之后，"发展极"地区又通过技术的创新与扩散、资本集中与输出等方式，带动其他地区的发展。但我国现阶段状况十分符合不均衡增长理论，东部大城市如上海、广州、杭州等，目前已发展成为具有资本雄厚、技术创新能力强的"发展极"，我们现在努力要做的就是让这些"发展极"真正发挥其带动效应。

三、基于国民收入分配的公共政策比较：
以最低生活保障和最低工资制度为例

（一）我国各地区最低生活保障水平比较分析

根据 2011 年 8 月我国民政部的统计月报数据，我国城市居民最低生活保障人数约为 2 274.8 万人（2009 年同一时期数据约为 2 322.86 万人），城市居民最低生活保障户数约 1 137.0 万户（2009 年同一时期数据约为 1 118.45 万户）；农村居民最低生活保障人数约 5 241.6 万人（2009 年同一时期数据约为 4 531.23 万人），农村居民最低生活保障户数约 2 583.6 万户（2009 年同一时期数据约为 2 149.52 万户）。假设上述统计数据是全面和准确的，则依据上述数据可得两大结论：（1）从总量来看，目前我国城市和农村居民享受最低生活保障的总人数约 7 516.4 万人，该数据较 2009 年同一时期的 7 564.46 万人有所减少，但降低率仅仅为 0.64%，即可视为基本维持高位运行或高风险状态。如果考虑到农民工这个"双栖"特殊群体，我国收入分配层面的弱势群体总数估计约在 1 亿人左右，占我国总人口约 7.4%。（2）从结构来看，我国城乡低保人数呈现"一升一降"的不一致性变化特征。也就是说，城市低收入群体（即享受低保人数）从 2009 年的 2 322.86 万人降至 2011 年的 2 274.8 万人，减少率或降低率约 2.07%；与之相对应，农村低收入群体（即享受低保人数）从 2009 年的 4 531.23 万人增至 2011 年的 5 241.6 万人，增长率或扩大率约 15.68%。这一现象触目惊心，值得警惕。

从各省区的最低生活保障水平来看（见表 2），2009 年我国各省区的人均低保标准平均值约为 237.83 元/人·月，2010 年该值约为 251.39 元/人·月（年增长率约为 5.70%），2011 年约为 288.85 元/人·月（年增长率约为 14.90%）。由此可见，我国各省区财政对区域内的最低生活保障投入或扶持力度在加大，民生财政特色有所增强。

从具体省份来看，2011 年 6 月与 2010 年 6 月比较，城镇平均低保标准上升最快的是陕西省，增长率为 52.52%；最慢的是广西壮族自治区，增长率只有 3.20%；浙江省增长率约为 17.23%，高于全国平均水平（约 15.64%）。不难发现，不同地区居民最低生活保障支付标准及其增长变化的差异，与不同地区经济发展水平高低、财政承担能力大小、区域公共政策价值取向（如对地方财政对区域内低收入群体的重视和关爱程度）等因素息息相关。

表2　　　　　我国各地区省级城市低保标准的比较及其变化趋势

地区	年份	支付标准	备　注	
	（以当年6月数据为准）	（元/月）	区县合计数	区县数量
北京	2011	480.00	7 400.00	18
	2010	411.11		
	2009	410.00		
天津	2011	474.38	6 960.00	16
	2010	435.00		
	2009	423.33		
河北	2011	288.92	47 397.00	191
	2010	248.15		
	2009	239.60		
山西	2011	264.56	26 029.00	121
	2010	215.12		
	2009	2079.40		
内蒙古	2011	325.54	29 335.10	103
	2010	284.81		
	2009	231.71		
辽宁	2011	310.71	30 609.00	110
	2010	278.26		
	2009	259.93		
吉林	2011	240.90	17 635.00	85
	2010	207.47		
	2009	181.69		
黑龙江	2011	256.73	32 984.00	142
	2010	232.28		
	2009	201.14		
上海	2011	505.00	8 100.00	18
	2010	450.00		
	2009	425.00		

地区	年份	支付标准	备 注	
	（以当年6月数据为准）	（元/月）	区县合计数	区县数量
江苏	2011	345.29	38 121.00	120
	2010	317.68		
	2009	291.75		
浙江	**2011**	**397.11**	**31 163.00**	**92**
	2010	**338.73**		
	2009	**329.07**		
安徽	2011	272.42	27 992.00	115
	2010	343.41		
	2009	221.51		
福建	2011	248.74	18 656.00	87
	2010	214.44		
	2009	215.69		
江西	2011	300.90	26 007.00	110
	2010	236.43		
	2009	189.10		
山东	2011	303.01	45 228.00	167
	2010	270.83		
	2009	241.47		
河南	2011	217.71	34 013.00	178
	2010	191.08		
	2009	176.94		
湖北	2011	266.28	23 798.00	104
	2010	228.83		
	2009	204.52		
湖南	2011	230.83	26 281.00	132
	2010	199.10		
	2009	198.70		
广东	2011	269.70	30 813.90	123
	2010	250.52		
	2009	251.25		

地区	年份 （以当年6月数据为准）	支付标准 （元/月）	备　注	
			区县合计数	区县数量
广西	2011	229.85	24 500.00	110
	2010	222.73		
	2009	191.49		
海南	2011	264.81	5 185.00	21
	2010	246.90		
	2009	194.52		
重庆	2011	258.78	9 470.00	41
	2010	230.98		
	2009	237.41		
四川	2011	222.73	38 154.00	186
	2010	205.13		
	2009	193.03		
贵州	2011	235.17	15 520.50	90
	2010	172.45		
	2009	163.97		
云南	2011	214.59	25 717.00	129
	2010	199.36		
	2009	198.24		
西藏	2011	355.75	22 320.00	73
	2010	305.75		
	2009	309.59		
陕西	2011	301.45	21 345.40	108
	2010	197.64		
	2009	183.22		
甘肃	2011	202.94	15 952.40	87
	2010	183.36		
	2009	163.89		
青海	2011	255.79	9 987.30	46
	2010	217.12		
	2009	216.05		

地区	年份	支付标准	备 注	
	（以当年6月数据为准）	（元/月）	区县合计数	区县数量
宁夏	2011	229.50	4 622.00	22
	2010	210.09		
	2009	183.77		
新疆	2011	184.28	22 775.50	124
	2010	148.34		
	2009	—		

资料来源：根据中华人民共和国民政部网站有关信息整理。

考察全国各地区最低生活保障支付标准与 GDP 的增长变化情况具有重要意义。由表3可知：（1）较同时期的 GDP 增长而言，2010 年全国各地区的最低保障水平的实际增长率约为 43.26%，即高于同时期经济增长水平。（2）在 31 个省区中，2010 年有 16 个省区的最低生活保障水平增长率高于同时期区域 GDP 的增长率，占比约 51.61%；也就是说，有 48.39% 的省区的低保水平增长率滞后于 GDP 增长（即未能享有经济增长"红利"或成果）。（3）当年浙江省的低保水平增长率高于同时期 GDP 增长率约 46.02%，处于较为显著水平。

表3　　　　　2010 年全国各省区城镇居民最低生活保障标准增长率与
当年 GDP 增长率的比较

地区	最低保障增长率（%）	GDP 增长率（%）	区域低保标准相比 GDP 的变化率（%）
北京	16.76	10.2	64.31
天津	9.05	17.4	-47.99
河北	16.43	12.2	34.67
山西	22.98	13.9	65.32
内蒙古	14.30	14.9	-4.03
辽宁	11.66	14.1	-17.30
吉林	16.11	13.7	17.59
黑龙江	10.53	12.6	-16.43
上海	12.22	9.9	23.43
江苏	8.69	12.6	-31.03
浙江	17.23	11.8	46.02

地区	最低保障增长率 （%）	GDP 增长率 （%）	区域低保标准相比 GDP 的变化率 （%）
安徽	11. 92	14. 5	−17. 79
福建	16. 00	13. 8	15. 94
江西	27. 27	14	94. 79
山东	11. 88	12. 5	−4. 96
河南	13. 94	12. 2	14. 26
湖北	16. 37	14. 8	10. 61
湖南	15. 94	14. 5	9. 93
广东	7. 66	12. 2	−37. 21
广西	3. 20	14. 2	−77. 46
海南	7. 25	15. 8	−54. 11
重庆	12. 04	17. 1	−29. 59
四川	8. 58	15. 1	−43. 18
贵州	36. 37	12. 8	184. 14
云南	7. 64	12. 3	−37. 89
西藏	16. 35	12. 3	32. 93
陕西	52. 52	14. 5	262. 21
甘肃	10. 68	11. 7	−8. 72
青海	17. 81	15. 3	16. 41
宁夏	9. 24	13. 4	−31. 04
新疆	24. 23	10. 6	128. 58
全国平均	14. 90	10. 4	43. 26

资料来源：根据民政部网站以及中经网统计数据库有关数据加工和处理。

（二）我国各地区最低工资制度比较分析

实行最低工资保障制度是防范马克思所担心的"资本剥削劳动"风险的重要制度保障。在我国，劳动部于 1993 年发布《企业最低工资规定》，开始建立最低工资制度。1994 年实施的《劳动法》中，明确中国实行最低工资制度，使得该制度以法律的形式确定下来。2004 年，劳动和社会保障部颁布了《最低工资规定》，推动了最低工资制度在中国的全面实施。关于收入分配，《十二五发展规划》指出：坚持和完善按劳分配为主体、多种分配方式并存的分配制度，初次分配和再分配都要处理好效率和公平的关系，再分配更加注重公平，加快形成合理有序的收入分配格局，努力提高居民收入在国民收入分配中的比重，提高劳动报酬在初次分配中的比重，尽快扭转收入差距扩大趋势。

表4　　　　　　2010 年我国各省（市）的最低工资和平均工资比较

省（市）	月平均工资	最低工资	最低/平均	省（市）	月平均工资	最低工资	最低/平均
北京	5 473.58	1 160	0.21		2 466.92	700	0.28
天津	4 413.58	1 160	0.26		2 466.92	670	0.27
河北	2 692.17	1 100	0.41		2 466.92	620	0.25
	2 692.17	1 040	0.39		2 466.92	600	0.24
	2 692.17	960	0.36	上海	5 989.5	1 280	0.21
	2 692.17	860	0.32	江苏	3 375.42	1 140	0.34
山西	2 795.33	980	0.35		3 375.42	930	0.28
	2 795.33	900	0.32		3 375.42	800	0.24
	2 795.33	820	0.29	浙江	3 458.75	1 310	0.38
	2 795.33	740	0.26		3 458.75	1 160	0.34
内蒙古	2 958.92	900	0.30		3 458.75	1 060	0.31
	2 958.92	820	0.28		3 458.75	950	0.27
	2 958.92	750	0.25	安徽	2 861.75	1 010	0.35
	2 958.92	680	0.23		2 861.75	900	0.31
辽宁	2 921.42	1 100	0.38		2 861.75	800	0.28
	2 921.42	1 000	0.34		2 861.75	750	0.26
	2 921.42	900	0.31		2 861.75	720	0.25
	2 921.42	750	0.26		2 861.75	680	0.24
	2 921.42	660	0.23	福建	2 720.58	1 100	0.40
	2 921.42	650	0.22		2 720.58	950	0.35
吉林	2 449.92	1 000	0.41		2 720.58	850	0.31
	2 449.92	950	0.39		2 720.58	750	0.28
	2 449.92	890	0.36	江西	2 424.33	720	0.3
	2 449.92	830	0.34		2 424.33	660	0.27
黑龙江	2 466.92	880	0.36		2 424.33	600	0.25
	2 466.92	840	0.34		2 424.33	550	0.23
	2 466.92	720	0.29		2 424.33	500	0.21

省（市）	月平均工资	最低工资	最低/平均	省（市）	月平均工资	最低工资	最低/平均
山东	2 810.75	1 100	0.39		2 759.33	710	0.26
	2 810.75	950	0.34		2 759.33	650	0.24
	2 810.75	800	0.28		2 759.33	550	0.20
河南	2 525.25	800	0.32		2 759.33	450	0.16
	2 525.25	700	0.28	贵州	2 621.50	930	0.35
	2 525.25	600	0.24		2 621.50	830	0.32
湖北	2 715.67	900	0.33		2 621.50	740	0.28
	2 715.67	750	0.28	云南	2 514.75	830	0.33
	2 715.67	670	0.25		2 514.75	740	0.29
	2 715.67	600	0.22		2 514.75	630	0.25
湖南	2 540.25	850	0.33	西藏	4 533.08	950	0.21
	2 540.25	800	0.31		4 533.08	900	0.20
	2 540.25	725	0.29		4 533.08	850	0.19
	2 540.25	650	0.26	陕西	2 858.25	860	0.30
	2 540.25	600	0.24		2 858.25	780	0.27
广东	3 363.17	1 300	0.39		2 858.25	730	0.26
	3 363.17	1 100	0.33		2 858.25	680	0.24
	3 363.17	950	0.28	甘肃	2 465.67	760	0.31
	3 363.17	850	0.25		2 465.67	710	0.29
广西	2 653.5	820	0.31		2 465.67	670	0.27
	2 653.5	710	0.27		2 465.67	630	0.26
	2 653.5	635	0.24	青海	3 098.50	770	0.25
	2 653.5	565	0.21		3 098.50	760	0.25
海南	2 585.42	830	0.32		3 098.50	750	0.24
	2 585.42	730	0.28	宁夏	3 262.00	710	0.22
	2 585.42	680	0.26		3 262.00	660	0.20
重庆	2 943.83	870	0.3		3 262.00	605	0.19
	2 943.83	750	0.25	新疆	2 696.75	1 160	0.43
	2 943.83	710	0.24		2 696.75	960	0.36
四川	2 759.33	850	0.31		2 696.75	880	0.33
	2 759.33	780	0.28		2 696.75	800	0.30

注：由于各省各县市的经济发展情况不一样，各省都根据各地的具体情况制定不同的最低工资标准，因此各省都有几等最低工资标准。

资料来源：平均工资的数据来源于中国经济信息网统计数据库，最低工资数据从各省政府网站上获得。

从表4来看，我国各省（市）的最低工资标准都偏低，而且越是发达的省份，最低工资标准相对越低。例如，我国绝大多数省份的最低工资占平均工资的比重不足35%，个别地区还不足20%。尽管最低工资限制在完全自由市场经济下会干扰价格自动最优配置资源的功能，但由于我国经济正处于经济转型的二元经济发展阶段，存在一些特殊国情，如户籍制度、经济发展不平衡和农村流动人口众多的情况，因此，各地区差别对待的最低工资制度可能会对经济的长期发展具有正面效应，这主要体现在产业结构转移效应、人力资本投资效应和改善收入分配格局的效应。另一方面，尽管我国2004年已经颁布新的《最低工资规定》，并且各省都以此制定了相应的最低工资标准。但是，我国的最低工资制度还存在一定的问题：（1）最低工资标准偏低；（2）各地区的最低工资相对差距太小，同各地区的经济发展水平差距不相符、不相称；（3）最低工资标准的调整落后于经济发展水平；（4）最低工资制度的执行力和监督机制方面存在不足。

值得指出，由于我国地区经济发展不平衡，各地区的最低工资标准应该分地区实行差别对待，不同省份之间的最低工资标准应该适当扩大差距，以利于产业结构转型和产业层次转移。此外，最低工资应该同各部门和各地区的平均工资挂钩，以使得底层工人也能享受到经济增长所带来的好处，有利于社会公平和降低收入分配不平等。最后，应完善一些配套的劳动保障制度，使得那些由于最低工资制度所带来的失业工人能够得到最低生活保障。

四、改进国民收入分配公平状况的财政政策选择

《国民经济和社会发展第十二个五年规划纲要》指出：坚持和完善按劳分配为主体、多种分配方式并存的分配制度，初次分配和再分配都要处理好效率和公平的关系，再分配更加注重公平，加快形成合理有序的收入分配格局，努力提高居民收入在国民收入分配中的比重，提高劳动报酬在初次分配中的比重，尽快扭转收入差距扩大趋势。为此，我们建议：

（一）形成合理的国民收入分配格局，改革财税体制

1994年财税体制改革的重要目标是提高财政收入占国民收入的比重，也取得了显著成效。但这一目标目前是否还符合我国的国情呢？我们是否需要寻求

新的目标用以指导新一轮的财税体制改革？目前的财税体制下，在初次分配中，政府发挥的作用越来越大，收入过多地集中在政府财政手中，生产税净额的增长快于经济的增长；在收入再分配过程中，政府转移支付力度不足，社会保障支出不足都将影响居民的消费倾向。

（二） 加快建设城乡一体化，实现城乡区域间的协调发展

以缩小城乡居民收入差距为重点，发挥城乡一体化政策在缩小收入差距和促进经济发展中的重要作用，实现城乡协调发展。财政转移支付是能够缩小地区间收入差距的有效手段，通过财政的转移支付，国家可以向贫困地区进行财政补贴，在财政优惠政策上扶持以实现城乡、区域之间协调发展。财政转移的资金应主要用于基础设施建设、环境保护等项目，提高贫困地区的自我发展能力，提高人民的生活水平。近年来，政府不断增加财政的转移支付力度，向西部和一些贫困地区的人民给予充分的资金支持，并鼓励自身的发展生产，很多中低收入人群的收入水平得到不同程度的提高。公共投入和公共服务更多地向农村、农民、农业倾斜，加强建设农村的社会福利和保障制度，深化户籍制度改革，为进城务工人员提供均等的就业机会，保护他们应有的权利如享有社区公共资源的权利、获得劳动报酬的权利等等，都是有利于城乡一体化发展的有效举措。

（三） 加快垄断行业的改革与调控

垄断打破了平等的竞争环境，在垄断行业引入新的竞争机制，弱化其垄断性质的经营力量，对垄断行业内的高收入进行改革和调控的举措也有利于提高国民收入分配公平性。我国社会主义市场经济体制下，允许合理的自然垄断，同时也存在不合理的非自然垄断，对于不合理的非自然垄断就应该大量引入新的竞争，削弱其垄断势力，优化配置稀缺资源，降低垄断行业的高额利润，缩小行业之间以及行业内的收入差距。对于自然垄断性产品定价公开公平，实现合理化、透明化。健全国有资本经营预算制度、健全垄断行业特别收益金制度，加强行业内部收入分配制约制度建设、实行工资总额调控制度、产品和服务的价格管理等有效举措能调节国民收入在行业间的公平分配。

（四）加大公共服务支出，加强改进公共服务体系，促进公共服务均等化

政府大力发展教育、科技、文化、卫生、体育等公共事业和服务，使公民拥有平等的受教育的机会，拥有平等的就业机会和享有基本医疗服务和社会保障的机会，为社会大众参与社会、经济、政治、文化等活动提供强有力的保障。受教育机会的公平有利于提高全民的素质文化水平，间接作用于缩小收入差距，特别是基础教育。人口的自由流动极大地丰富和活跃了劳动力市场，让每一位劳动者都能得到合理的报酬。城乡医疗卫生体系存在着巨大的差距，应逐步扩大社会医疗卫生服务的覆盖面，保障人民的身体健康。社会保障应向农村倾斜，完善最低生活保障制度，帮助有需要的群众维持最基本的生活水平。

（五）提高低收入者收入，完善我国最低工资制度

目前我国的最低工资制度存在三个方面的不足，一是各地区最低工资标准相差不大，不符合各地经济发展程度和生活水平的差距，不同省（区）之间的最低工资标准应适当地扩大差距；二是最低工资制度的监督存在漏洞和不足；三是最低工资的调整落后于经济增长水平和物价上涨水平，物价、房价不断攀升，而我国最低工资标准的变化则是望尘莫及。最低工资制度以最低工资标准线的方式存在，建议建立最低工资标准与居民消费价格即物价的联动机制，或者用最低工资率代替最低工资标准。在大多地区，从业人员的工资水平即使达到了当地当时的最低工资标准，其购买力反而下降，因此最低工资标准或最低工资率与当年当地的物价水平挂钩能很好地体现国民收入分配的公平性。

课题组组长：张雷宝

课题组成员：方　玲　骆　勤　高伟娜

社会性别平等、自然附着成本与再分配政策

浙江大学课题组

一、引 言

主流经济学认为，由生产要素的边际生产力和供求均衡所决定的收入初次分配，在完全竞争条件下能够保证效率，但不能保证平等。只要每个社会成员占有的生产要素数量和质量不同，就会产生收入差距；同时，每个社会成员提供生产要素的机会不同，也会产生收入差距。这种收入差距有合理的，也有不合理的。私有财产制度、家庭出身背景、身体发育状况、受教育程度使人们拥有的生产要素数量不同或质量不一，性别、年龄、容貌、身高等方面的歧视则使人们提供生产要素的机会有多有少，由此造成的收入差距是不合理的。为实现收入分配的平等，政府作适当的干预是必要的。

收入分配有两个层面，一是功能性收入分配（Functional Distribution），又称要素收入分配，是指各种生产要素与收入的关系；二是个人收入分配（Personal Distribution），又称规模性收入分配，是指个人或家庭之间的收入分配状况。相应地，政府对收入分配的干预也有两个方面，功能性收入分配的干预手段有最低工资制度、劳资协商制度、扶持对抗垄断的力量等；个人收入分配的干预手段有对高收入者征税、对低收入者转移支出，这种"削峰填谷"式的干预，就是通常所说的再分配政策。

按照传统的观点，无论遵循功利主义还是奉行罗尔斯主义，税收和转移支出制度的实施，不会损害市场机制有效配置生产要素的能力，同时又能减少收入分配的不平等程度，从而增进社会的福利。

然而，传统的再分配机制存在社会性别盲视（Gender Blindness）的缺陷。

假如以男性、女性代表生理性别，以男人、女人代表社会性别，那么，社会上除了女性女人、男性男人之外，还存在两种人：女性男人和男性女人。平等对待这四种人的公共政策才是良好的政策。①

税收制度的设计往往忽视男女两性在取得收入时支付的成本大小，也不考虑两性对某些商品（如化妆品）的偏好差异；在安排转移支付时，无视两性对财政支出项目（如社会救助、卫生健康）的不同需求，从而在客观上限制了性别平等的权利和机会。以通常的眼光来审视，税收和转移支出不去刻意强调性别倾斜，那是公平公正的。其实，忽视再分配政策对不同社会性别群体的影响，并非是"性别中立"，恰恰是社会性别盲视。

主张再分配政策具有社会性别意识，就是要从社会性别视角（Gender Perspective）去考察，不仅关注再分配政策中的显性内容，更审视其中的隐性内容，即那些看似中性其实隐藏着社会性别不平等的内容。社会性别理论强调用社会性别的理念去观察、认识和剖析社会现象，如今已逐渐成为社会科学研究中一个重要的分析方法。

二、概念释义与文献回顾

（一）概念释义

1. 社会性别平等

在英文中，"Sex"和"Gender"两个词都表示性别。但是，"Sex"指生理性别，而"Gender"指社会性别。《英汉妇女与法律词汇释义》中，社会性别是指"社会文化形成的对男女差异的理解，以及在社会文化中形成的属于女性或男性的群体特征和行为方式"。《牛津社会学词典》给社会性别下的定义是："社会性别关注男女之间由于社会结构性原因所形成的差别，社会性别不仅指个体层次上的认同和个性，而且指结构层次上的在文化预期和模式化预期下的男子气和女子气。"简言之，"Sex"指的是解剖学意义上的男女特征，而"Gender"则是以文化为基础作出的关于男或女的判断以及社会文化对男女两性不同角色的期待和规划。

---

① 允许同性恋者结婚就是一种体现社会性别平等的公共政策，因为同性恋者大多是女性女人与女性男人相恋，或者是男性男人与男性女人相恋。

社会性别理论注重分析哪些政策能使不平等的社会性别关系有所改善，哪些政策反而强化了传统的社会性别角色，加剧了男女两性之间的不平等，从而为消除性别不平等提供方案。从根本上说，这种理论是要从探寻两性关系的奥秘入手，寻找建构良善社会关系、提高社会整体福利的新途径。显然，社会性别理论在解构传统性别关系和性别观念的同时，也在努力建构新的社会性别关系和社会性别观念。

政府应该意识到社会性别的差异是与社会制度密切相关的，政府的职责不仅是要帮助女性维护具体的权益，更要积极改变传统的社会性别秩序。如今人们越来越清醒地认识到诸多的社会性别盲点，并积极采取措施，推动社会性别意识进入公共决策领域。例如，政策制定背后的驱动力是什么，是否潜藏着男权主导的观念和意识，等等。

社会性别平等并不意味着女性和男性必须变得完全一模一样，而是说所有的人，不论男性还是女性，都可以在不受生理性别观念的限制下，自由发展个人能力，自由作出选择，其不同行为、期望和需求均能得到同等的对待。

2. 自然附着成本

通常认为，自然附着成本（Naturally Attached Costs）是指女性相对于男性来说，需要花费时间和精力从事生育孩子、操持家务等劳动。主要包括生育成本、补偿性工资、预期的低劳动生产率、转岗培训成本和额外福利成本等几个方面。自然附着成本是企业不愿意吸纳女性为其雇员的主要原因。

生育成本是指企业为女性雇员在生育和哺乳期间付出的直接成本和间接成本，如产假期间的工资奖金，填补岗位空缺的费用。补偿性工资是指较差工作条件下，为吸引雇员所必须支付的额外工资。因为女性的生理特征决定，她们对于工作条件的要求较高，如工作流动性不能太大，不适宜远距离出差，不能承受高强度的体力劳动，因此，企业须提供更多的关怀和照顾。预期的低劳动生产率是指女性雇员的劳动生产率明显低于男性雇员，因为女性雇员需承担大量的家务劳动，总体上女性雇员群体的发展潜力也低于男性。转岗培训成本是指女性雇员倾向于选择语言类或服务性的工作，让她们转向高科技含量的岗位，企业需付出较多的培训费。额外福利成本是指女性雇员要比男性雇员提前退休，而女性的预期寿命一般比男性长，雇用女性员工即意味着承担额外的福利支出。

（二）文献回顾

1935 年，米德（M. Mead）在《性别与性情》中首先指出两性的社会性差异，提出"人非生而为男女"。1949 年，波伏娃（S. Beauvoir）在《第二性》中写道："女性不是天生的，是后天造就的。"1972 年，奥克利（A. Oakley）在《性别、性属与社会》中区分了"Sex"与"Gender"。此后，"Gender"一词经常被指代"社会性别"，它反映着基于两性自然差异之上的社会关系。

20 世纪 90 年代以来兴起的女性主义经济学，注重从社会性别视角评判公共政策。相关的文献很多，其中"照顾劳动"的研究（董晓媛，2009）与本文的关系甚为密切。照顾劳动（Care Work）是指对人的直接照料活动，比如给被照顾者洗澡、喂饭、带他们去看医生、与他们交谈、带儿童玩耍等。

照顾劳动的性别分工是怎样决定的？贝克尔（G. Becker，1965）等学者认为，在家庭成员目标一致的假定下，家庭内部丈夫从事市场劳动、妻子从事家务劳动的专业分工是由男女之间的比较优势决定的。在劳动力市场上男性的工资比女性高，而在家务劳动上女性的劳动生产率比男性高。家庭内部的专业分工优化了家庭资源配置，不过，家务劳动对女性劳动力市场的参与度有负面影响。

福尔博瑞（N. Folbre，2004）认为，贝克尔的理论有缺陷：夸大了家庭成员利益的一致性，忽视了他们之间的冲突。没有考虑家庭分工是否公平，家务劳动使女性在经济上依附于他人，在丧偶或离婚时会失去生活来源，女性在照顾家庭的人力资本投资更容易贬值。英格兰和福尔博瑞（P. England and N. Folbre，2003）认为，男女的性别角色是社会构造的，传统的性别规范通过与劳动市场和婚姻市场的相互作用不断强化男女性别分工。社会对女性无私照顾家庭的赞美，使女性自愿接受了这种角色。

霍伊曼和戈尼亚（N. R. Hooyman and J. G. Gonyea，1999）认为，要改变传统的社会性别规范，使社会充分承认照顾劳动的价值和贡献，降低照顾责任给女性带来的经济上的依赖性和脆弱性，使女性和男性、照顾者和被照顾者都有充分的选择自由。

社会政策的制定应以什么样的性别模式为目标？

刘易斯和朱拉里（J. Lewis and S. Giullari，2006）主张公共政策通过提高女性在劳动力市场的参与程度、促进男女就业工资的等同来实现社会性别平等。她们主张把照顾由家庭转移到社会，政策措施是国家提供有利于女性就业的社会服务，如建立公办幼儿园、托儿所、老人看护机构等。翁格尔森

（C. Ungerson，1997）主张通过公共政策支持女性照顾家庭，但在经济上补偿她们的贡献，社会保障政策要给家庭照顾劳动者与工资劳动者提供同等待遇。拉扎维（S. Razavi，2007）倡导男女共同分担家庭照顾劳动，实现市场劳动和家务劳动的全面性别平等，政策措施包括鼓励企业给男女员工提供同等的休假来照顾家人，允许灵活的工作安排，缩短工作时间使员工有时间照顾家人；社会保障制度承认家庭照顾的贡献，对家庭照顾提供者提供补贴；通过国家提供照顾服务或通过财政手段鼓励企业提供廉价高质量的照顾服务。

社会性别理论引入到中国，是 20 世纪 90 年代以后的事。1995 年中国承办世界妇女大会之后，社会性别的概念备受国人关注。国内与本文研究主题相关的理论成果，在公共经济学领域是关于社会性别反应预算（Gender Responsive Budgeting）的研究，李兰英（2008）、马蔡琛（2008）等学者作了一些有益的探索。社会性别反应预算是指通过分析预算对男女两性的不同影响，对公共预算作出社会性别敏感回应，推动公共部门以更趋公平的方式分配社会资源。显然，社会性别反应预算涉及再分配政策中转移支出的安排。

另外，公共管理领域的一些研究成果，也与再分配政策相关。如梁泆洁、张再生（2006）认为，有必要从社会性别的视角，对人口生育、教育、就业、土地承包等现行公共政策进行反思，加深对与社会性别角色相交织的深层文化观念的理解，实现性别平等。鲍静（2006）认为，我国现阶段在就业、医疗保健、受教育机会等许多方面存在性别不平等问题，虽然政府采取了一系列措施试图解决，但现行公共管理体系中主体层与客体层社会性别意识的缺失，使得这些措施往往达不到预期效果。潘锦棠（2002）、朱冬梅（2005）专门研究了社会保险制度中的性别利益，认为现行养老社会保险制度在处理性别利益方面有不尽合理之处，必须从完善政策入手，改变社会保险中的性别差异。

总体来说，目前我国似乎没有人专门从社会性别视角去研究再分配政策。这正好说明，揭示再分配政策中社会性别意识的缺失，并试图为政策完善提供建议，这是一件很有意义的事情。

三、再分配政策中社会性别平等意识的缺失

（一）被"生理性别平等"所掩盖的社会性别不平等

传统的"性别平等"是一种生理性别的平等。如宪法规定，妇女在政治、

经济、文化、社会和家庭生活等方面享有与男子平等的权利。这种政策本意是要给予男女两性同样的待遇，但在事实上很容易抹杀男女两性之间存在的差异，变成以男性的标准来要求女性，从而加重女性的社会负担。

现行养老保险的享受条件是，职工缴纳保险费满15年后，在退休时享受的保险金是所在地区上年度职工平均工资的20%。在满15年的情况下，如果多缴费1年，便可提高一定比例的基础养老金。女性的退休年龄要少于男性5～10年，所以，女性缴纳养老保险费的年限要少于男性。也就是说，女性要在退休后领取超过20%比例基础养老金的机会少于男性，从而导致女性在退休后的养老金平均水平要低于男性。

失业保险的领取条件也是将男性、女性当成完全相同的个体来对待。其实，单身母亲的生活异常艰难，她们失业之后的负担远比其他群体大。但是，社会保险政策对于她们缺乏应有的倾斜。

医疗保险是为在职人员设立的，就业是加入医疗保险的重要条件之一。然而由于职业的性别隔离，女性就业的机会比男性少，尤其是女性从事正规化就业的机会相对少，这无疑成为女性进入城镇职工基本医疗保险制度的一道门槛。

目前工伤保险的规定，将男性、女性作为完全相同的个体，而忽视了女性的特异性。由于辐射等因素导致婴儿在胎儿期就出现生理或心智不正常，这样的事例越来越多，这也是一种"工伤"。但是在现有工伤保险的受保范围中，却找不到适用的条款。

城镇职工生育保险社会统筹办法规定，企业须按月全额缴纳生育保险费，不需职工个人负担，女职工在职期间生育或终止妊娠，由领取工资变更为享受生育津贴。社会统筹的本意是，不论企业是否雇用女性职工，都要缴纳生育保险费，这样就把生育成本社会化了。可事实上，这个目标没有完全实现。目前这种社会统筹只限于城镇职工，农村地区企业并不缴纳生育保险费，那些女性雇员就享受不到生育保险待遇；即便在城镇，也不是所有女性雇员都能享受，有些是外来务工人员，企业借口她们的户口不在企业所在地城市，拒绝为她们缴纳生育保险费，于是，这些女性雇员也无法享受当地财政提供的生育保险待遇。

（二）"性别中性"政策中暗含着的社会性别不平等

性别中性政策是指政策的制定者尚未自觉地意识到整体社会利益格局中男女两性的差异，把男女假定为无差别的群体，政策可以无差别对待。比如1995年农业部制定的土地政策规定"增人不增地、减人不减地"，1998年又提出延长农村家庭土地承包期30年。这些政策都没有考虑女性与男性之间的体力差别。

税收政策存在"性别中性"的烙印。在流转税层面，现行增值税、消费税、关税税目税率的确定，似乎与性别无关。其实，商品消费是有性别偏好的，如果说，护肤护发品是性别中性的，那么化妆品肯定是有性别倾斜的，女性对化妆品的需求远远超过男性，但是消费税、关税制度却视化妆品为奢侈品而课征，适用的消费税税率为30%，进口关税税率为30%，明显高于一般商品。在所得税层面，企业之间所得税税负与企业雇员的性别比是无关的，企业吸纳的女性雇员多，并不能享受一定的企业所得税优惠，性别歧视与此相关。个人所得税免征额的设定也没有考虑性别差异。个人所得税税制中设定免征额，至少有两层含义，一是为了获取收入所必须支付的成本和费用，二是养活自身、赡养老人、抚养子女所必需的开支。两性为获取工资薪金而支付的成本可能存在一定的差异，如化妆品支出，对于女性尤其是服务性行业中的女性而言，化妆是工作需要，体现自身的尊严，也体现对顾客的尊重，男性就相对节省了这笔开支。至于老人、子女的养护，如果是双亲家庭，费用开支共同负担，但是在单亲家庭，负担就比较重，现行税制并没有提高单亲家庭的免征额，尤其是女性单亲家庭。

转移支出同样存在社会性别的不平等。长期以来，我国财政教育投资是按学生人头划拨的，不区分性别差异。其实，有女生住宿的学校，须根据女生生理的特殊需要，优先建设热水饮用和洗漱工程；男女生入厕时间差异较大，女生多的学校，厕所数量也要多。这说明，财政投资应该考虑性别比。医疗卫生支出的划拨也较少考虑性别差异。两性对健康卫生支出的需求也是不同的，男性遭受灾害损失的风险较大，女性保健服务的需要多于男性。2003年第三次国家卫生服务调查的数据表明，女性每两周的患病率和慢性病患病率均高于男性，两周就诊率和年住院率也高于男性。可见，如果按性别中性原则拨款，难免失却平等。

四、社会性别平等的再分配政策目标

（一）自然附着成本的分担：再分配政策的操作目标

再分配政策的终极目标应该是：使两性真正享有平等的地位和人格、平等的责任和义务、平等的职业发展机会、均等的资源占有权利。这是因为，社会性别平等的再分配政策，不是单纯地对女性倾斜，而是聚集性别敏感因素，充分考虑不同政策手段可能产生的不同性别影响，进而寻求社会性别因素与再分配政策的契合点，致力于减少或消除貌似中性的政策对女性造成的歧视。

再分配政策的操作目标应该是：通过税收和转移支出的作用，使自然附着成本由女性承担为主转变为男女两性共同分担。

如前所述，自然附着成本包括生育成本、补偿性工资、预期的低劳动生产率、转岗培训成本和额外福利成本等几个方面。实际上，它是由两个部分组成的，一部分是女性怀孕、生产、哺乳等行为的成本，处于孕期、哺乳期的女性既减少工作时间，又分散工作精力，无法给企业带来市场收益；另一部分是女性为照看孩子、服侍老人、洗衣做饭、打扫居室、购买生活用品等所付出的代价，这种家务劳动同样不可能给企业带来市场收益，是一种家庭无酬劳动。

本文不像女性主义经济学者那样只关注照顾劳动或者无酬劳动（Unpaid Work）。因为在笔者看来，自然附着成本中操持家务的劳动在很大程度上是生育行为的附带成本，不能只关注照顾劳动而忽视生育成本本身。另外，在社会上免费照顾老弱病残的义务劳动也是一种照顾劳动，但那是互惠利他乃至纯粹利他的表现，有别于体现亲缘利他的家庭照顾劳动。至于无酬劳动，其范围很广，以家庭经营形式表现的小规模企业中的劳动和农业生产中的劳动，也都是无酬劳动。本文考察自然附着成本时涉及的劳动，是指家庭内部的无酬照顾劳动。

作为经济人的企业，或许无意歧视女性，只不过在规避"性别亏损"而已。但恰恰是企业在乎自然附着成本，才导致女性在就业、收入、社会地位等方面与男性出现差距，进而影响着社会性别的平等。

作为政府，有责任通过政策引导，使自然附着成本让男女两性共同分担。问题是，既然它是"自然"附在女性身上的成本，男性怎么去分担？两性该如何分担，与政府关系又如何呢？

第一，自然附着成本让女性为主承担，这是社会经济制度被扭曲的结果。

怀孕、生产、哺乳等直接的生育成本由女性承担，那是"上帝"安排的结果，男性无法替代，说它是一种"自然附着"的成本无可争议。然而，照看孩子、老人及买菜、做饭等家务劳动主要由女性承担，那是有失公平的。究竟有多少成分可以归结为自然的属性，着实令人怀疑。

据联合国开发计划署（UNDP）《1995年人类发展报告》估计，每年全球妇女无酬劳动的经济价值高达11万亿美元。妇女对于全球经济活动（包括有酬劳动和无酬劳动）的贡献率为51%，高于男性。全国妇联、国家统计局《第二期中国妇女地位抽样调查主要数据报告》披露，女性平均每天用于家务劳动的时间达4.01小时，比男性多2.7小时。

大量繁重的家务劳动与女性的生理、心理没有太多的必然联系，属于非"自然附着"的成本，本来可以由男性分担一部分，如今却主要压在女性的肩膀上，这可能是家庭成员出于家庭利益最大化的动机协商的结果，也可能是男性强权施压的结果。但是，无论怎样，背后一定与社会经济制度有关，是某种制度设计驱使男主外、女主内。正如女性主义经济学者英格兰和福尔博瑞（P. England and N. Folbre，2003）所言，把利他主义照顾作为女人的天性和美德，这种文化规范是前工业社会占统治地位的男人为保证照顾供给所倡导和不断强化的。扭曲的制度使家庭经济利益最大化的目标实现了，女性自由、平等的机会和权利却被葬送了。

第二，要肯定女性的生育行为对于社会发展具有正外部性。

国内学者陈震（1998）、李建民（2000）等认为，在目前的中国大陆，生育的外部性主要是负向的，庞大的人口已经给资源、环境和社会等各个方面造成了巨大的压力，社会生育成本实际上就是个人生育行为的负外部性。

在人口总量过多的前提下，生育行为对于社会有负外部性。然而，正、负外部性往往是同时存在的。生育行为有没有正外部性呢？孩子的出生，为家庭养老奠定了基础，给父母带来情感的满足，给社会提供了潜在的兵源、劳动力、社会管理者，也有了潜在的市场需求者。一个社会要保持人口的稳定，每个妇女至少需要生育 2.1 个孩子。没有生育行为，国家就后继乏人，人类社会不复存在。自 20 世纪 90 年代以来，在意大利、西班牙、日本、韩国、俄罗斯和中国台湾，许多家庭选择少生甚至不要孩子，生育率已经大大低于更替水平，由此产生的人口老龄化和劳动力短缺已经制约着这些国家和地区的发展。

家庭照顾劳动对于社会发展也有正外部性。研究表明，对儿童早期发展和教育的投入所产生的社会回报率很高（World Bank，2006）。对儿童照顾的社会回报率往往高于家庭私人回报率，因为父母没有对子女财富和收入的产权，他们不能完全收回对子女投入的回报。育儿的直接成本和机会成本越高，社会回报率与家庭私人回报率之间的差异也就越大。

生育行为具有正外部性，女性却为生育行为付出巨大的成本。她们特有的生理周期天然地与生育相关；不稳定的情绪是内分泌周期的外在表现；富于同情心、敏感、体贴人等心理特质，也与对子女的投入直接关联[①]；生育行为还可

---

① E. O. Wilson 在《社会生物学：新的综合》一书中说，雌性生物和雄性生物在传播各自的基因时，收益是一样的，即子代包含父母各一半的基因。但是，两性的生殖投资有差异。雌性性细胞数量少、质量大；雄性在雌性受孕后不再投资，雌性却要继续投资（分娩、哺乳、抚养）。笔者顺着这个思路去理解，雌性生物比雄性生物更顾"家"，是因为投资更多。

能导致疾病甚至死亡。据统计，目前我国孕产妇死亡率是 0.5‰左右，《中国妇女发展纲要（2011～2020）》的目标是控制在 0.2‰以下。

女性作为劳动力较之男性可能处于劣势，但是她们为人类的繁衍而付出了巨大的成本，政府要给她们提供必要的补偿，如在医疗卫生、社会保险、受教育机会等方面享有优先权，这种补偿的经济含义是正外部性的矫正，实质是让自然附着成本由男女两性共同分担。

（二）自然附着成本的分担："H－C－G 模式"

关于自然附着成本的分担，至少可以有两种思路：一是让政府提供有利于女性就业的社会服务，如建公办幼儿园、托儿所、养老院等，便于女性参与到劳动力市场上；二是承认家务劳动有价值，工资劳动者对家务劳动者支付工资，至于谁承担家务劳动、谁外出从事工资劳动，自由选择。

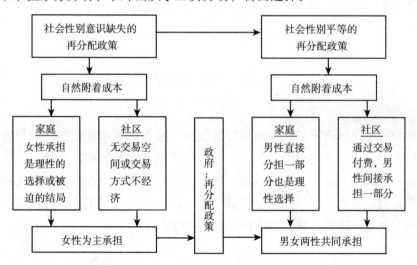

图 1 "H－C－G 模式"示意

这两种思路都能推进社会性别平等，但是都有一些缺陷。第一种思路忽略了家庭在提供照顾服务上独特的优势，社会化的照顾服务未必能完全替代家庭照顾，尤其对于孩子和老人。第二种思路将家庭无酬劳动变为有酬劳动，这会遇到操作的困难，每个人从事家庭照顾劳动的质量不同，面临的机会成本不同，支付工资很困难。

笔者主张采用"家庭—社区—政府联合提供模式"（可称之为"H－C－G模式"），即在家庭继续提供一部分照顾服务的同时，社区也提供部分照顾服务，政府通过财税政策支持社区建设，并鼓励家庭分离部分照顾服务让社区提供。

让家庭继续提供，那是为了发挥家庭特有的功能。人是有感情的动物，家人的相互关怀与支持，才能消融生活中的苦闷与烦恼，得到精神的慰藉和寄托，另外，也符合几千年孝道文化的传统。提倡减轻女性的自然附着成本，并不等于摒弃家庭的照顾功能。

从家庭中分离出来的部分照顾劳动，由社区来承担。社区是指一定区域范围内社会群体和社会组织所构成的社会实体，是聚落区居民参与社会活动的基本场所。社区服务体系，包括托儿所、养老院、保健医院、快餐店、净菜店、洗衣房等，便于女性摆脱繁重的家务劳动。

在该模式中，政府的作用是至关重要的。如果离开政府这个重要的角色，由社区提供服务简直就是空谈。社区照顾要以政府为主，政府资助服务设施和非营利性机构的建设，部分工作人员是政府雇员，社区、家庭和个人的支出负担不多。当然，社区可以吸纳一些私营的商业性服务机构，但要有政策支持。

五、社会性别平等的再分配政策手段

政府怎样通过政策的实施和引导，使自然附着成本由女性为主承担变为男女两性共同分担？总体思路是，完善现行的税收政策和转移支出政策，作用于家庭和社区两个领域。在家庭领域，对女性生育行为提供较多的税收优惠和社会保障待遇；在社区领域，增加财政对城乡社区事务的支出，给社区服务组织提供税收优惠，建构合理的财政转移支出结构等。

（一）税收政策

1. 减轻就业者的税收负担

鉴于化妆品是很多女性的工作必需品，妇女用品又与特殊的生理周期有关，建议在征收增值税、消费税、关税时，采用较低的税率。如今男性使用化妆品之风逐渐兴起，为了体现性别平等，较低的税率也可适用于男士化妆品。

企业不太愿意吸纳女性就业，原因之一是担心出现"性别亏损"。为消除企业的这种顾虑，建议当企业吸纳的女性雇员超过一定比例时，实行企业所得税部分税款先征后退政策。

个人所得税政策要鼓励照顾服务非家庭化。近年来，学界有人主张将纳税单位由个人改为家庭，甚至有政协委员提交了提案。① 以家庭为纳税单位起始于1948 年的美国，允许已婚夫妇联合申报。然而，自20 世纪70 年代以后，OECD近10 个成员放弃了夫妻联合课税制度，重新回归到以个人为课税单位。以家庭为纳税单位的美国和中国台湾等地，不断有学者主张放弃以家庭为纳税单位。

表1	美国 2007 年个人所得税税率		单位：美元
税率（%）	单身申报	已婚单独申报	已婚联合申报
10	1 ~ 7 825	1 ~ 7 825	1 ~ 15 650
15	7 826 ~ 31 850	7 826 ~ 31 850	15 651 ~ 63 700
25	31 851 ~ 77 100	31 851 ~ 64 250	63 701 ~ 128 500
28	77 101 ~ 160 850	64 251 ~ 97 925	128 501 ~ 195 850
33	161 851 ~ 349 700	97 926 ~ 174 850	195 851 ~ 349 700
35	>349 700	>174 850	>349 700

美国的税法，一方面，已婚者享受的免征额比未婚者少。如2002 年，已婚联合申报者、已婚单独申报者、户主申报者、单身申报者所能享受的基本扣除额分别为7 850 美元、3 925 美元、6 900 美元和4 700 美元。这就是说，若A、B两人为未婚者，可以扣除9 400 美元；一旦已婚，只能扣除7 850 美元。显然，已婚者多缴税。另一方面，已婚者适用的边际税率反而高于未婚者（见表1）。在低税率阶段（10%、15%），税法呈婚姻中性；但在中高税率阶段（25%、28%、33%、35%），已婚单独申报高于单身申报。

税法"惩罚婚姻"的理由之一是夫妻两人共同生活具有规模经济效应，能够降低生活成本，已婚者的税负高于未婚者，才体现出公平。但是，由此产生的另一个后果是许多低收入的已婚妇女更愿意在家从事照顾劳动，因为自己外出就业，再聘请佣人承担家务，税负会更重。1985 年美国学者汉森和斯图尔特对美国劳动供给的调查研究结论证明了这一点：对于年龄在20 ~ 60 岁的男性来说，净工资变动对劳动时数影响的绝对值很小，大多弹性在0 ~ 0.2 之间，而对已婚妇女来说弹性在0.2 ~ 1.0 之间。② 可见，从社会性别视角出发，以个人为

① 2006 年全国政协委员陈开枝向"两会"提交了《申报缴纳个人所得税应以家庭为主的建议》的提案。

② 石金黄等：《家庭课税制与个人所得税综合改革》，载《合肥工业大学学报（社会科学版）》2006年第 2 期。

纳税单位更能体现平等原则。或者借鉴台湾地区的做法，配偶的薪酬所得单独计税，其余各类所得合并计税，这样也能体现机会的平等。

如果仍以个人为纳税单位，应该研究家庭共同收入如何申报和缴纳个人所得税的问题。在传统观念支配下，家庭财产的孳息收入、租金收入以及家庭企业收入，通常会归于家庭中较为强势的一方。为体现社会性别平等，税法应鼓励夫妻分割共同收入。夫妻双方都可从家庭中分得一部分共有收入，并以自己的名义申报纳税。但是，在纳税扣除上要给就业者提供更多的优惠。现行每月 3 500 元免征额是不考虑性别因素的，所有就业者都能享受。中国同样存在女性的劳动弹性大于男性的事实，因而要让女性在此基础上再享受一定金额的纳税扣除，扣除额的确定以税负减轻程度能超过家庭照顾劳动社区化或者雇用保姆的支付成本为原则，以此鼓励女性走出家庭，在劳动市场上寻找工作。

2. 减轻在社区服务的商贸企业的税收负担

有人在美国做过调查，就业妻子花在家务劳动上的时间大约是不就业妻子所花时间的一半，但是丈夫却没有因为妻子就业而多分担家务——就业妻子少做的家务劳动是由她们增加的财力购买劳务解决的。这一研究结果说明，政府有必要适当减轻在社区服务的商贸企业的税收负担。

商贸企业常常采用连锁经营等方式到社区设立便利店、"菜篮子"专营店、净菜店、洗衣房及各种社区配送服务、代理服务、保健服务等，如果税收不堪重负，他们就难以提供优质的服务。建议适当减免这些商贸企业的营业税、城市维护建设税、企业所得税等税收。

3. 生育保险社会统筹改为征收社会保险税

生育保险制度是给孕育后代的女性提供特殊福利的制度，目前国家实行社会统筹办法，要求所有企业不论是否雇用女性员工，都要缴纳生育保险费，这是实现生育成本社会化的重要政策手段。然而，从实施情况看，一些企业以女性雇员没有本地户口为借口，拒绝为她们缴纳生育保险费。这说明，生育保险社会统筹办法存在实施范围上的局限性，筹款方式也缺乏严肃性。

建议选择合适的时机，将生育保险社会统筹改为征税方式，如将养老保险、失业保险、医疗保险、生育保险、工伤保险等合并，统一征收社会保险税，雇主、雇员各自缴纳一部分。以税收的名义在全国范围内征收，扩大生育保险的覆盖面，同时也大大提高强制性程度。

（二）转移支出政策

1. 增加财政城乡社区事务支出

从 2007 年开始实施的《政府收支分类体系》，专门设立了"城乡社区事务支出"，主要包括城乡社区管理、社区规划、社区公共设施、社区住宅、社区环境卫生、建设市场管理与监督、政府住房基金支出、土地有偿使用支出、城镇公用事业附加支出等内容，只是这类支出的规模太小。2010 年中央本级支出决算数据显示，城乡社区事务支出为 10.09 亿元，占中央本级支出 15 989.73 亿元的 0.063%。地方财政支出中，城乡社区事务支出的比重可能会高一些，但还是少得可怜。如浙江省 2010 年包含政府财政投入、集体经济投入、市场化投入、社会化投入等在内的城市社区建设经费仅 12 亿元。

社区提供的服务主要有三类，一是社区公共服务，如社会治安、社区矫正、公共卫生、计划生育、优抚救济、社区教育、劳动就业、社会保障、社会救助、住房保障、消费维权以及老年人、残疾人、未成年人、流动人口权益保障等；二是社区非营利性服务，如居家养老服务、老年活动、社区食堂、日间托养照料、家庭用品配送、家庭教育等；三是企业在社区提供的营利性商贸服务。这三类服务中，第一、第二类服务都要由财政拨款为主供给经费，否则难以保障。

财政增加城乡社区事务支出，除了靠公共财政预算之外，还应从政府性基金中划拨。2010 年全国国有土地使用权出让金收入 28 197.70 亿元，占政府性基金总额 36 785.02 亿元的 76.66%。从如此庞大的政府性基金中划拨一部分，用于提供社区服务，绝对不会没有空间。将来条件具备时，开征房产持有税，就可以从该税种收入中划出一部分用于城乡社区事务。将地产受益用于社区服务，改善居住条件，进一步提升社区的房地产价值，这也是许多国家共同的做法。

2. 优化财政转移性支出结构

某些财政经费的划拨要考虑员工的性别比例，如保健支出。男女员工患病的种类有差别，因而，男性员工多的单位，野外劳动伤害、自然灾害伤害的补助费要多一些；女性员工多的单位，慢性病、妇科病补助要多一些。职业病的患病概率可能相差不多，经费可以按人头划拨。

某些财政经费的使用要多给男女两性以同等的机会，如医疗保险支出。目前医疗保险仅仅为在职人员设立，就业是加入医疗保险的前置条件，这就造成家务劳动者与工资劳动者之间的待遇差别。今后要让家务劳动者，不论是男性还是女性，都有机会加入医疗保险，且享受同等的待遇。

还有一些支出应该向女性倾斜。长期以来，财政支出中没有向女性倾斜的理念，财政预算的安排都是"性别中性"的。这种观念和做法正在逐渐改变。① 从理论上说，建构社会性别平等的再分配政策，应该是为男女两性提供平等的机会，不能认为凡有利于女性利益的规定就是合理的，凡不利于女性利益的规定就是不合理的。但是，从自然附着成本的特点和中国社会文化的传统看，的确需要给女性提供利益倾斜。这是因为女性就业比例低、失业率高、老年丧偶比例高，她们对社会救助的需求高于男性。建议采用有助于推进社会性别平等的政策手段，如凡是符合计划生育政策的产妇，在休产假期间可领取政府发放的产假补贴，逐月递减；职业女性送孩子上公立幼儿园，免除费用，孩子还可享受一顿免费午餐；丧偶、离婚及长期患病的老年妇女，在规定的次数范围内，可以找社区护理工上门服务，费用由政府负担。

六、结束语

与其他公共政策一样，追求社会性别平等的再分配政策应当是开明的、宽容的，尤其是对待女性男人和男性女人。因为传统的性别认可只以生理性别为依据，社会伦理容忍不了这两类人。但是，忽视这两种人的政策是不公平的。一个男性，由于身体的原因或者技能的缺乏，未能在职场就业，却长期在家做饭、带孩子。可是"她"的劳动没有报酬，也享受不到社会保障待遇。这难道不是性别歧视吗？

无论是税收政策还是转移支出政策的设计，定性的描述与刻画并不困难，作量化而具体的分析却是异常艰难的。一者，要区分出女性男人、男性女人很不容易，以致社会性别敏感因素的聚集、政策效果判别维度的选择都成难题；二者，自然附着成本的界定是一件棘手的事，每个女性、每个家庭，都有自然附着成本，但是在总量与比例结构上又存在很大的差异，这就给成本补偿带来

---

① 浙江省从 2009 年起，凡在省内居住超过半年的人，其婚检、孕检费用全部由各级财政"埋单"。这一政策规定使男女两性都受益，但是女性受益更多，显然是一个良好的制度安排。

不小的麻烦；三者，再分配政策的设计涉及基础性制度的改革，如劳动工资制度、社会保障制度等，"牵一发而动全身"，在某些情况下甚至是基础性制度决定的结果。

本文仅仅停留在定性层面上的浅表探索，没有作定量的深入研究。尽管如此，笔者仍然坚信，把社会性别视角引入再分配政策，这是公共经济研究中不可逆转的方向，一定会有更多的学者关注这一领域，并提出许多真知灼见。

参考文献

［1］鲍静：《应把社会性别理论纳入公共管理的研究与实践》，载《中国行政管理》，2006 年第 8 期。

［2］陈震：《农民生育的外部性与文化边际性：现阶段农村人口控制的理论思考》，载《人口与经济》，1998 年第 1 期。

［3］董晓媛：《照顾提供、性别平等与公共政策——女性主义经济学的视角》，载《人口与发展》，2009 年第 6 期。

［4］李建民：《论社会生育成本及其补偿》，载《广东社会科学》，2000 年第 1 期。

［5］李兰英、郭彦卿：《社会性别预算：一个独特视角的思考》，载《当代财经》，2008 年第 5 期。

［6］梁浃洁、张再生：《透视我国公共政策中的性别平等——"首届社会性别与公共管理论坛"综述》，*Journal of US-China Public Administration*，2006（5）。

［7］马蔡琛、季仲赟、王丽：《社会性别反应预算的演进与启示：基于国际比较视角的考察》，载《广东社会科学》，2008 年第 5 期。

［8］潘锦棠：《养老社会保险制度中的性别利益》，载《中国社会科学》，2002 年第 2 期。

［9］朱冬梅：《社会保险制度中的性别差异分析》，载《中华女子学院山东分院学报》，2005 年第 4 期。

［10］Becker, Gary. 1965. A Theory of the Allocation of Time. Economic Journal, 75：493 – 517.

［11］England, Paula and Nancy Folbre. 2003. Contracting for Care. In Marianne A. Ferber and Julie A. Nelson（eds.），Feminist Economics Today：Beyond Economic Man. Chicago & London：The University of Chicago Press.

［12］Folbre, N. 2004. A Theory of the Misallocation of Time. in Folbre, N. and Bittman, M.（eds）（2004）Family Time：The Social Organization of Care, New York：Routledge, Ch. 1：7 – 24.

［13］Hooyman, Nancy R. and Judith G. Gonyea. 1999. A Feminist Model of Family Care：Practice and Policy Directions. Journal of Women and Aging 11（2 – 3）：149 – 169.

［14］Lewis, Jane and Susanna Giullari. 2006. The Adult-worker-model Family and Gender

Equality: Principles to Enable the Valuing and Sharing of Care. 173 – 192. In S. Razavi and S. Hassin (eds.), Gender and Social Policy in a Global Context: Uncovering the Gendered Structure of the "Social". UNRISD, Geneva and Palgrave Macmillan, Basingstoke.

[15] Razavi, Shahra. 2007. The Political and Social Economy of Care in a Development Context. Gender and Development Program Paper No. 3, United Nations Research Institute for Social Development.

[16] Ungerson, Clare. 1997. Social Politics and the Commodification of Care. Social Politics: International Studies in Gender, State and Society 4 (3): 362 – 381.

[17] World Bank. 2006. World Development Report 2006: Equity and Development, Oxford University Press, New York.

执笔：朱柏铭

分配制度改革的最佳切入点

——最低工资的研究

浙江大学课题组

一、收入分配与最低工资

（一）关于收入分配问题的观点

对于收入分配问题，国外学者们的观点存在很大差异。持不同观点的学者，所设计的政府收入分配政策千差万别。杰里米·边沁、约翰·穆勒认为，政府施政的目标是社会最大多数人的效用总和最大化。如果通过政府的税收和转移支付制度把富人收入的一部分转移到穷人手中的话，会降低富人和穷人勤奋工作的动力，从而使整个社会总效用减小。政府在收入分配问题上必须做到因平等带来的好处和因激励机制扭曲而带来的损失之间取得平衡。为了使总效用，也即社会上大多数人的利益最大化，政府不能在收入分配上搞平等。约翰·罗尔斯认为，政府施政的目标应使是社会中状况最差的人福利最大化。政府采取公正合理的收入分配政策是必要的和正确的。力求使社会上的每个人都能从这种不平等的改进中获益，这种分配才是正义的。政府的收入再分配政策实际上对穷人来说是一种保险。但在强调帮助穷人的同时，罗尔斯也意识到激励机制的重要性。罗伯特·诺齐克认为，政府施政的目标是建立使每一个人同样发挥才能的制度框架，但不必为改变既定收入分配而费神。诺齐克不仅反对罗尔斯为最低层状况的改善而向富人征税的"正义"主张，而且也反对功利主义的个人效用总和的观点。认为收入分配政策的重点是自我权利的实现和保护，只要以正当的手段来取得财产，政府就不应该干涉。西蒙·库兹涅茨认为，收入分配变动的轨迹是先恶化后改善。在经济发展的早期，大部分储蓄和积累为少数富人所占有，富人得到经济增长的大部分；在二元经济的情况下，富人群居的城市化水平的提高意味着不平等的加剧。而对于后期收入分配差距缩小主要是政府干预、人口变动（富人绝对数下降）和技术进步导致的，其中政府干预是收入差距改善的主要推动力。

针对中国当前收入分配问题，国内学者也都从不同视角进行阐释。贾康认为，初次分配重点是要更加注重公平和效率的结合，这与原来的"初次分配注重效率、再分配注重公平"显然不同。初次分配更多地考虑公平，就要考虑增加低端劳动者的收入，而实际可操作的工具是比较有限的。杨宜勇认为，市场失灵或者市场机制不健全，公平就会被损害，公平的损害，会使效率进一步降低。当前收入分配改革的核心问题是解决公平问题，主要是调整国家、企业、居民三者的收入结构，居民收入占整个国民收入的比重要扩大，同时适当压缩企业和国家的收入。宋晓梧认为，国民收入初次分配应逐步向劳动者倾斜。政府应当运用财税等措施，切实扭转初次分配中财政收入增长、资本所得过高、劳动报酬下降的趋势，逐步提高劳动报酬的比重。[1]

在研究收入分配时，大部分国内外学者认为"效率"和"公平"难以兼顾。当政府为把蛋糕做得更大而努力时，人们惊讶地发现蛋糕切得并不均匀，因为富人在切蛋糕的时候总是占据优势；当政府为把蛋糕切得更加均匀而努力时，人们又惊讶地发现蛋糕已经变小了，因为富人被迫把财富转移给穷人时，其生产与创造的积极性减弱了。[2] 1978 年前我国分配制度是"一大二公"，收入分配非常公平，但没有效率。党的十四届三中全会提出"效率优先，兼顾公平"，生产领域进入市场经济，效率有了明显的提升，但收入分配差距逐渐变大。收入分配的"效率"和"公平"的内在矛盾性，导致当前中国收入分配出现以下主要问题。

（二）当前中国收入分配存在的问题

按照国际惯例，基尼系数是衡量收入分配是否合理的标准。基尼系数在 0.3以下为最佳状态，在 0.3～0.4 之间为正常状态，超过 0.4 为警戒状态，达到 0.6 则属于社会动乱随时会发生的危险状态。根据有关资料，1980 年全国基尼系数为 0.32，1990 年为 0.35，2000 年越过 0.4 的警戒线，达到 0.42。根据社会

---

① http://www.sinoss.net/2010/0607/22698.html.
② 李向品、李默：《收入分配理论流派述评》，载《科技创业月刊》2007 年第 8 期，171～172 页。

科学院调查，2010 年应该是接近 0.5，这大大超过警戒线水平（见图 1）。中国目前收入分配问题主要集中在以下两方面。

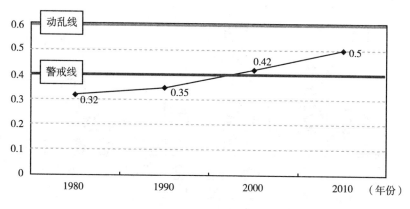

图 1　中国基尼系数演变（1980～2010 年）

1. 城乡、行业、地区间收入分配差距扩大

总体来看，城镇居民与农村居民、垄断行业与非垄断行业、东部地区与中西部地区收入差距进一步拉大。第一，城乡之间以及城镇内部收入差距扩大。1978 年，中国城市居民家庭人均可支配收入与农村居民家庭人均可支配收入比是 2.51∶1；2008 年为 3.31∶1，绝对差距首次突破万元。[①] 城镇内部收入差距的扩大已成为基尼系数加速扩大的"罪魁"。2009 年，城乡贫富差距达到历史最高位的 3.6 倍，但城镇高低收入家庭的收入比在 2005 年就达到了 9.25倍。[②] 第二，行业之间以及垄断行业内部收入差距扩大。改革开放初期，中国行业之间收入水平差距是 1.8 倍；2009 年，最高行业平均工资比最低行业平均工资高出 5 倍左右（远超过国际公认的行业差距水平 3 倍左右），这还不包括各种灰色收入、隐性收入和各类名目繁多的福利。[③] 同时行业内部收入差距也在拉大。2008 年，中国国有及国有控股企业的人均福利费支出为 3 387 元，其中最高的为 4.46 万元，最低的为 149 元，相差近 300 倍。[④] 第三，地区之间收入差距扩大。国家统计局数据显示，1980 年，东部、中部、西部地区的人

---

① 国家发改委："促进形成合理的居民收入分配机制研究"课题组：《促进形成合理的居民收入分配机制研究》，载《经济研究参考》2010 年第 25 期，第 10 页。

② http://www.cnr.cn/newscenter/eco/business%20c/201103/t20110308_ 507764421.html.

③ 丁长发：《"双失灵"下我国收入分配问题研究》，载《经济学家》2010 年第 12 期，第 6 页。

④ 《收入分配到改革路口：解决分配不公正当其时》，载《人民日报》2010 年 5 月 26 日。

均 GDP 比是 1.8∶1.18∶1；2008 年扩大到 2.83∶1.41∶1（见图 2）。

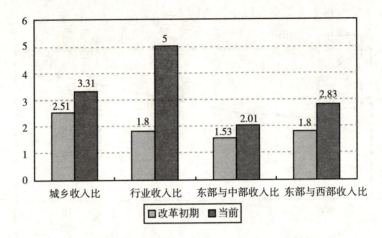

图 2　改革开放以来中国城乡、行业、地区间收入分配差距变化

2. 政府、企业、个人间收入分配比例失调

　　总体来看，国民收入分配中政府所占比重越来越多，企业（资源性和垄断性企业除外）和劳动者的比重越来越少。1995 年，政府、企业和居民最终可支配收入的比例为 19.7∶15.2∶65.1；2008 年为 31.54∶10.75∶57.71[①]（见图 3）。第一，政府收入逐年增加。倪红日指出，即使按照最保守的口径，中国各种税收加上非税收入，各级政府拿走了 GDP 的 1/3 还要多，从国际比较看，这一比例也不低。[②]第二，企业收入分配比例下降，但资源性和垄断性企业收入大幅提升。根据国家统计局资金流量表数据，企业（包括金融机构）可支配收入总量 1992 年只占 GDP 的 11.7%，2007 年达到 18.8%。这主要是资源性和垄断性企业收入增加造成的。[③] 第三，居民个人财富所占比例逐年缩小。宋晓梧指出，1990 年中国劳动者报酬占 GDP 的比重为 53.4%，2001 年该比例下降到 51.4%，2007 年则只有 39.74%。[④]

---

　　① 丁长发：《"双失灵"下我国收入分配问题研究》，载《经济学家》2010 年第 12 期，第 6 页。

　　② http://finance.qq.com/a/20101213/000318_1.htm.

　　③ 国家发改委"促进形成合理的居民收入分配机制研究"课题组：《促进形成合理的居民收入分配机制研究》，载《经济研究参考》2010 年第 25 期，第 10 页。

　　④ http://www.hinews.cn/news/system/2010/08/24/011010329.shtml.

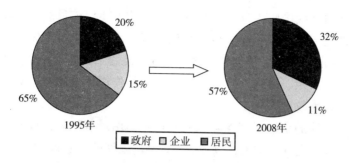

图3 政府、企业、个人间收入分配比例变化

（三）最低工资对改善收入分配的意义

收入分配问题可以通过多种视角予以阐释。本研究主要从居民收入分配角度切入，特别聚焦最低工资这一对政府而言可操作性较强的问题。为了解决当前收入分配中存在的问题，"十二五"规划明确指出，要合理调整收入分配关系，强调初次分配和再分配都要处理好效率和公平的关系，再分配更加注重公平；逐步提高最低工资标准，保障职工工资正常增长和支付。最低工资标准的合理设置对于科学协调初次分配效率和公平的关系、调整收入分配结构有积极的作用。

1. 提高劳动报酬比重：优化收入分配结构

目前国民收入分配中，居民收入和劳动报酬占 GDP 或国民收入（GNI）的比重持续下降，威胁到社会整体和谐。近年来，中国每年创造 30 多万亿元的国民财富。财富如何在政府、企业和居民之间合理分配，如何让劳动收入与经济增长的速度相匹配，是当前必须面对的制度选择问题。合理的最低工资政策对于调节初次分配阶段的分配格局，避免初次分配差距过大具有积极的作用。建立合理的最低工资正常增长机制，将有利于提高劳动报酬在初次分配中所占的比重和居民收入在国民收入分配中的比重，优化收入结构。

2. 构筑社会安全网：保护收入弱势群体

当前收入差距进一步拉大，接近了社会可容忍边界。罗尔斯关于收入分配的改善观点对解决当前阶段的问题有实际意义，根据罗尔斯《正义论》的观点，"境遇最差的那部分人的情况得到改善"才能体现社会的正义。基于罗尔斯的正义观，要解决目前我国收入分配存在的问题，首先要保障最底层劳动者的收入问题，此问题的解决途径无疑应该从最低工资入手。只有不断完善最低工资标准，"公平正义的阳光"才能普照弱势劳动者。最低工资对于提高低工资工人的收入、缩小贫富差距、维持社会稳定起着积极的作用。设计合理的最低工资社会安全网应该作为政府未来工作的重要内容之一，合理的最低工资标准可以让社会的低收入群体的生活得到保障，从而达到利用最低的经济成本保障社会安定的社会福利和社会保障政策，以确保实现经济发展的中心目标。

二、主要国家最低工资概览

（一）欧美国家最低工资现状

欧盟统计局将 2009 年部分欧盟成员、美国、土耳其最低工资水平划分为三组（如图 4 所示）。第一组：最低月工资低于 400 欧元。主要包括：保加利亚（123 欧元）、罗马尼亚（153 欧元）、立陶宛（232 欧元）、拉脱维亚（254 欧元）、匈牙利（270 欧元）、爱沙尼亚（278 欧元）、波兰（281 欧元）、斯洛

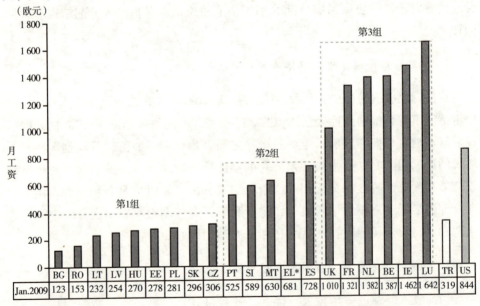

图 4　2009 年部分欧盟成员国、美国、土耳其最低工资水平

资料来源：Eurostat.

伐克（296 欧元）、捷克（306 欧元）；土耳其（319 欧元，非欧盟成员）。第二组：最低月工资 400～800 欧元。主要包括：葡萄牙（525 欧元）、斯洛文尼亚（589 欧元）、马耳他（630 欧元）、希腊（681 欧元，为 2008 年数据）、西班牙（728 欧元）。第三组：最低月工资大于 800 欧元。主要包括：英国（1 010 欧元）、法国（1321 欧元）、荷兰（1 382 欧元）、比利时（1 387 欧元）、爱尔兰（1 462 欧元）、卢森堡（1 642 欧元）；美国（844 欧元）。

（二）欧美国家最低工资制度

欧美主要国家基本上都完善了最低工资制度（包括：覆盖范围、设定方法、更新方法、工资形式、法定等级、转化规则等）。最低工资的适用范围扩大，即从早期只包括女工、童工和非熟练工人发展到包括所有行业、职业或工种的工人。最低工资的调整周期缩短。越来越多的国家都专门制定了调整最低工资额的条例或设立专门机构。表 1～表 3 分别是三组国家最低工资制度。

（三）部分国家最低工资概况

美国的最低工资立法经历了一个曲折的发展过程。1937 年，华盛顿州的最低工资法得到该州最高法院的确认，1937 年下半年得到了联邦最高法院的认可，成为美国州最低工资立法的转折点。1938 年的《公平劳动标准法》是美国政府颁布的第一个联邦最低工资立法，目的是保证每一个工人得到合理的报酬，减少贫困。在这以后，美国国会不断对该法进行调整和修正，使其更加完善。美国确立了全国统一的最低工资标准，此标准适用于从事洲际及国际贸易的工人，并为非技术及兼职工人设定工资下限。随后最低工资的保障范围不断扩大，1978 年已有 84% 的非农业私有部门非管理阶层雇员受最低工资的保障。到 80 年代，全美已有 40 个州颁布了保护男女工人的最低工资立法。美国最低工资是由立法机关通过立法程序决定的。1938 年《公平劳动标准法》指出，最低工资只能依据法令向上调整或扩大适用范围。通过立法程序来确定和调整最低工资，确保了这一制度的法律效力及其严肃性。但是，存在时滞和缺乏灵活性等弊端，易导致决策的严重延误。美国实行"全国性最低工资"。全国性最低工资标准是根据人民生存的需要及经济发展的水平和现实的经济条件确立的，覆盖全国所有适用于该法律的对象。优点是执行和管理比较简便，也便于评价其经济效果；

表 1　最低工资大于 800 欧元的国家

国别	引入年份	覆盖范围	设定方法	更新方法	工资形式	法定等级（本国货币）	转化规则	实行日期
美国	1938	受雇于规模超过 50 万美元，少于 50 万美元但参与跨州际贸易的企业，或者联邦政府、当地政府的员工	由政府设定	周期回顾	时薪	6.55 美元/小时	×40 小时×52 周/12 月（=1,135.33 美元）	2008.07.24
英国	1999	16 岁或以上的所有员工	由政府根据社会合伙人的建议设定	由政府根据社会合伙人的建议设定	时薪	5.52 英镑/小时	×38.1 小时×58.14 周/12 月（=913.80 英镑）	2007.10.01
法国	1970	18 岁或以上的所有员工	由政府设定	自动指数化+年度回顾	时薪	1 321.02 欧元/月 8.71 欧元/小时	×35 小时×52 周/12 月（=1 321.02 欧元）	2008.07.01
比利时	1975	21 岁或以上的私营部门员工	由社会合伙人通过谈商设定	自动指数化+周期回顾	月薪	1 387.49 欧元/月	—	2008.10.01
爱尔兰	2000	有经验的成人员工	由政府根据社会合伙人和劳资争议法庭的建议设定	由政府根据社会合伙人和劳资争议法庭的建议设定	时薪	8.65 欧元/小时	×39 小时×52 周/12 月（=1 461.85 欧元）	2007.07.01
卢森堡	1973	18 岁或以上的所有员工	由政府设定	自动指数化+周期回顾	月薪	1 641.74 欧元/月	—	2009.01.01
荷兰	1969	23 岁或以上的所有员工	由政府设定	每年两次	月薪	1 382.00 欧元/月	—	2009.01.01

资料来源：Eurostat.

表 2　最低工资 400～800 欧元的国家

国别	引入年份	覆盖范围	设定方法	更新方法	工资形式	法定等级（本国货币）	转化规则	实行日期
葡萄牙	1974	不考虑年龄的所有员工	由政府设定	每年根据政府的通货膨胀预测设定	月薪	450.00 欧元/月	×14 月/12 月（＝525.00 欧元）	2009.01.01
斯洛文尼亚	1995	所有员工	由政府（劳工、家庭及社会事务部门）通过法案设定	每年（8 月）根据政府的通货膨胀预测和社会合伙人的协商设定。2008 年议会曾采用一项修订，由于高通货膨胀率允许在当年 3 月修改最低工资	月薪	589.19 欧元/月	一	2008.08.01
马耳他	1974	所有员工	由政府设定	自动指数化	周薪	629.99 欧元/月		2009.01.01
希腊	1991	18 岁或以上的体力劳动者和 19 岁或以上的非体力劳动者	由社会合伙人通过每年磋商设定	每年根据政府的通货膨胀预测设定	非体力劳动者按月薪计算，体力劳动者按日薪计算	583.36 欧元/月 30.40 欧元/日	×14 月/12 月（＝680.59 欧元）	2008.01.01
西班牙	1980	不考虑年龄的所有员工	由政府设定	通常由政府每年设定一次	月薪和日薪	624.00 欧元/月 20.80 欧元/日	×14 月/12 月（＝728.00 欧元）	2009.01.01

资料来源：Eurostat.

表 3 最低工资小于 400 欧元的国家

国别	引入年份	覆盖范围	设定方法	更新方法	工资形式	法定等级（本国货币）	转化规则	实行日期
保加利亚	1990	所有员工	由政府根据社会合伙人的建议设定，并考虑政府的预算限制	由政府根据社会合伙人的建议设定，并考虑政府的预算限制	月薪和时薪	240.00 保加利亚列弗/月		2009.01.01
罗马尼亚	1990	不考虑年龄的所有员工	由政府在社会合伙人协商后设定	由政府在社会合伙人协商后设定	月薪	600.00 罗马尼亚列伊/月		2009.01.01
立陶宛	1991	所有员工	由政府设定	由政府根据相关责任机构的建议设定	月薪和时薪	800.00 立陶宛立特/月 4.85 立陶宛立特/小时		2008.01.01
拉脱维亚	1991	所有员工	由政府根据社会合伙人的建议设定	由政府根据社会合伙人的建议设定	月薪和时薪	180.00 拉脱维亚拉特/月 1.083／1.239 拉脱维亚拉特/小时		2009.01.01
匈牙利	1988	所有员工	由政府根据社会合伙人的建议设定	由政府根据社会合伙人的建议设定	月薪	71 500.00 匈牙利福林/月		2009.01.01

资料来源：Eurostat.

缺点是对于幅员辽阔、区域经济发展水平相差较大的国家，难以制定出合理的统一性的标准。

英国于 1909 年正式通过了旨在废除"血汗工厂"的最低工资法，并于 1918 年颁布了《劳资协商会议法》，拓宽最低工资的实施范围。到 1926 年，英国受最低工资法保护的工人从最初的 4 个行业扩大到了 40 个行业，共约有 125 万工人。1928 年，英国殖民部向其海外领地的政府推荐《制定最低工资确定办法公约》，并督促它们采用立法的形式坚决抵制未受教育工人过低的工资。英国最低工资是由拥有最终决定权的委员会决定的。英国在 1975 年修改立法，赋予工资理事会权力，允许在发表它们的建议和考虑各种书面意见后发布命令，确定最低工资、休假等其他就业条款与条件。1933 年之前实行"工种性最低工资"，目前实行"全国性最低工资"。1933 年之前，英国根据不同职业的就业形势和经济条件，通过熟悉行业情况的劳资双方的代表共同协商，以最小的成本为最需要保护的工人提供切合实际的保障。

法国于 1950 年通过了《最低工资法》，订立国家的最低工资。政府通过设立最低工资制度，保证收入最少的工人得以维持某种程度的购买力，又通过保证工人最少得到某数额的工资，提高他们的生活质量，从而得以达到促进国家经济发展的目的。1970 年，法国订立了一项新的国家最低工资制度，目的在于确保低薪工人也能分享经济增长的成果。法国现时推行的最低工资制度则是根据 1970 年进行的改革而制定的。法国最低工资是由行政当局根据法令决定的，但政府确定的最低工资水平也需要征得集体协议委员会的同意。法国的法律规定政府可以运用法令对各行业的最低工资进行调整。由政府部门决定最低工资，政府部门就掌握了大部分决策权，这样工人和雇主的代表可能会认为他们在该问题上没有多少发言权。政府部门还有可能对存在争议的最低工资问题迟迟不予表态，对政治压力比较敏感。法国实行"全国性最低工资"。[①]

日本于 1955 年才设立劳工事务委员会。该委员会建议政府通过鼓励雇主与属下雇员私下就最低工资达成协议，从而制订最低工资制度。1959 年日本制定了《最低工资法》。日本最低工资是由拥有有效建议权的委员会决定的。日本的相关委员会一般都是专业性的常设机构，由雇主、工人代表和独立的第三方成员组成，根据对工人的实际生活需要和经济状况的考察，提出某个行业的或全国的最低工资标准。日本设有"地区最低工资"及"行业最低工资"。可根据不同地区经济发展水平以及各个行业发展状况等实际情况设立不同的最低工资标

---

① 王光新：《国外最低工资制度简介》，载《国际劳动》2010 年第 7 期，第 28～31 页。

准。其弊端是如果最低工资标准过多，宣传又不到位，劳动者会难以掌握准确信息，为最低工资的执行及雇员的监督举报带来了一定的困难，也为雇主违规提供了潜在可能。

韩国 1986 年制定了《最低工资法》，并从 1988 年开始实行。韩国最低工资每年调整一次，由劳动部所属的最低工资委员会制定，该委员会由劳、资和公益团体三方各 9 人组成，每年举行会议，制订最低工资方案并提交给政府，最后由劳动部长官决定公布。由于韩国经济在 1988 年前后飞速发展，因而这几年最低工资上调率也较大。最低工资上调幅度最小的是遭受金融危机打击后的 1998 年。而经济复苏后，最低工资基本上维持在 10% 上下的年增长幅度。①

三、中国各地区最低工资整体分析

我国是从政府规章的角度来规制最低工资。1993 年 11 月 24 日劳动部印发《企业最低工资规定》；2004 年，劳动和社会保障部又颁布了《最低工资规定》，1993 年制定的《企业最低工资规定》同时废止，扩大了适用范围，增加了小时最低工资的有关规定，并缩短了最低工资标准的调整期限。从最低工资决定方式看，2004 年《最低工资规定》指出，由于目前我国各地经济发展程度的差异，由全国制定统一标准还不现实，因此仅规定了最低工资标准的定义、形式、适用范围、考虑因素以及测算方法等问题，而"最低工资标准的确定和调整方案，由省、自治区、直辖市人民政府劳动保障行政部门会同同级工会、企业联合会/企业家协会研究拟订，并将拟订的方案报送劳动保障部"。

国际通用的最低工资衡量指标有三个。（1）最低工资占人均国民生产总值的比例，反映最低工资比例的变化与总体劳动生产率水平变化的关系。该指标在发达国家保持稳定，在全球范围内呈下降趋势（从 68% 到 60%），这反映出发展中国家平均劳动生产率的有力增长并没有相应地转化成低端劳动力市场最低工资的增长。（2）最低工资占平均工资的比例，衡量各国通过最低工资政策减少工资不平等现象所作的努力。该指标在全球范围有小幅增长（从 2000 ~ 2002 年间的 37% 到 2004 ~ 2007 年间的 39%）。（3）最低工资的增长率，解释国家对低收入群体的关注情况。有迹象表明，近年来，最低工资有上涨趋势。全球来看，2001 ~ 2007 年间，接受国际劳工组织调查的国家中，超过 70% 提高了

① http://www.12333sh.gov.cn/200912333/2009bmfw/tsyj/200909/t20090916_1072425.shtml.

实际最低工资。平均来说，实际最低工资在各国增长了 5.7%。这表明，最低工资收入者的实际购买力相比 21 世纪初有了大幅增长，与早期相比境况也大不相同，当时的实际最低工资呈下降趋势。最低工资收入者的实际购买力在发达国家、发展中国家都有较快增长，分别为 3.8% 和 6.5%[①]（见表 4）。

表 4   最低工资全球趋势

	2001～2007 年最低工资实际增长（%）	2000～2002 年最低工资占平均工资比例（%）	2004～2007 年最低工资占平均工资比例（%）	2000～2002 年最低工资占人均 GDP 比例（%）	2004～2007 年最低工资占人均 GDP 比例（%）
发达国家	+3.8	39	39	38	37
发展中国家	+6.5	36	40	76	68
样本国家平均值	+5.7	37	39	68	60

资料来源：国际劳工组织工资数据库。

（一）最低工资占人均国民生产总值的比例（指标 1）

从时间维度看，2005～2009 年，全国各地区最低工资占人均国民生产总值的比重逐年下降。2005 年，最低工资占人均国民生产总值比例最高的省份是贵州，达到 95%，2009 年这个数字降低到 76%，下降 20%；比例最低的为北京，为 15%，2009 年这个数字降低到 14%，下降 6.7%；从空间维度看，2009 年，最低工资占人均国民生产总值的比例呈现出"东部＜中部＜西部"的现状。2009 年，东部地区最低工资占人均国民生产总值的比例普遍低于 30%；中部地区最低工资占人均国民生产总值的比例普遍介于 30%～40% 之间；西部地区最低工资占人均国民生产总值的比例普遍高于 40%（见表 5）。

表 5   全国各地区最低工资占人均国民生产总值比例   单位:%

地区	2005 年	2006 年	2007 年	2008 年	2009 年
北京	15	15	15	14	14
天津	20	20	19	18	16
河北	42	41	35	39	37

① 国际劳工组织，Global Wage Report 2008/2009（中文版），pp. 46－47。

续表

地区	2005 年	2006 年	2007 年	2008 年	2009 年
山西	50	47	43	42	40
内蒙古	31	34	26	25	20
辽宁	28	32	33	27	24
吉林	32	39	40	33	29
黑龙江	32	46	44	38	36
上海	16	16	15	16	15
江苏	34	31	30	26	26
浙江	29	28	27	27	26
安徽	57	62	56	46	41
福建	30	36	35	30	27
江西	46	40	55	47	40
山东	32	31	26	28	25
河南	51	43	49	40	38
湖北	48	42	52	42	37
湖南	55	60	55	46	39
广东	34	33	36	32	29
广西	63	58	55	47	50
海南	55	55	52	44	39
重庆	44	56	47	45	36
四川	60	66	60	51	45
贵州	95	14	13	88	76
云南	72	72	77	65	60
西藏	65	57	72	63	57
陕西	59	53	49	39	33
甘肃	55	59	50	59	58
青海	44	47	39	41	37
宁夏	45	46	46	23	31
新疆	44	46	47	40	48

注：取各地最低工资最高档计算。

资料来源：中国统计年鉴（2006~2010）中华人民共和国人力资源和社会保障部网站，豆丁网，百度文库，国泰安数据库。

从国际比较看，中国与发展中国家差距相对较小。例如，巴西 33.07%，印度 50.92%，墨西哥 18.99%，乌克兰 35.88%，土耳其 56.3%，阿根廷 49.92%。其次，与发达国家存在较大差距。例如：澳大利亚 51.53%，新西兰 56.93%，美国 26.54%，加拿大 35.79%，法国 50.84%，英国 46.88%，荷兰 46.39%。再次，与非洲发展中国家差距很大。例如，阿尔及利亚 53.97%，喀麦隆 53.77%，科特迪瓦 87.82%，塞内加尔 99.87%，赞比亚 87.57%，都远远高于中国的水平。①

（二）最低工资占平均工资的比例（指标2）

从时间维度看，2005～2009 年，全国各地区最低工资占平均工资比例逐年下降。2005 年，最低工资占平均工资比例最高的省份是海南，达到 42%，2009 年这个数字降低到 30%，下降 29%；比例最低的为北京，为 20%，2009 年这个数字降低到 17%，下降 15%；其次，从空间维度看，2009 年，最低工资与平均工资的比例呈现出"东部地区发散、中部地区收敛、西部地区发散"的现状。2009 年，东部地区最低工资占平均工资的比例在 20%～33% 之间震荡；中部地区最低工资占平均工资的比例基本聚敛在 30%；西部地区最低工资占平均工资的比例在 19%～35% 之间震荡（如表6 所示）。

表6 　　　　　　　全国各地区最低工资占平均工资的比例 　　　　　单位:%

	2005 年	2006 年	2007 年	2008 年	2009 年
北京	20	19	19	16	17
天津	28	28	25	24	22
河北	42	42	35	36	32
山西	40	36	34	33	31
内蒙古	32	36	31	31	27
辽宁	31	36	36	30	28
吉林	30	37	38	33	30
黑龙江	32	45	42	35	33
上海	24	22	20	20	20
江苏	40	38	37	32	33

① 资料来源：国际劳工组织，Global Wage Report 2008/2009（中文版），pp. 86－95。

	2005 年	2006 年	2007 年	2008 年	2009 年
浙江	31	32	33	34	32
安徽	32	35	30	25	23
福建	33	40	40	35	32
江西	32	28	38	33	29
山东	38	38	32	35	31
河南	40	34	37	31	29
湖北	38	34	42	37	32
湖南	37	40	37	32	30
广东	34	36	41	36	33
广西	36	33	32	27	29
海南	42	44	39	35	30
重庆	29	36	30	30	27
四川	34	39	37	31	28
贵州	33	39	38	32	28
云南	35	35	40	34	31
西藏	21	19	19	19	19
陕西	40	38	34	28	24
甘肃	27	30	25	30	28
青海	23	24	21	23	22
宁夏	26	25	26	14	20
新疆	37	38	38	33	35

注：取各地最低工资最高档计算。

资料来源：中国统计年鉴，中华人民共和国人力资源和社会保障部网站，豆丁网，百度文库，国泰安数据库。

从国际比较看，中国与较大发展中国家以及发达国家均存在差距，但是差距没有指标 1 明显。例如 2007 年，巴西 42.41%，印度 22.84%，墨西哥 26.79%，乌克兰 34.05%，土耳其 65.02%，阿根廷 72.9%。发达国家最低工资与平均工资的比例，例如 2007 年，澳大利亚 57.16%，新西兰 51.83%，美国 33.67%，加拿大 41.52%，法国 48.29%，英国 36.52%，荷兰 38.28%。[①]

---

① 资料来源：国际劳工组织，Global Wage Report 2008/2009（中文版），pp. 86－95。

（三）最低工资的增长率（指标3）

从时间维度看，2005～2010年，全国各地区最低工资"低起点、高增幅"。2005年，最低工资标准最高的是上海，为690元，到2010年为1 120元，增长了62%；最低工资标准最低的是甘肃，为340元，到2010年为760元，增长了124%；2005～2010年间，最低工资增幅最大的为吉林，增幅达到128%；最低工资增幅最小的为江苏，增幅只有39%。2005～2010年，虽然全国各地最低工资标准（上限）都有明显增幅，但更多的是由于各地最低工资起点低导致的高增幅。从空间维度看，最低工资2005～2010年的总增长率呈现出"东部普遍低于中西部"的现状（见表7）。

表7　　　　　　　最低工资的增长率（当年－上年）／上年　　　　　单位：%

	2006 年	2007 年	2008 年	2009 年	2010 年
北京	10	14	0	10	20
天津	14	10	11	0	12
河北	12	0	29	0	20
山西	6	11	18	0	18
内蒙古	33	0	21	0	32
辽宁	31	19	0	0	29
吉林	42	27	0	0	26
黑龙江	59	10	0	0	29
上海	9	12	14	0	17
江苏	9	13	0	13	0
浙江	12	13	13	0	15
安徽	27	8	0	0	29
福建	38	15	0	0	20
江西	0	61	0	0	24
山东	15	0	25	0	21
河南	0	35	0	0	23
湖北	0	52	0	0	29
湖南	25	11	0	0	28
广东	14	28	0	0	3
广西	9	16	0	16	22

	2006 年	2007 年	2008 年	2009 年	2010 年
海南	16	9	0	0	32
重庆	45	0	17	0	0
四川	29	12	0	0	31
贵州	38	18	0	0	0
云南	15	26	0	0	22
西藏	0	47	0	0	30
陕西	10	11	0	0	27
甘肃	26	0	40	3	23
青海	24	0	30	0	0
宁夏	18	24	38	60	27
新疆	19	18	0	19	20

注：取各地最低工资最高档计算。

资料来源：中国统计年鉴，中华人民共和国人力资源和社会保障部网站，豆丁网，百度文库，国泰安数据库。

从国际比较看，中国各地区最低工资增长率超过了世界平均水平。国际劳工组织的《国际工资报告 2008/2009》数据显示，在 2001～2007 年间，最低工资年增长率（扣除通货膨胀因素）发达国家为 3.8%，发展中国家为 6.5%，世界平均为 5.7%，中国各地区最低工资（最高档）年增长率普遍高于 10%。但从 2005～2010 年，全国各地最低工资标准（最高档）的增幅更多的是由于各地最低工资起点低导致的。

四、浙江省最低工资分析

（一）三大衡量指标现状与评价

2005 年以来，浙江最低工资标准逐年提高。2005 年，最低月工资标准为 670 元、610 元、560 元、490 元四档；非全日制工作的最低小时工资标准调整为 5.7 元、5.2 元、4.8 元、4.2 元四档。2011 年，浙江省确定的四档最低工资标准分别是 1 310 元、1 160 元、1 060 元、950 元。2005～2011 年间，最低工资最高档增幅达到96%（如图5所示）。

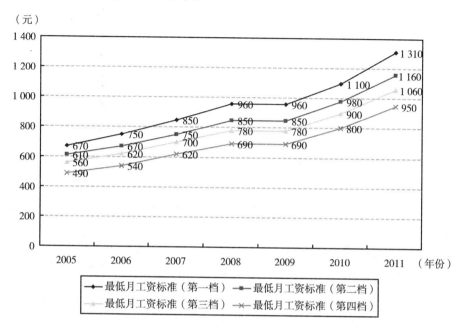

图5　浙江省最低工资标准变化趋势（2005～2011年）

按照最低工资四档平均值计算，2005年浙江省最低年工资为6 990元，2010年达到11 340元，上升62.2%；2007年浙江全社会平均工资为24 603元，2010年达到30 650元，上升24.6%；2005年浙江人均GDP为27 703元，2010年达到52 000元，上升87.7%（如图6所示）。

尽管上述数据显示浙江最近几年最低工资有了明显的提升，但最低工资占人均GDP比例与全球平均水平差距不断拉大。2005年，浙江最低工资占人均地区生产总值比值为0.252，到2010年，这个数字降低到0.218，下降13.5%，与全球平均水平0.6差距进一步拉大。最低工资占平均工资比例与全球平均水平接近。2007年，浙江最低工资占人均工资比例为0.356，到2010年，这个数字变为0.37，上升4%，与全球平均水平0.39基本持平。最低工资年增长率超过全球平均水平。2005年，浙江最低工资标准最高为670元，到2010年为1 100元，增长了64%，年均增长率保持在10%以上，超出全球平均水平5.7%（如图7所示）。

虽然浙江省最低工资占平均工资的比例接近全球平均水平，但与现实仍存在差距。2007年浙江省城镇单位职工工资统计范围扩大到规模以上私营单位职工，浙江是一个汇聚大量中小民营企业的省份，规模以下民营企业工资并未列

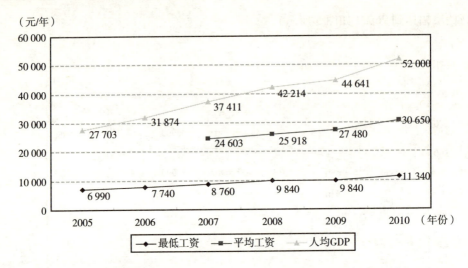

图6 浙江省最低工资、平均工资与人均GDP变化（2005～2010年）

注：最低工资按照浙江省2005～2010年最低工资四档平均值计算；平均工资为浙江省全社会单位在岗职工年平均工资，其中2005、2006年数据缺失，2007年浙江省城镇单位职工工资统计范围扩大到规模以上私营单位职工。

资料来源：浙江省统计信息网等。

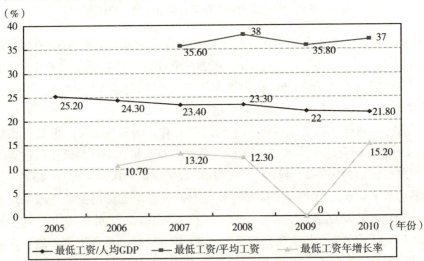

图7 浙江省最低工资三大指标变化（2005～2010年）

注：最低工资按照浙江省2005～2010年最低工资四档平均值计算；平均工资为浙江省全社会单位在岗职工年平均工资，其中2005年、2006年数据缺失，2007年浙江省城镇单位职工工资统计范围扩大到规模以上私营单位职工。

资料来源：浙江省统计信息网等。

入统计范围，浙江省的平均工资并不反映实际水平，因此该指标对于政府制定最低工资标准不是特别具有指导意义。虽然浙江省最低工资的增长率高于全球平均水平，但不可过分乐观。原因有两个，第一，浙江省最低工资起点较低（1994 年的 200 元开始），最近几年有较快的增长十分正常。第二，最低工资的增长需要同时考虑通货膨胀率的增长，如果考虑通货膨胀率因素，那么最低工资的增长率将会有很大折损。

在衡量指标的选取上，浙江省可以更多地考虑最低工资占人均地区生产总值的比例，即建立最低工资标准与人均地区生产总值挂钩的联动增长机制。原因是，第一，人均 GDP 统计口径比较规范，数据的可比度较高；第二，该指标反映最低工资比例的变化与总体劳动生产率水平变化的关系，也就是劳动者报酬与劳动生产率之间的关系，该指标的提升，更能够说明劳动者的劳动价值得到了体现。浙江这个指标的现状与全球平均水平相去甚远，未来有较大的上升空间。

（二）最低工资与人均地区生产总值联动机制趋势预测

1. 浙江 2011～2020 年最低工资标准理论值预测

根据浙江统计信息网公布的数据，2010 年浙江省地区生产总值为 27 227 亿元，常住人口约为 5 231.66 万人，人均地区生产总值达到 52 000 元。在此基础上，如果假设浙江未来 10 年期间常住人口自然年增长率为 1.2%，GDP 年均增长率为 8.0%，可以大体预测出当最低工资占人均地区生产总值的比例分别为0.3、0.4、0.5、0.6 时，浙江未来 10 年的最低工资理论值（如表 8 所示）。

表 8　　　　　　　浙江 2011～2020 年最低工资理论值预测

年份	常住人口（万人）	人均 GDP（元）	最低月工资标准（元）			
			最低工资/人均 GDP = 0.3	最低工资/人均 GDP = 0.4	最低工资/人均 GDP = 0.5	最低工资/人均 GDP = 0.6
2011	5 294.44	55 539.70	1 388.49	1 851.32	2 314.15	2 776.98
2012	5 357.97	59 271.61	1 481.79	1 975.72	2 469.65	2 963.58
2013	5 422.27	63 254.29	1 581.36	2 108.48	2 635.60	3 162.71
2014	5 487.34	67 504.58	1 687.61	2 250.15	2 812.69	3 375.23
2015	5 553.18	72 040.46	1 801.01	2 401.35	3 001.69	3 602.02

年份	常住人口（万人）	人均GDP（元）	最低月工资标准（元）			
			最低工资/人均GDP = 0.3	最低工资/人均GDP = 0.4	最低工资/人均GDP = 0.5	最低工资/人均GDP = 0.6
2016	5 619.82	76 881.12	1 922.03	2 562.70	3 203.38	3 844.06
2017	5 687.26	82 047.05	2 051.18	2 734.90	3 418.63	4 102.35
2018	5 755.51	87 560.09	2 189.00	2 918.67	3 648.34	4 378.00
2019	5 824.57	93 443.58	2 336.09	3 114.79	3 893.48	4 672.18
2020	5 894.47	99 722.39	2 493.06	3 324.08	4 155.10	4 986.12

估算结果显示，如果最低工资占人均地区生产总值比例为0.3（浙江目前为0.255），2011年，浙江省最低月工资标准大致应该在1 390元，2015年为1 800元，2020年为2 490元。如果最低工资占人均地区生产总值比例为0.6（当前世界平均水平），2011年，浙江省最低月工资标准大致应该在2 780元，2015年为3 600元，2020年为4 980元。

2. 浙江2011~2015年最低工资标准可操作值预测

如果按照最低工资占人均GDP的比例为0.6（全球平均水平）来预测浙江"十二五"期间的最低工资增长趋势，未免有些要求过分，因为全球平均水平0.6，在很大程度上是被非洲国家拉高的。非洲国家该指标普遍在0.8左右，有的甚至超过1，如莫桑比克为2.07，埃塞俄比亚为1.74。按照正常情况发展，浙江在2015年人均地区生产总值将达到72 040元人民币，折合10 915美元。根据钱纳里的归类，按美元现值计算，人均GDP达到12 000~20 000美元为发达经济初级阶段，这意味着浙江在2015年初步达到发达经济初级阶段。根据国际公认的标准，人均GDP 10 000美元左右，意味着进入发达国家行列，从人均地区生产总值这个指标看，浙江2015年接近发达国家水平。因此，不妨选择发达国家在该指标上的平均水平，即0.37作为参照系，设想浙江在"十二五"结束之时，此比值达到37%，此后这一比值趋于稳定的状态（发达国家普遍现象）。

方案1 最低工资占人均地区生产总值的比例等比增长

表9　　　　　　浙江 2011～2015 年最低工资标准可操作值预测表 a

年份	按最高档计算			按平均档计算		
	最低工资/人均 GDP 比例	最低月工资最高档	最低工资最高档年增长率（%）	最低工资/人均 GDP 比例	最低月工资平均档	最低工资平均档年增长率（%）
2011	0.283	1 310	19.1	0.242	1 120	18.5
2012	0.303	1 497	14.3	0.269	1 329	18.7
2013	0.323	1 703	13.8	0.299	1 576	18.6
2014	0.346	1 946	14.3	0.333	1 873	18.8
2015	0.370	2 221	14.1	0.370	2 221	18.6

　　最低工资占人均地区生产总值的比例等比增长，是指该指标第 N 年的值与第 N–1 年的值之商保持不变。

即：
$$\frac{最低工资/人均\ GDP\ 比例_N}{最低工资/人均\ GDP\ 比例_{N-1}} = 固定值$$

　　如果按照 2011 年最低工资最高档（1 310 元）计算，浙江 2011 年最低工资占人均地区生产总值比例预计为 0.283。如果浙江 2011～2015 年期间，最低工资最高档年增长率保持在 14% 左右，2015 年最低工资（最高档）将达到 2 221 元，最低工资占人均地区生产总值比例将达到 0.37，与发达国家平均水平相当。如果按照最低工资平均档（1 120 元）计算，浙江 2011 年最低工资占人均地区生产总值比例预计为 0.242，如果 2011～2015 年期间，最低工资平均档年增长率保持在 18.5% 左右，2015 年最低工资（平均档）将达到 2 221 元，最低工资占人均地区生产总值比例将达到 0.37，也与发达国家平均水平相当。

　　方案 2　最低工资占人均地区生产总值的比例等差增长

表10　　　　　　浙江 2011～2015 年最低工资标准可操作值预测表 b

年份	按最高档计算			按平均档计算		
	最低工资/人均 GDP 比例	最低月工资最高档	最低工资最高档年增长率（%）	最低工资/人均 GDP 比例	最低月工资平均档	最低工资平均档年增长率（%）
2011	0.283	1 310	19.1	0.242	1 120	18.5
2012	0.305	1 506	15.0	0.274	1 353	20.8
2013	0.327	1 724	14.5	0.306	1 613	19.2
2014	0.349	1 963	13.9	0.338	1 901	17.9
2015	0.370	2 221	13.1	0.370	2 221	16.8

最低工资占人均地区生产总值的比例等差增长，是指该指标第 N 年的值与第 N－1 年的值之差保持不变。

即：最低工资/人均 GDP 比例$_N$－最低工资/人均 GDP 比例$_{N-1}$＝固定值

如果按照 2011 年最低工资最高档（1 310 元）计算，浙江 2011～2015 年期间，最低工资占人均地区生产总值的比例每年增加 2.2 个百分点，2015 年最低工资（最高档）将达到 2 221 元，最低工资占人均地区生产总值比例将达到 0.37，接近发达国家平均水平。

如果按照最低工资平均档（1 120 元）计算，浙江 2011～2015 年期间，最低工资占人均地区生产总值的比例每年增加 3.2 个百分点，2015 年最低工资占人均地区生产总值比例将达到 0.37，接近发达国家平均水平。如果按最高档计算，最低工资占人均地区生产总值的比例每年增加 1 个百分点，浙江需要 9 年的时间该指标才能达到 0.37，接近发达国家水平；如果按平均档计算，最低工资占人均地区生产总值的比例每年增加 1 个百分点，浙江需要 13 年的时间该指标才能达到 0.37，接近发达国家水平。

五、结　语

合理的最低工资制度对于改革收入分配制度、提高劳动报酬在初次分配中的比重具有积极的意义。随着浙江经济的发展，收入分配问题逐渐浮出水面。浙江省委"十二五"规划的建议提出，切实提高居民收入在国民收入分配中的比重，提高劳动报酬在初次分配中的比重，努力实现劳动报酬增长和劳动生产率提高同步。探索建立合理的最低工资标准与人均地区生产总值联动增长机制，将极大改进当前浙江收入分配中存在的问题。浙江省制定合理的最低工资标准，并予以规范的实施将有利于实现浙江省经济和社会的进一步发展。

课题组成员：李金珊　张默含

公平收入分配：我国未来税制改革的现实选择

杭州电子科技大学课题组

改革开放30多年来，我国税收在筹集财政收入方面取得了有目共睹的突出成绩，然而，税收对收入分配的调控作用却被长期忽视。特别是进入20世纪90年代以后，在经济快速增长的同时，渐进式改革和经济转轨所积累的矛盾开始激化，收入分配总体差距呈现出全方位持续扩大的趋势，且增势不减，导致整个国民收入分配格局失衡。其具体表现是：城乡收入分配差距、城镇内部和农村内部居民收入分配差距、地区收入差距和行业收入差距持续拉大，不同企业之间的收入差距和不同阶层之间的收入差距悬殊。如果这种失衡的局面不能及时有效调控，会严重制约社会的持续健康发展，进而危及我国社会的和谐与稳定，使经济增长失去必备的基础环境。因此，综观我国国内与国际环境的复杂形势，促进我国经济长期健康发展，必然要求经济增长由投资拉动型向需求拉动型、由出口导向型向内需导向型转变。显然，拉动内需是政府调控政策选择的关键，而收入分配格局的失衡是制约内需拉动的主要症结。

反思我国收入分配格局的演进历程，尽管其总体失衡的根源是多方面的，但在市场化改革不断深化的今天，由于税收征纳关系正逐渐成为国家与公民之间最基本的经济关系，因此，作为政府直接掌控的重要政策工具，税收调控不力无疑是重要原因之一。因为税收的内在属性决定其理应成为政府调控收入分配最重要、最有效的政策工具之一。然而，正是我国政府对收入分配调控政策工具的选择中，税收一直没有得到应有的重视和充分运用，使得税收的再分配职能一直是我国税收制度的薄弱所在，税收总体调控作用甚至存在"逆向调节"，放大了收入分配不公，从而助长了收入分配格局的失衡。因此，如何更好地发挥税收对收入分配的调控作用，进而推动中央提出的"逐步扭转收入分配差距扩大趋势"目标的实现，已成为我国亟须解决的重大政策议题。

一、税收调控收入分配的影响因素与作用机制

市场机制承认个人禀赋的差异与财产权利的多少，自由竞争遵循丛林法则优胜劣汰，市场机制实现经济公平的同时却对收入分配公平性存在内在缺陷，迫使政府不得不采取一系列政策工具调节贫富差距，维护社会公平与正义。就税收政策而言，税收具有筹集财政收入的基本功能，同时应该发挥其引导资源配置的经济调控功能和调节收入分配等社会调控功能。税收政策调整应该基于不同经济与社会发展环境，对效率与公平目标不断权衡。因此，基于我国收入分配差距不断扩大的态势，公平收入分配应该成为我国未来税制改革的现实选择。那么，到底有哪些因素影响税收调控收入分配的政策效果、各影响因素内在协调机制如何就成为首先要回答的问题。

（一）税收收入规模：影响税收调控收入分配的广度与深度

市场经济条件下，政府职能被限定在提供公共商品和公共服务，其支出的公共性决定其收入也应该具有公共性。为保证税收对收入分配的有效调控，应该合理确定政府收入的总体规模，并且使税收收入在整个政府收入中占绝对主导地位，其规模的大小直接影响对收入分配调控的广度和深度。

第一，税收收入规模的合理性是发挥税收调控收入分配作用的前提。税收收入规模的大小可以通过宏观税负水平与税收占政府收入的比重来衡量。理论上，市场经济条件下政府收入是因变量，政府职能大小是自变量。也就是说，政府与市场的合理分工决定政府职能的大小，政府职能的大小决定政府收入的规模。税收的内在属性决定其应该成为政府收入的最主要形式，那么税收收入规模的合理性问题实质是政府职能边界的合理确定问题。因此，政府职能边界决定税收收入规模，税收收入占 GDP 比重的高低决定国民收入在国家、企业与个人之间的分配比例，进而改变国民收入分配的整个格局。

第二，从收入的角度来看，政府在筹集收入的过程中，可以通过累进的税制设计实现缩小收入分配差距的作用。税收具有无偿性、强制性与固定性的特征，同时课税环节可以涉及公民收入取得、使用、保有与处置等整个环节，无论是征收的广度还是强制性都是政府收费、公债与公产收入等其他收入形式所无法比拟的。因此，税收调控体系全面且累进性较强的前提下，税收总量的大

小影响税收调控收入分配的广度与深度。然而，需要指出的是，在政府收入总量既定的条件下，非税收入会影响税收收入规模，进而影响征税的力度和深度，削弱税收对收入分配的调控作用。

第三，从支出的角度来看，主要是指政府通过转移支付的方式，建立低收入者的增收机制，客观上要求税收为财政转移支付提供充裕的资金保证。由于财政转移支付受益人获得政府补贴无需付出任何代价，具有无偿性特征，在政府的所有收入形式中，唯有税收能够为财政转移支付提供稳定的资金来源。

因此，在市场经济条件下，合理确定税收收入总规模，提高税收收入在政府收入中的比重，确立税收在政府收入中的主体地位，使税收征纳关系逐渐成为政府与公民之间最基本的经济关系是税收有效调控收入分配的基本前提。

（二）税制结构影响税收效率与公平目标的政策取向

由于税收职能多元化，税制设计时需要选择多个税种协调配合以完成不同的职能，因此，任何税收制度都客观存在着结构的选择问题，这是由税收制度的内在属性和职能要求决定的。税收依据课税对象性质可以划分为商品劳务税系、所得税系、财产税系、资源税系和行为目的税系等。各个税系在税收制度和税收分配活动中的地位是不同的，如果其中的某一类税种在履行税收职能中处于主导地位，其他税种则构成辅助税种。这两大类税种之间的主辅关系形式，便是狭义的税制结构。其中，主体税种在税收制度中居于主导地位，是表现一定税制结构类型的主要标志。不同的税制结构因主体税种的不同，对于收入分配的调控作用存在较大差异。

以流转税为主体税种的税收制度贯彻经济效率准则，通过改变价格信号进行经济总量与结构调节。然而，流转税对居民收入分配的调控主要是在初次分配环节，将税负附加在商品或劳务的价格上，最终的税收负担者是消费者，所以流转税影响的最终是消费者的收入使用。由于流转税税负归宿具有不确定性，导致税收对收入分配的调控作用方向具有不确定性。在以流转税为主体税种的税收制度下，所得税和财产税在税收收入结构仅占较小的比重，税收对个人收入分配调控功能的力度是十分有限的。

以所得税为主体税种的税收制度，特别是以个人所得税为主体税种的税收制度对社会经济活动的调控重点是社会收入再分配环节。因为，所得税以法人和个人的所得额为税基，一般采用累进所得税率，对收入所得作分层次累进的税收调节。所得税的设计是以纳税人的支付能力大小为依据，以税收公平为调控的准则。所得税额的缴纳随着纳税人支付能力的大小而有所区别，条件相同的人应纳相等的税额，符合横向公平；同时针对收入高低情况不同的纳税人，采取累进税制方式，以达到收入多的人多纳税，因而又符合纵向公平。所得税是对收入结果的直接调节，因而所得税的征收中其税负转移的可能性比较小，相对于流转税更加符合税收调控实现社会收入分配公平的目标。

以所得税和流转税为双主体税种的税收制度，是一种兼顾以所得税为主体税种的税收制度和以流转税为主体税种的税收制度的综合性税收制度，在以所得税和流转税为双主体税种的税收制度下，所得税和流转税在税收收入中处于相对突出重要的地位，税收制度在调节社会经济运行总量和结构的同时注重税收对社会收入分配差距的调控。

（三）税收归宿的公平性决定税收调控收入分配的有效性

在复税制体系下，税收体系包括许多税种，如商品劳务税、所得税和财产税等，所涉及的纳税主体一般包括经济组织和个人。由于经济组织是一个虚拟的主体，不具有独立负税能力，一切税收最终皆来自于居民个人，无论是公司支付还是居民个人支付[①]。也就是说，对经济组织课税最终必然会以各种方式转嫁给居民个人负担，是一种对居民个人的间接征税，导致纳税人与负税人经常出现不一致的情况。税收归宿的研究就是解决究竟是谁真正负担税收的问题，即税负是否转嫁、如何转嫁、转嫁给谁以及转嫁多少。税收归宿理论表明税收最终由谁负担与法律上规定对谁征税无关。因此，税收经济归宿的公平与否是税收有效发挥收入分配调控作用的前提。

（四）税种选择的完备性影响税收调控的力度

税收对收入分配进行调控的税基主要为所得、消费和财产，也就是税收调控收入分配，应该对个人收入来源与支出同时考虑。因此，对于收入来源与支出的环节分析，对于明确税收调控着力点是至关重要的。具体而言，如图1所示：

---

① Norris, floyd, "Use Phony Numbers to Push for Tax Cuts." New York Times, February 14, 1999, P12WK.

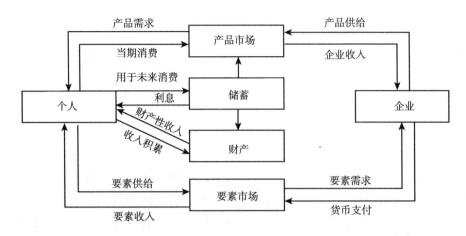

图1 家庭收入形成与支出环节示意

从图1看，收入来源包括要素收入、利息收入和财产性收入等。在收入取得环节，可以课征综合所得税和社会保险税；从收入支出环节，课征消费税；收支余额会形成财产，由于财产会给个人带来财产性收入，是贫富差距形成的主要原因，可以对财产课征财产税。具体而言，如图2所示：

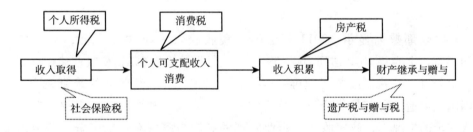

图2 税收调控着力点

因此，税收调控应该选择收入流量调节的个人所得税和收入存量调节的财产税，配合使用环节的消费税，共同形成完善的调控体系。

（五）税务管理能力是税收调控的重要保障

税收职能作用必须借助于税务管理能力使税制得到强制有效实施才能实现，而不能自发地进行。因此，税收收入的筹集主要由两个因素决定，即税收制度的合理性与税务管理能力的高低，具体如图3所示：

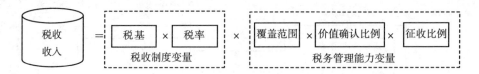

图3 税收收入筹集的理论模型

税收对收入分配的调控是通过税制科学设计，并有效实施来实现的。因此，其调控作用不仅体现为税制设计本身是否合理，而且还综合地体现为税制执行结果上其理论税负与实际税负是否保持一致。而理论税负与实际税负的一致性与税收特定时期的税务管理能力密切相关。尤其是税收对收入分配调控要求主要以个人所得税、财产税等来调节，而直接税对税务管理能力提出了更高的要求，使税务管理能力在税收调控的影响更大。

二、我国收入分配调控现行税收政策存在的问题与效应

（一）税收收入总量视角：政府收入与居民收入非均衡增长

财政部数据显示，2011 年上半年税收收入为 50 028 亿元，同比增长 29.6%，上半年 GDP 达到 204 459 亿元，同比增长 9.6%，税收增速远远高于 GDP 增速，将税制改革问题再一次推到风口浪尖，引起各方的普遍关注。一国国民创造的财富最终会形成政府收入、企业收入和居民收入三块，在总收入一定的情况下，政府收入、企业实现的利润与家庭获得的工资、薪金以及分享的利息和租金等收入，是此消彼长的关系，如果政府收入过快增长，没有带来公共商品或服务的等质等速提升，必然导致政府收入对企业和居民收入增长空间的挤压。从 2001～2010 年政府、企业与居民收入增长情况来看，政府收入一直远远高于居民收入的增幅，使收入增长一直处于非均衡增长状态。而且，我国上半年的宏观经济数据显示，居民收入和消费都呈现出增速放缓的态势，如果降低宏观税负，会对我国经济发展向内需拉动转型起到一定的促进作用。

表 1　　　　　　　　**2001 ~ 2010 年政府、企业与个人收入增长情况一览**　　　　　单位：%

年　份	GDP 增长率	税收收入增长	企业收入	居民收入	
				城镇居民家庭人均 可支配收入增长	农村居民人均 纯收入增长
2001	8.3	12.07	7.74	9.00	5.00
2002	9.1	20.41	18.74	12.00	5.00
2003	10.0	25.66	45.05	10.00	6.00
2004	10.1	20.02	39.13	11.00	12.00
2005	10.2	21.94	26.63	11.00	11.00
2006	11.6	31.39	30.79	12.00	10.00
2007	11.9	9.65	44.56	17.00	15.00
2008	9.0	16.39	12.55	14.00	15.00
2009	9.2	22.64	13.02	8.80	8.20
2010	10.3	13.44	49.4	10.90	7.80

（二）税制结构不合理：流转税比重过高弱化收入分配调控功能

多年来我国税制设计一直强调流转税与所得税双主体税制结构，然而从实际运行来看，流转税一直在我国税制结构中占绝对主导地位。从 2010 年来看，全国税收收入 73 210.79 亿元，比 2009 年增长 23.0%。其中，增值税、消费税、营业税和进出口环节增值税和消费税等流转税合计占比达 66.7%，所得税占税收收入的比重仅为 24.2%，真正承担收入分配调控功能的个人所得税仅占 7% 左右。由于流转税隐藏于商品或劳务的价格之中，对于纳税人来说税负能够转嫁抗税心理不强，对于负税人来说税收具有隐性税痛较小且纳税人主要是组织征税成本较小，因此有利经济总量与结构调节。但是，流转税的税收负担可转嫁且归宿很难确定，使其对负税人的影响具有不确定性。就我国税制结构而言，由于所得税占比过低，尤其是个人所得税占比更低，使收入分配税收调控功能极度弱化。

（三）税收调控体系不完善，严重制约税收调控的有效性

税收作为政府收入的重要组成部分，任何税种的开征都会影响整个社会的

收入分配格局，然而由于直接税税负很难转嫁、税负归宿明确等内在属性，使其应该承担税收的收入分配调控功能。从我国现行税制来看，收入分配调控体系主要是以个人所得税为主，消费税仅起到一定的辅助作用，严重制约税收调控收入分配的有效性。第一，个人所得税比重过低，且税制设计不合理。现行个人所得税一直是以个人为单位分类征收，便于征管但易导致税负不公，尤其是个人所得税收入主要源于按月征收的工资薪金所得，使税负主要由中产阶级承担，使税收存在逆向调节。我国从 2011 年 9 月 1 日起个税工资薪金免征额从 2 000 元提升到 3 500 元，税制设计的初衷是降低税负，笔者认为免征额的简单提高并未从根本上解决个税的"免征额一刀切"、"分类征收"等内在缺陷，却使个税占比进一步降低，个税调控范围更加有限；第二，个人保有环节的财产税缺失，使收入存量出现调控盲区。贫富差距一方面来自于收入流量，另一方面来自于收入存量。现行税制仅依靠个税等对收入流量调节，而个人保有环节的财产税现在仅在上海和重庆处于试点阶段。显然，仅依靠收入占比很低且税制设计不合理的个税对个人收入流量进行调节，而对于调控收入存量的不动产税、遗产税与赠与税并未纳入调控体系，在这种情况下，让税收充分发挥缩小收入分配差距的功能是不现实的。

（四）相关政策不协调：税收调控收入分配孤掌难鸣

收入差距形成的原因是多方面的，有市场失灵、市场缺陷导致的，也有非市场机制所造成的。其中，市场失灵是指市场机制无法将资源配置到最有效率的状态，如垄断等；市场缺陷是指市场经济制度安排本身存在一定的问题，如社会公平问题、经济波动等；非市场机制所导致的收入分配差异主要因为制度缺陷、立法与司法存在问题。具体而言：

1. 市场失灵或市场缺陷导致的收入分配差异

第一，个人禀赋和能力导致的差异。一种是同等禀赋与能力水平，但诚实劳动中努力程度和辛劳程度不同形成的差别。市场经济中劳动报酬取决于劳动的数量与质量，因此，相同体力与能力的劳动者因其努力程度不同，会形成收入分配差距；另一种是不同禀赋与能力水平所形成的差距。同一社会中，社会成员间客观存在禀赋与聪明才智的差异，市场经济条件下，这种差异必然带来收入水平上的差异，且比"努力"程度带来的差异要更加明显。显然，只要权利、机会与过程是公正的，这种因市场竞争形成的高收入无可厚非。第二，要素占有水平不同所形成的差异。由于一些客观原因（如出身、继承等），使社会各成员在财产权利等存在较大差异，由此带来财产性收入（如利息、租金、股息等）存在较大差距。这种差距有可能代代相传，使贫富差距越拉越大。第三，机遇与运气不同形成的差异。市场经济的某些场合，机遇与运气所形成的差距也是客观存在的，但前提是机遇与运气所带来的收入是在权利平等、过程公平与规则的公正基础上取得的。第四，市场不完全竞争而形成的差异。垄断因素可以强烈地影响社会成员收入的高低。例如，一般垄断行业职工收入明显高于非垄断行业。

2. 现行体制或制度不合理形成的收入差距

因体制或制度原因形成的收入差距可以从两个方面来分析：一种是"明规则"因素形成的差距。例如，同样是公职人员，但因所处的部门或同一部门但因地域不同而使收入存在较大差异；另一种是"潜规则"因素形成的差距，或称"灰色收入"。这种收入往往源于非规范的收入渠道、不合理但不违法，具有隐性特征，往往由于制度不健全所导致的，如企业的非货币福利，公职人员的工资外收入等。

3. 违法行为形成的差异

这种收入主要包括非法经营、走私、贩毒、贪污腐败等形成的收入，往往数额巨大、隐性，且造成的社会不公感最大。

显然，我国贫富差距由以上各种原因导致，不同原因造成的贫富差距应该选择不同的调控工具。其中，税收政策可以作用于市场失灵或缺陷所导致的差异，但对于违法行为却无能为力。因此，税收政策不是万能的，需要行政手段、法律手段和其他经济手段相互协调与配合。

三、基于公平收入分配目标税制改革的对策与建议

（一）降低总税负：调整国家、企业与居民个人分配格局

第一，解决我国经济增长的结构性矛盾要求降低总税负。一国国民创造的财富最终会形成政府收入、企业收入和居民收入三块，在总收入一定的情况下，如果政府收入过快增长，没有带来公共商品或服务的等质等速提升，必然导致

政府收入对企业和居民收入增长空间的挤压。我国上半年的宏观经济数据显示，居民收入和消费都呈现出增速放缓的态势，如果降低宏观税负藏富于民会对我国经济发展向内需拉动转型起到一定的促进作用。

第二，充分发挥税收调控职能要求进行结构性调整。多年来，由于现行以流转税为主体的税制设计很好地实现了税收筹集财政收入的基本职能，但其派生的经济与社会调控职能一直没有充分发挥。如强化收入分配税收调控以及抑制通胀等都需要对现行税制进行结构性调整，即：降低流转税比重，增加直接税比重。

第三，税收收入高速增长是调整税制结构与降低总税负的有利契机。税收总量高速增长一方面为税收总体税负下降提供可能；另一方面为经济转型期我国税制存在诸多问题的解决提供时机。结构性调整的内涵包括结构性增税与结构性减税，因此，税收高速增长为加快推进增值税拓面、资源税由从量定额向从价定率征收、个税征收由分类向综合、财产税改革以及环境税开征等改革进程提供了有利时机。

（二）调整税制结构：拓宽税收调控收入分配的作用空间

我国税负不仅存在结构性不合理，更重要的是总体税负过重，因此税负结构性调整时应降低总税负。也就是说，"有增有减的结构性减税"不应成为结构性增税的障眼法。当前实行结构性减税，关键是推动税制结构的根本性变革。多年来税收一直强化收入功能，而调控功能弱化，其主要根源在于流转税在税制结构中一直处于主导地位。这样税制设计由于税收具有隐性特征，政府只知道对什么征税，由谁纳税，但最重要的税收究竟由谁承担是不清楚的。因此，每一次税制改革可以测算税收总量变化、行业变化，但到底对最终的负税人——居民的税负变化情况根本无从测算，税收政策效果只能靠理论猜想，使税收无论在经济调控还是社会调控上都大打折扣。直接税则不同，由于税负很难转嫁，税负归宿非常清楚，使税收政策的着力点预先估计成为可能。税收筹集财政收入是其基本职能，但不是全部。因此，降低间接税，增加直接税比重应该是我国今后税制改革的主攻方向。具体而言：

第一，结构性减税方面。我国目前中小企业出现了不同程度的经营困难，在短期内对中国经济增长和就业带来潜在的巨大冲击，应该尽快出台中小企业的减税措施。同时，进一步完善支持企业创新的减税政策。另外，出台增值税拓面的改革措施。增值税是我国第一大税种，但多年来一直是授权立法，应该将其提升到法律层面，不可避免涉及拓面问题，也就是取代营业税。例如建筑安装、交通运输等第三产业的营业税被增值税扩围所替代，可以解决营业税重复征税问题，进而促进产业结构升级。同时，对于生活必需品应该降低流转税总税负，相对增加个人可支配收入。

第二，有增有减方面。该方面主要涉及个人所得税的改革与完善。2011 年 9 月 1 日工资薪金免征额的调整尽管在一定程度上降低低收入税负，增加高收入税负，但个人所得税公平性问题远没有得到解决，甚至由于个税减收使税收调控收入分配职能更加弱化。因此，个税的改革最终落脚点是综合所得税设计，增加个税的累进性。

第三，结构性增税方面。包括为构建税收调控收入分配政策体系的房产税、遗产税与赠与税开征与完善等，使税收能够对收入存量进行有效调控。

（三）完善税收调控收入分配的政策体系：将税收公平性落到实处

1. 在初次分配环节，税收通过商品劳务税对个人消费支出进行调节

在初次分配环节，税收主要是通过商品劳务税对个人消费支出进行征税。具体而言，可以通过增值税和消费税组合，通过增值税保持中性，而消费税对高档消费品和奢侈品等有选择地征收，达到调节贫富差距的目的。然而，需要指出的是，商品流转税是对公司或企业等经济组织课税，在公平收入分配方面存在一定的缺陷。因为税收所涉及的利益主体包括经济组织和个人，由于经济组织不具有独立负税能力，一切税收最终皆来自于居民个人，无论是公司支付还是居民个人支付。因此，对经济组织直接征收商品劳务税，最终必然会以各种方式转嫁给居民个人负担，是一种对居民个人的间接征税。理论上，初次分配环节，尽管企业所得税、增值税与消费税相结合可以在一定程度上通过调节消费对收入分配产生影响，但是，由于商品劳务税和企业所得税在税收转嫁过程中，税收最终归宿的确定非常复杂，无法准确判定负税人的负担比例，进而不能充分体现社会收入分配中量能负担原则，导致收入分配调节作用方向具有不确定性。因此，初次分配的税收调控只能是一种辅助调节。

2. 在再分配环节，税收通过所得税和财产税对个人收入进行调控

理论上，明确的税收归宿是选择调节个人收入分配差距有效税种的首要前

提，累进的税制设计是制度保障。因此，税收的再分配职能主要是在二次分配环节实现。在二次分配过程中，税收主要是通过直接税对居民个人的收入、所得或财产进行征税，依据量能负担和受益原则，实现社会公平。同时，由于直接税会增加税制的累进性，使税收成为经济调节的自动稳压器。第二次分配中，税收对收入分配进行调节包括个人收入的流量和存量双重调节。

第一，通过个人所得税实现居民个人收入流量调节。一般而言，所得税包括个人所得税和企业所得税两个税种。个人所得税是对个人所得直接征税，在实行累进个人所得税的情况下，税率随着个人收入的增加而升高，使得高收入者和低收入者的收入差距在征税后缩小，实现税收对居民收入的流量调节；企业所得税并不是真正意义上的直接税。因此，企业所得税是否可以减少，或在多大程度上减少投资者资本收益，进而缩小资本利得收入者和劳动收入者之间的收入差距具有不确定性。因此，居民收入分配的税收调控主要由个人所得税来完成。实践表明，我国现行个人所得税分类征收模式易征管，不能对收入分配差距进行有效调控，改革的政策取向是由分类征收过渡为综合征收模式。

第二，通过对个人直接征收的财产税、遗产税与赠与税，实现居民收入存量调节。财产是个人收入的重要来源，这些税种通过对个人的财产在保有、继承和赠与环节课税，实现对收入存量的有效调节。

第三，社会保障税。一般情况下，社会保障税采用比例税率，且税基主要是劳动所得，不包括非劳动所得，其税负主要由劳动者负担。因此，该税本身并未对公平收入分配起到多大的作用。但它是政府实行社会保障制度的主要财力保障，决定社会保障的规模与质量，对于实现收入的公平分配有着间接而重要的促进作用。从国际经验来看，社会保障税（缴款）已成为世界各国调节收入再分配的重要政策工具。

3. 在第三次分配环节，税收可以引导与鼓励慈善事业的发展

第三次分配是社会的高收入者通过自觉、自愿的社会无偿捐赠，救助灾害、救济贫困、扶助残疾人等困难社会群体和个人、资助科教文卫事业以及环境保护和社会公共设施建设等慈善事业以回报社会，实现更深层次和更大范围内的收入分配调整。第三次分配可以通过多种途径和多种方式的捐助活动，使很多富人的财产被直接或间接地转移到穷人手中，在客观上起到国民收入再分配的作用，实现高收入者的收入向低人者转移，因此，是对财政转移支付的有效补充，对于缩小贫富差距具有正效应。第三次分配一般情况下是公众自觉行动，但可以通过制度予以激励与引导。例如，可以对社会捐赠给予个人所得税和财

产税的减免税的税收激励。同时，通过高税负的遗产税和赠予税引导高收入的合理流向，缓和收入分配不公的矛盾。然而，我国现行税制中无论是企业所得税还是个人所得税对于捐赠都有限额，且超限额部分不能向以后年度结转扣除，在一定程度上制约税收激励作用的发挥。

（四）提高税务管理能力：为税收调控收入分配保驾护航

1. 提高征税人员素质及其依法行政意识

税收征管是人的行为，税务部门的税收征管是通过税务人员来实施的，要提高个人所得税的税收征管水平，首先要考虑提高税务人员的素质，以人为本才能切实提高税收征管水平。税务人员的素质包括文化素质、业务技能和职业道德水平三个方面。

第一，提高税务人员的文化素质。文化素质是人员素质的基础，提高税务人员的素质首先要提高文化素质。从发展的观点看，现代科学技术的高速发展，要求税务人员能有一个适应社会经济发展的文化基础，现代高速运转的工作节奏，也需要以一定的文化素质为基础。只有从根本上提高税务人员的文化素质，强化税收征管才能有切实可行的基础。

第二，提高税务人员的业务技能。税务人员的业务技能直接制约着税收征管工作的效率。现代税收征管的业务技能不仅仅是手工操作的熟练，更多地是体现在对现代经济运作情况的适应程度和对税收法规掌握的熟练程度。在现代经济社会中，计算机已在社会经济各方面全面运用，税务人员需要掌握在计算机应用条件下，对电算化信息资料的审查技能，进一步而言，为提高税收稽查工作的效率和水平，税务人员就需要学习运用计算机稽查软件来审查电算化信息资料。

第三，提高税务人员依法行政的意识。依法行政是税务人员的最基本的职业操守，是一种对税务人员执行公务时的行为规范要求。税务队伍的依法行政意识直接反映了税务人员在执行税务征管工作中的执业水平。现代税收制度的运行要求有一支具有较高依法行政意识的税务人员队伍，而税务人员的依法行政意识与其职业道德水平密切相关。税收征管的执法力度是以税务人员的职业道德水平为基础的，而税务人员的职业道德水平的高低是税务人员执业规范性和业务技能的综合体现。离开了业务技能来谈职业道德只是一种空谈，而缺乏执业规范的税收征管，即使税务人员业务技能很高，也难以达到提高和加强税收征管目的。因为，有法不依，执法不严和不公正，必然使税法流于形式，强化税收征管就失去了坚实的基础。

2. 加强税源监控，完善税收基础管理环节

税收工作的中心任务就是贯彻落实国家税收法规，将应收的税款及时、足额地征收上来。而要实现这一中心任务，在很大程度上取决于对税源的监控能力和水平，只有掌握了税源，才能有效地征收税款。但由于市场机制的作用，各种经济税源的不确定性将大大增强：有的行业可能日益萎缩，有的行业可能更加充裕；有的地区可能变得十分兴旺，而有些地区可能变得萧条。而这必然给税收征管带来困难，它使得一个税务征收单位管辖的实际纳税人户数经常发生变化。为避免实际户数与被管户数的不一致，以及正常户、注销户、非正常户与总登记户数的不一致，必须大力加强税源调查。只有掌握各种税源的变动情况，才能及时加强征管，并为各级政府安排预算盘子提供依据。但是，现行我国计算机等先进科技手段的应用还处于较低的水平，各部门之间没有实现信息共享，而我国税收征管恰恰"以计算机网络为依托"，显然，在计算机网络没有完全形成的情况下，现行征管模式中设计的合理内容必然难以实现，从而造成漏征漏管。因此，针对当前的征管水平和管理现状，基层税务部门应立足实际，充分利用其接触企业的便利条件，通过赋予其"日常检查"与"管理稽核"的职责，及时收集管区内企业的信息，并建立区域纳税人管理台账，主要负责户籍管理、一般纳税人认定，增值税进、销项监控，异常申报调查等各种涉税信息的采集、分析与报送，以掌握纳税人第一手资料，从而完善税收基础管理环节，确保有税尽收，无税禁收。

3. 加强税收信息化建设，提高征管效率

税收征管改革以来，税务机关的内部管理机构进行了结构性的调整，但在机构日趋分化的情况下，"不管事"和"乱管事"、信息相互抵触或各自为战的情况也较为普遍地存在，为了提高改革的质量与效率，必须将各种专业化的机构连接在一起，使综合成为控制改革的基本措施。而这一综合过程就是信息化的过程。但是，我国以往的税收信息化建设中，普遍存在着"重通信、计算机和应用软件，轻信息资源管理"的误区，从而导致信息系统在数据质量和信息服务方面存在诸多不足。一是由于数据采集、管理缺乏行之有效的监督考核措施，一些单位输入计算机中的数据不准确、操作不规范，有的数据甚至严重失实，影响了领导的决策，制约了计算机在分析、监控、管理等方面作用的发挥；

二是各职能部门的信息形式单一，数据作用域、使用范围各异，造成信息严重堆积，使得信息收集渠道的一致性、共享程度难以保证；三是信息系统内部数据处理的层次性和综合性不够，导致查询、统计等信息服务功能没有发挥应有的作用，数据向信息化转化不够，信息为税务管理服务、为决策服务的潜力尚待挖掘。这些问题的存在，也使得现行税收信息化管理远未成为跨时间、跨地点、跨部门的全方位的税务综合信息集合体。而技术只有与先进的管理思想、管理体制相结合才能产生巨大的效益。因此，税收信息化建设，首先应在明确税收信息化管理目标的前提下，以优化税收管理为基础，通过建立延伸到纳税人和金融、工商、海关、技术监督等相关部门的全国统一的税收计算机网络为媒体的信息公路，即通过加强部门间的信息交流与利用，最终实现全社会的涉税信息共享，从而真正使计算机网络成为税收征管工作的依托，发挥计算机人工智能化管理决策的功能。

课题组成员： 燕洪国　潘亚岚

扭转居民收入分配差距扩大趋势的财税政策分析

——促进"两个同步"与"两个提高"目标的实现

杭州电子科技大学课题组

改革开放以来，我国在经济社会发展方面取得了重大的成就，人民生活水平不断提高。但是，居民收入分配差距也不断扩大。我国正处在社会主义初级阶段和市场经济转型阶段，一定的收入差距是不可避免的，但是过大的收入差距会对经济的发展和社会的安定团结产生巨大的负面影响。"十二五"规划突出强调要扭转收入差距扩大的趋势，努力实现居民收入增长和经济发展同步、劳动报酬增长和劳动生产率提高同步，逐步提高居民收入在国民收入中的比重、提高劳动者报酬在初次分配中的比重，加快形成合理的收入分配格局，全面改善人民生活。在实现这个目标的过程中，财税政策必定要发挥不可替代的作用，因此有必要对扭转收入分配差距过大趋势的财税政策进行研究。

一、我国居民收入分配差距的现状与效应分析

（一）我国居民之间收入差距的主要表现

基尼系数是国际上用来综合考察居民内部收入分配差异状况的重要分析指标，通常把 0.4 作为收入分配差距的"警戒线"，超过 0.5 则表示收入差距悬殊，一般发达国家的基尼系数在 0.24 ~ 0.36 之间。我国基尼系数自改革开放以来不断攀升，根据统计数据，我国的基尼系数从改革开放初的 0.28 上升到了 2007 年的 0.48，且呈不断上升趋势。这说明我国居民收入差距已经达到悬殊的程度。世界银行报告显示，美国是 5% 的人口掌握了 60% 的财富，而中国是 1%

的家庭掌握了全国 41.4% 的财富。此外，除了居民收入总体存在较大差距外，我国居民收入差距还突出表现在两个方面：

1. 城乡居民收入水平差距大

改革开放以来，经济的高速增长使城乡居民生活水平得到了极大的提高，但是在收入分配方面，城乡居民之间却存在着显著的差距。人均 GDP 由 1978 年的 381 元上升到 2009 年的 25 575 元，其中城市居民的人均可支配收入从 343.3 元上升到 17 174.7 元，农村人均收入从 133.6 元增长到 5 153.2 元，30 多年来，城乡居民的收入比从 2.57 上升到了 3.33，表明我国城乡居民之间的收入差距进一步拉大。

2. 地区之间居民收入差距逐步扩大

我国地区之间居民的收入差距主要表现在中、东、西部之间的差距。通过居民消费水平可以看出地区之间居民之间的收入差距（见表 1）。

表 1 　　　　各地区城镇居民家庭平均每人全年消费性支出（2009 年）　　单位：亿元

地区	全国	北京	上海	浙江	山西	江西	广东	新疆	西藏	甘肃
消费性支出	12 265	17 893	20 992	16 683	9 355	9 740	16 858	9 328	9 034	8 891

资料来源：根据中国统计年鉴（2010）制作。

从 2009 年不同地区消费性支出中可以看出，我国东、中、西部不同省份的居民消费性支出差异较大。北京、上海等东部发达地区的消费性支出远远超过了全国平均水平，而中西部居民的消费性支出水平很低，我国地区之间居民的收入水平差距已经达到了相当高的水平。

居民收入差距的日益扩大，严重危害了我国经济发展和社会安定。因此，居民收入差距不断扩大的问题必须引起政府足够重视，采取有效措施来扭转差距扩大的趋势，促进社会公平。

（二）居民收入差距过大的经济社会负面效应分析

居民收入差距过大的负面效应可以从经济效应和社会效应两个方面进行分析。

1. 经济负面效应分析

（1）居民收入差距过大导致内需不足，经济发展缺乏后劲。众所周知，经济的发展主要依靠投资、消费和出口"三驾马车"拉动，而居民收入分配差距不断扩大导致社会的总消费能力下降，削弱了拉动经济发展的作用。收入差距扩大，社会财富向少数人汇聚，而广大低收入群体收入增长缓慢。由于少数高收入群体的一般消费需求早已经得到满足，收入的提高除了进行奢侈品消费外，不会再用于一般的消费，而广大低收入群体由于收入增长缓慢，或者没有稳定的收入增长预期，消费能力不足，这就造成了高收入群体边际消费倾向下降和低收入群体消费能力不足，制约消费增长，从而使消费率呈现下降趋势或保持较低的水平，就会导致整个社会消费需求不足，从而制约经济的持续健康发展。

（2）收入差距过大造成消费断层，不利于产业结构升级。居民之间合理的收入差距通过影响消费结构的变化进而促进产业结构的升级。某种产品在最初推向市场时，由于技术、生产成本等原因使得其价格会因具有一定垄断性，只有高收入者有能力消费，然后随着技术的成熟和市场竞争者的不断加入，供给能力大幅提升，产品价格下降，中低收入者成为消费主体，高收入阶层这种产品的需求逐步减少，转而追求更高层次的产品，而这又刺激了市场创新，新的产品会不断出现，如此周而复始，促进产业结构的升级改造。但如果收入差距过大，在高收入者消费需求已经满足的情况下，中低收入者因支付能力不足不能够形成有效需求，就会出现消费断层。这种断层造成了一部分低端产业生产过剩但却不能退出市场，同时另一些高端产业又难以做大做强，严重阻碍了产业结构的升级，对经济的可持续发展产生不利影响。

（3）收入差距过大影响经济发展的效率。在经济的发展过程中，如何激励人们努力工作、积极创新和踊跃投资是非常重要的方面。人们付出不同的劳动，就应该得到相应的报酬，确保收入与贡献一致是保证有效激励的关键。在目前的经济发展过程中，过大的收入差距造成了贡献与回报产生错位，挫伤了诚实劳动、合法经营者的积极性与主动性，影响效率的提高，对经济发展产生了不利影响。

2. 社会负面效应分析

公平正义是构建社会主义和谐社会的前提，而居民之间过大收入差距的存在无疑违背了和谐社会的基本特征，对构建社会主义和谐社会产生不利影响。居民收入差距过大会使民众的相对剥夺感增强，在不同参照群体的对比下，由于差距的存在，个人和群体很容易产生一种自己的利益受到了"剥夺"的感受。收入差距扩大给民众带来的这种心理反应就是相对剥夺感增强，它会在民众中造成仇富心理等不满情绪，造成社会不稳定因素的增加，危害社会的安定团结，阻碍我国和谐社会的建设与发展。

二、财税政策在调节居民收入分配中的不足

（一）税收政策存在的制度缺陷

税收收入是现代国家财政收入最重要的收入形式和最主要的收入来源，我国税收体系中存在的问题主要有：

1. 税制结构不合理

税制结构设计的合理与否在很大程度上决定了税收在调节收入分配方面的作用的发挥。直接税与间接税的比重，是税制结构的主要问题。1994年税制改革以后，我国逐步形成了以流转税和所得税并重的税制结构。但是，随着社会主义市场经济体制的不断完善、多种经济成分的出现以及居民个人收入的增加，我国现有税制结构存在的问题日益突出，主要表现为过于强化间接税的主体地位，在税种设计上过于突出了增值税的作用，使得其他税种尤其是所得税的比例过低。从主体税种的收入来看，所得税的收入一直持续在一个较低水平的状态，而以增值税、营业税、消费税为主体的流转税占据了税收收入的主要部分。财政部公布的2010年全国公共财政收入基本情况显示，2010年，全国税收收入73 210.79亿元，比2009年增长23.0%，其中，增值税、消费税、营业税、进出口环节增值税和消费税等流转税合计占比达66.7%。然而，所得税占税收收入的比重仅为24.2%。由于间接税税负可以转嫁，在收入分配上的效果远不如直接税明显，因此，我国税制结构中直接税比例过低，不利于税收调节收入分配差距作用的发挥。

2. 个人所得税体系存在"硬伤"

个人所得税是公认的调节收入分配最为有效的税种，世界上许多国家都利用个人所得税来调节本国的收入分配差距。由于我国在个人所得税上存在着诸多问题，使得其调节收入分配的功能弱化，主要表现在：第一，目前我国仍然

实行分类所得课税的模式，对不同的收入采用不同的税率与扣除方法，容易造成综合收入高但所得项目少的纳税人不纳税或少纳税，而所得项目多且综合收入少的纳税人纳税多的现象。第二，费用扣除标准不能随经济的发展及时调整。十一届全国人大常委会第二十一次会议通过了关于修改《个人所得税法》的决定，将工资、薪金所得，以每月收入额减除费用3 500元后的余额为应纳税所得额，于2011年9月1日起施行。个税免征额的改革，并不能对收入分配调节起到非常大的作用，因为目前我国仍然实行全国统一的费用扣除标准，忽略了不同地区、不同家庭之间的差异因素，造成了纳税人税收负担的不均衡性。第三，税收征管不利。缺乏健全的征管机制，造成税收调节收入分配的作用大打折扣。目前我国处于社会主义市场经济的转型时期，缺少健全的收入监控机制，对社会上存在的高收入阶层的许多隐性收入难以真实掌握，而收入来源单一的工薪阶层成为了税收负担的主要承担者。有数据显示，2007年我国个人所得税总收入3 185亿元，工薪所得税占55%，来自财产租赁和转让所得的税收额却不足个人所得税的1%，企业事业单位承包、承租经营所得所纳税额不足个人所得税的2%。这表明，中国工薪阶层正承担着与其总体收入格局状况不相称的赋税，劳动收入的税负程度偏重。这在很大程度上导致了我国全部个人所得税的65%来自中低收入家庭。

3. 财产税调节收入差距作用不明显，房产税迫切需要改革

财产税是以纳税人所有或属其支配的财产为课税对象的一类税收，是针对居民已有的"存量"财产进行的征税，其中房产税占据着重要地位。目前我国的房产税主要是对生产经营性房产和出租性房产征税，对个人所有的非营业用房产（即个人自住住房）免税。改革开放以来，我国经济社会形势发生了较大变化，住房制度改革不断深化，房地产市场日趋活跃，居民收入水平有了较大提高，房地产也成为个人财富的重要组成部分。同时，近年来大量投资投机性需求涌入楼市，造成部分城市房价短期内迅速抬升，使得大量有居住需求的人无力购买。因此调节居民间收入差距，实施改革房产税势在必行。

4. 消费税的征管范围不能随经济的发展做出相应的调整

在流转税中，消费税可以通过对某些奢侈品征收较高的税收来限制高收入人群的消费，同时起到调节收入的作用。我国目前消费税中存在的主要问题是未把一些高档商品、高级休闲娱乐场所消费、高档服饰等奢侈品纳入消费税征收范围，存在着"缺位"问题，不利于消费税调节收入作用的发挥。

（二）财政支出中存在的问题

1. 转移支付制度不尽完善

我国现行的财政转移支付制度是在 1994 年分税制改革后形成的。主要分为两大类：一般性转移支付和专项转移支付。一般性转移支付主要是中央对地方的财力补助，包括税收返还、过渡期转移支付、原体制补助三种形式；专项转移支付主要是专项拨款和各项结算补助与其他补助等，主要服务于中央政府的特定政策目标。目前我国转移支付方面存在的问题主要有两个方面：第一，转移支付结构不均衡，一般性转移支付规模过小，专项转移支付规模过大。2010年，财政转移支付 2.73 万亿元，其中专项转移支付为 1.41 万亿元，占整体的51.6%。一般性转移支付具有较强的财力均等化效果，其支出规模较小，使得在调节各地区经济发展方面的作用受到了很大的限制。第二，转移支付缺乏专门的法律规范，监督机制不健全，造成了专项拨款挪用严重、转移支付资金利用效率低下等诸多问题。

2. 社会保障体制有待完善

社会保障是实现收入公平分配的一个重要手段，因此，要通过社会保障制度的实施逐步缩小收入差距，从而促进社会稳定、提高低收入群体的消费能力和消费信心，进而促进经济增长。虽然随着我国经济的不断发展，社会保障体系基本框架已经初步建立，但是我国目前的社会保障调节机制还存在一些问题，主要表现在：（1）社会保障覆盖面过窄。我国的社会保险主要是在区县以上的集体企业中实行，多数区县以下的集体企业、乡镇企业、私营企业、个体工商户和广大农村劳动者基本上没有建立社会保险，这与我国现阶段多种经济成分并存的格局极不协调。（2）制度设计不合理。现行社会保险制度设计贯彻了"社会保险制度改革为国有企业改革配套"的原则，这难以适应其他类型如私营企业等非国有部门职工的财报需要，阻碍了我国社会保障体系的完善。（3）立法不完善。社保体系的正常运转需要完善的法律保障，但目前我国社会保障专业法规少，对企业、职工乃至社保主管部门缺乏约束力，致使社保基金管理缺乏有效监督，借、挪用基金的现象十分严重，社保基金的动作也不规范、不统一。

3. 公共产品支出存在结构性问题

公共支出按受益范围可分为一般利益支出与特殊利益支出。前者指的是全体社会成员均可享受其所提供的效益的支出，如国防支出、司法支出等；后者是对社会中某些特定居民或企业给予特殊利益的支出，如教育支出、医药支出等，这些支出所提供的效益只涉及一部分社会成员，如果是低收入者阶层得到这一部分特殊利益支出，可以直接降低他们在相关方面的开支，从而提高其可支配的收入水平。尤其是政府在教育方面的支出，能够提高受教育者的人力资本存量，增强他们的就业和收入能力，从而有助于公平收入分配。但是，目前我国在义务教育、公共卫生、公共设施与基础设施等方面，对不同地区和不同居民之间的供给差异十分明显，拉大了居民之间的收入差距。根据 2009 年全国教育经费执行情况统计，西部省份如青海、宁夏、西藏的预算内教育经费分别只有 72.29 亿元、67.19 亿元、57.71 亿元，东部各省、直辖市的教育经费要远远高于这些地区，并且东部各省间的教育经费也存在很大差异，如广东省达到了 903.57 亿元，浙江、四川分别为 543.91 亿元、601.40 亿元。去除各省在人口等方面的差异，教育支出也存在很大的不公平性。

三、扭转收入差距拉大趋势的财税政策选择

通过对我国收入分配现状及相关的财税原因分析可以看出，缓解目前我国收入分配差距过大的问题已刻不容缓，必须加快财税政策的改革与完善，发挥其在调节收入分配中的作用。2011 年政府工作报告指出，要继续坚持和完善按劳分配为主体、多种分配方式并存的分配制度，努力实现居民收入增长和经济发展同步、劳动报酬增长和劳动生产率提高同步，逐步提高居民收入在国民收入分配中的比重，提高劳动报酬在初次分配中的比重，加快形成合理的收入分配格局。"两个同步"的目标是解决新做大的蛋糕如何分配的问题，"两个提高"则是针对已有蛋糕的分配而言，在实践中，必须处理好两者之间的关系。如果"两个同步"不能实现，就意味着国民经济新增部分的分配是不公平的，那么扭转收入分配差距过大就更无从谈起。因此，当前的首要目标是实现"两个同步"，从长远来看，只有建立合理的收入分配格局，提高居民收入在国民收入中的比重，才能真正解决我国的收入分配问题，因此，实现"两个提高"是长远目标。要实现"两个同步"和"两个提高"，财税政策的改革势在必行。

（一）改革税收政策，促进居民收入增长与经济发展同步

税收政策改革的目标要着眼于进一步完善税收体系，充分发挥其调节收入分配的作用。针对我国现行税制存在的问题，进一步完善税收体系，可以有效对高收入者进行调节，相对调高社会中占绝大多数的中低收入居民的收入，有利于实现全社会居民收入的增长和经济发展同步。

1. 优化税制结构，完善税种设计

（1）要调整直接税与间接税的比例，逐步增加直接税的比重。但是，这种调整并不是简单地通过两者之间存量的此消彼长去实现，而应着眼于总体税负调整，通过增量的调节去实现。主要考虑随着我国经济的具体发展情况，逐步增加所得税收入，扩大财产税收入。直接税收入的提高，占税收总额的比重增加，间接税的比重自然会减少。

（2）实施房产税改革，适时开征赠与税与遗产税。根据我国经济发展情况，对房产税进行改革，将个人非经营用房产纳入征税范围，同时建立相应的配套机制，如建立和完善房地产产权登记制度，培养高素质的房地产的价值评估专业人才等，保障房产税的征收。适时开征遗产税与赠与税，借鉴国际经验，选择总遗产税制模式，即对逝者遗留的财产净额课税。同时，为防止居民生前避税，要配套开征赠与税，并配合遗产税和赠与税的开征，建立个人财产申报制度、登记制度，保证对财产税源的监控。

2. 完善个人所得税制

（1）重新确定所得税模式。我国的个人所得税制宜采用综合所得课税为主、分类所得课税为辅的混合所得税制，按照不同所得进行合理分类，将个人经常性、主要收入纳入综合项目征税，以综合征税为主。从应税所得上看，属于劳动报酬所得、有费用扣除的应税项目，如工资薪金、生产经营、承包承租、财产租赁、转让等所得项目，宜实行综合征收，这样做有利于实行统一调节，公平税负。对个人的非经常性收入实行分类征税，以分类征税为辅。

（2）重新确定纳税单位。在我国现阶段个人所得税以调节收入为主要目的，而收入分配差距扩大主要体现在家庭收入水平的差距上。因此，对居民收入分配的调节应集中到对家庭收入的调节上。选择以家庭为纳税单位，在费用扣除时应综合考虑纳税人的自然状况，结合婚姻、赡养子女、老人等现实情况，做

到相同收入家庭缴纳相同的个人所得税，实现公平收入分配的社会政策目标。

（3）根据经济的发展情况调节免征额。我们可以借鉴世界上一些发达国家的做法，将个税起征点与物价指数挂钩，建立浮动的起征点体制，减少通货膨胀对个税的扭曲性影响，达到减轻中低收入者的负担、缩小居民收入差距的目的。

3. 推动消费税的改革

消费税是最为直接的调节收入差距的一种税收，因为它直接面向高消费的社会成员，其直接负税者显然往往是高收入者，有利于在一定程度上缩小收入分配的差距。对消费税进行改革主要是调整征税范围，适时增加和减少应税税目。增加应税项目的重点应当是为满足高收入阶层需求的某些高档消费品和消费行为，如将高级裘皮制品、某些高档家用电器等列入消费税征收范围；缩小应税项目的方面主要是随着经济的发展，将一些已经成为人们日常生活需要的物品从应税消费品的范围中剔除。

（二）完善财政支出政策

财政支出是政府为实现其职能对财政资金进行的再分配，有效的财政支出政策可以在控制居民收入差距方面发挥重要的作用。完善我国目前的财政支出政策，可以将有限的财政资金投放到最需要的居民手中，增加中低收入者的收入，对实现居民收入增长和提高居民收入在国民收入分配中的比重起到至关重要的作用。

1. 完善财政转移支付体制

（1）调整转移支付的结构。要提高一般性转移支付的比例，适当整合其中的专项转移支付，妥善安排转移支付的结构比例。将财政款项拨付到那些真正需要的地区和居民手中，减轻他们的负担，从而可以相对地增加收入。

（2）借鉴西方发达国家经验，逐步建立纵向转移支付与横向转移支付相结合的转移支付体系。建立各地政府间的横向转移支付，东部发达地区的政府可以通过转移支付的方式向中西部欠发达地区提供更多的支持，促进中西部经济的发展，有利于缩小地区之间的经济发展差异，从而对控制不同地区居民收入差距起到积极的作用。

（3）建立完善的法律体制。财政转移支付必须通过健全的法律法规进行约束，严格按照规章办事。要明确转移支付的内容、范围、具体用途及监督处罚等，以法律的形式确定下来，使转移支付更加规范，从而提高资金利用效率。

2. 有目的地调整财政支出方向，改善公共服务不均等的现状

（1）财政支出要加大对"三农"的支持力度。要实现居民收入增长与经济发展的同步，最关键的一个问题就是要促进农村经济的发展、增加农民的收入，为此，要继续加大对"三农"的扶持力度。首先，加大对农业和农村基础设施的投入，为农业经济发展提供坚实的硬件保障；其次，大力支持农业科技进步，加大对农业科技的研究、推广，提高农业综合生产能力；最后，要增加对农村剩余劳动力进行培训的支出规模，提高农民素质，为农民提供更多的就业岗位，从多渠道增加农民收入，逐步缩小城乡居民之间的收入差距。

（2）加大对教育的投入，改善城乡教育资源不平等状况。著名经济学家萨缪尔森曾经说过："在走向平等的道路上，没有比免费提供公共教育更为伟大的步骤了。"增加低收入者的收入，推进"两个同步"的实现，最根本的是加大教育的投入。首先，财政支出要加大对教育的支持力度，同时调整支出结构，加大对义务教育的投入，改善财政教育支出结构过度偏向中高级教育，而初级教育占比有限的状况。其次，加大对农村、中西部欠发达地区的教育投入，加快落后地区教育设施的建设，同时注重优秀教师的引进，综合提高这些地区的教育水平，减少城乡、地区间教育资源不对等的情况。

3. 根据经济社会的发展情况，制定有针对性的财政支出政策

随着我国经济建设的不断发展，出现了许多新的社会经济问题，财政支出政策应该在充分考虑经济情况变化的前提下，做出适当的调整以解决新的问题。针对我国居民收入差距不断增大的现实及实现"两个同步"及"两个提高"的目标，财政支出政策需要做出有针对性的调整。

（1）加快建立健全职工工资的正常增长机制。根据经济的发展、物价上涨、企业劳动生产率的提高等指标，来调整最低工资标准，依此制定职工工资的增长幅度。还要完善相关的法律法规，保证职工工资增长机制落到实处，真正增加职工的收入。

（2）积极扩大就业，让更多的人能够分享经济发展成果。不就业就无法参与初次收入分配，因此，让更多人能够分享经济发展成果的最有效办法就是为其提供就业机会，让其有机会参与社会财富这块大"蛋糕"的分配。解决当前面临的就业问题，首先要求把就业放在经济社会发展的突出位置，加大不断提

高劳动者素质和技能的支出，增强劳动者的就业能力。

4. 健全社会保障体系

完善的社会保障体系可以促进财税政策社会公平分配作用的发挥，保障低收入者的生活水平可以随着经济的发展得到提高，有利于提高居民整体的收入水平。首先，在城市中要继续推进和完善以养老、失业、医疗保险为重点的社会保障制度，健全最低生活保障体系。其次，扩大社会保障覆盖面，将更多的社会成员特别是中低收入者纳入社会保障体系。应尽快把农民工、失地农民、灵活就业人员纳入到社会保障体系中来。再其次，加大再就业工程实施力度，广开就业门路，帮助失业人员进行转岗培训，采取多种方式安置下岗职工，政府尽可能地为他们"二次创业"提供方便和优惠政策。最后，不断完善农村社会保障制度，探索建立农民工养老保险和多种形式的农村养老保险制度，推进新型农村合作医疗制度，研究建立农村老龄人口生活补助制度。

课题组成员：黄卫红　王元龙

个人所得税的税收归宿与收入再分配

浙江工商大学课题组

一、税收归宿与收入再分配

尽管有关"恰当的"收入分配的各种观念都属于价值判断，并没有"科学的"方法来解决人们在伦理方面的差异。然而，从人类进入文明社会以来，收入分配就一直是社会关注的重要话题之一，因为能否给穷人提供像样的生活条件，是对文明社会的真正考验，也是评价执政党统治艺术的一个重要指标。

传统上，中国是一个讲求等级的社会，很早就有"贵贱有等，长幼有差，贫富轻重皆有称《荀子·礼论》"之说，不过注重公平的思想在中国同样源远流长，无论是我国最早哲学著作《周易》中"君子以衰多益寡，称物平施"的表述，还是到如今的和谐社会建设，无不包含着公平正义的收入分配理念。然而中国改革开放以来经济发展的现实是，"效率优先，兼顾公平"一方面促进了中国经济社会的快速发展，但对"兼顾公平"的长期重视不足也逐步造成我国目前社会收入的严重分配不公平现状。按照王小鲁（2010）的研究，在初次国民收入分配中，劳动报酬占 GDP 的比重由 1980 年的 41% 下降到了 2008 年的不足 30%，而同期政府与企业部门的收入却处于一个不断上升的通道中。就居民收入层面而言，基尼系数已明显高于国际公认的警戒线水平。而更严重的问题是，造成收入差距不断扩大的原因，并不是个人能力的差异所致，而是不同群体之间反复较量与激励博弈的结果，于是，政府挤占说、劳动所得偏低说、垄断行业收入畸高说、税制不健全说、城乡二元结构说、富人阻碍改革说等不同观点成为了解释我国收入分配成因的主要阵地（李实、赵人伟，1999；杨宜勇，2010；郑功成，2009）。仔细研究这些观点，我们不难发现：如果说初次收入分配中的"效率优先"并不有利于我国公平收入分配的实现还具有一定合理性的话，我国近几十年来收入差距不断扩大的现实则充分表明我国再收入分配政策的失灵，而其中的原因非常简单：没有真正地对富人征税，就没有真正的对穷人的转移，当然也就不可能有真正的收入差距的缩小。或者用税收学的术语来讲就是：如果税收政策不能有效地防止税负转嫁，财政政策就不能有效地实现公平收入分配，理论上则可以用税收归宿来反映这种现象的本质。

税收归宿是财政学的基本命题，其实质是由政府税收行为导致的资源相对价格变动而引致的个人效用或社会福利水平的变化。自 1953 年马斯格雷夫（Musgrave）将税收归宿问题归结为相对价格变动或相对收入水平的变动以来，有关税收归宿的研究基本上还没有突破这一判断，而哈伯格（Harberger）于1962 年建立的基于边际生产力理论的现代税收归宿一般均衡理论则是有关税收归宿研究的具有里程碑意义的成果。此后，从价格决定机制出发，有关现代税收归宿理论始终是财税理论研究的热点问题。其中对税收归宿收入分配功能不断进行的深度探索是一个重要的研究重点，有关这一方面的研究从对社会个人或群体相对状况变化的简单描述，已经发展到定量研究税收归宿导致的收入分配判定指标的变化及影响机理。

上述分析表明，从税收归宿的角度研究收入再分配，是有关税收对收入分配影响研究的根本性问题，正是基于这样的认识，本文将以个人所得税为例分析其对收入分配的影响。

二、有关税收归宿的研究综述

作为重要的财政政策手段，税收的规模与结构不仅影响人们的可支配收入，也会影响不同社会群体的相对收入水平，从而形成收入分配效应，税收归宿所关注的正是税收的收入分配效应。一般来说，由于税负转嫁的存在，税收的收入分配效应通常都不是很直观的，大多数的税收归宿文献都是基于边际生产力理论的新古典假设，并在尽可能全面考虑到税收导致的各种商品与要素价格变化的前提下，采用一般均衡方法得到的结果。

新古典归宿模型是有关税收归宿研究最为成熟和最具代表性的理论成果，这一理论把税收归宿归结为相对价格变化或实际收入水平的变化问题（Musgrave, et al. , 1951；Musgrave, 1953），其最基本的研究方法是局部均衡模型与一般均衡模型。局部均衡模型认为税收归宿与弹性呈负相关性，弹性小的商品（或要素）需要承担更多的税负（Rolph, 1952）。哈伯格是将一般均衡模型运用于税收归宿分析的先驱者，他基于诸如封闭经济、完全竞争市场、要素的零成本流动性、生产技术规模报酬不变、要素供给总量固定等标准的新古典假设，构建了一个两部门、两要素的一般均衡模型，认为市场价格调整的结果是使一般要素税或一般商品税的归宿等于其法定归宿，市场各主体会依各自对国民收入的贡献、以相同的税率承担相应的税负；而对于一般均衡模型下的局部要素（或商品）税归宿，哈伯格认为局部要素税（或差别商品税）会使高税率部门的产量减少，形成产量效应，同时，高税率部门产量的减少迫使其使用的要素需要在低税率部门找到出路，这一过程会形成要素替代效应，一般来说，在生产技术存在差异的条件下，产量效应会对要素价格形成两个方向不同的影响，因此，低税率部门对高税率部门要素吸收能力的差异最终会影响到要素的相对价格，这样，在局部要素（或商品）税情况下，税收归宿并不是很明确的，为了给出局部要素税的实证结论，哈伯格在假定消费者偏好完全相同的情况下，针对美国公司的情况进行了经验分析，发现资本拥有者承担了更多的公司税（Harberger, 1962）。

沿着哈伯格经典的一般均衡模型，梅什科夫斯基（Mieszkowski, 1967）在放弃消费者偏好相同的假设下，分析了局部要素税的产量效应与要素替代效应，认为如果个人偏好存在差异，则税收引起的收入分配的变化会进一步影响到消费者的支出决策，从而抵消或放大局部要素税的收入分配效应。从时间维度上看，税收不仅具有直接的收入分配效应，还能够通过显著影响总收入水平而产生收入分配效应，这即是税收的长期归宿效应，其实质是对标准税收归宿模型中要素供给固定假设的放弃，内容上则体现为税收政策的储蓄或经济增长效应，研究模式上也没有像标准归宿模型那样具有良好稳定的分析框架。多斯尔（Dosser, 1961）是较早注意到长期归宿的学者之一，他认为如果不同社会群体间的收入变化率存在较大的差异，则某一时点上的累进税制可能会随着时间的推移而具有了累退性，这引发了人们对税负责任与收入增长关系的研究。克日扎尼亚克（Krzyzaniak, 1967, 1968）分别运用单部门与两部门新古典增长模型考察了公司税对要素构成，资本回报率，利润总额与工资总额的长期影响，认为利润税引致的资本形成的减少会导致资本税前收益率的显著增长，相应的经验分析表明，全球长期税收负担是税收收入的 2.7 倍，其中总税负的 44% 由劳动者承担了。斯蒂格利茨（Stiglitz, 1969）突破了新古典对要素划分的传统方法，依据再生产方式、个人禀赋和个人储蓄行为方面的差异考查了财富税的长期归宿，得到了财富税使长期税负归宿更为公平的结论。科伊施尼格（Keuschnigg，1994）则从代际税负转嫁的角度研究了税收的长期归宿，并提出了代际中性的税制改革建议。

对新古典模型完全市场结构假设的突破，是税收归宿研究向更具现实意义的重要推进，不过，这方面的文献还相对缺乏。斯特恩（Stern，1987）研究了在垄断竞争市场中征收差别商品税（或单位税）对价格、利润和企业数量的影响，认为在企业数量固定的情况下，如果税收减少了企业的利润，则在允许企业数量变化时的价格效应就明显，也即是说可能导致厂商的一个更高的税负转嫁。贝斯利（Besley，1989）进一步考虑了税收政策对企业进入非完全竞争行业的成本影响，认为税率的上升会导致价格水平的更大上升，造成的税负转移甚至超过100%。对于从价税与单位税的不同经济效应，基恩（Keen，1992）比较了从价税与单位税在寡头垄断与垄断竞争两种情况下的情况，发现相对于单位税，从价税意味着更低的消费者价格、更高的税收收入和（寡头垄断时）更低的利润，且更具社会福利方面的优势。斯基思和苏珊（Skeath and Susan，1994）则进一步把从价税的这一帕累托优势推广到 Cournot-Nash 垄断竞争市场中，认为只要税率超过某一"临界值"，从价税的这种帕累托优势就总是成立的。针对非完全市场结构中税收归宿方法论的研究，汉密尔顿（Hamilton，1999）提出了扩张的 Cournot 模型，方法是在非完全市场税收归宿的研究中进一步融入政府管制类政策工具的影响，并据此分析了不同产出弹性条件下的税收归宿，布莱克比和穆尔蒂（Blackorby and Murty，2007）则将完全垄断部门嵌入到一般均衡分析框架当中，并证明在 1 个百分点利润税情况下，单位税与从价税在帕累托意义上是等价的。

除了经由放松标准一般均衡模型的基本假设来深化税收归宿的研究外，人们还引入不同地区间的贸易来扩展税收归宿的研究范围。由于不同地区间的税制或资源禀赋存在差异，当商品或要素在地区间流动时，显然会伴随着税负在地区间的转移，因此，人们如果关心地区间收入差距的变化，就必然会关联到税收在地区间的归宿问题。然而，针对地区间税收归宿的研究文献大多关注于税收对效率的侵蚀，或者仅仅关注于税收对一个国家整体收入水平的影响，为数不多的文献包括了帕克斯（Parks，1961）基于开放经济视角下对税收归宿理论的分析及萨缪尔森和斯托尔帕（Samuelson and Stolper，1941）对关税收入分配效应的分析等。近年来的研究文献则更多的转向于国际贸易中的税收输出与效率损失。

税收归宿研究的另一个扩展方向是计算模型与实证研究。计算模型的目标是要将税收归宿的收入分配效应进行定量计算，或者说是要将收入分配效应用收入分配指标的变化反映出来，阿伦森和兰伯特（Aronson and Lambert，1994）、阿伦森等（Aronson et al.，1994，1999）在税收归宿的计算研究方面贡献突出，在假定可对人们的税前收入进行精确分组、且税收并不会影响到收入的组内及组间排序的条件下，他们构建了一个性质良好的衡量税收影响基尼系数的理论模型，并在经验分析中得到大量应用；不过，模型对收入群体分组的人为封闭也可能导致产生误导性的结论（Van De Ven et al.，2001），于是，厄本和兰伯特（Urban and Lambert，2008）提出了一个包括税收引致的三种不同排序（组内排序，组间排序，组排序）变动的测度基尼系数变化的计算模型，并运用克罗地亚的数据进行了验证。

税负归宿的实证研究文献比较庞杂，早期影响比较大的文献主要是克日扎尼亚克和马斯格雷夫（Krzyzaniak and Musgrave，1963）运用美国制造业1935~1959年的数据就公司税对资本回报率影响的研究（即 K-M 模型），其令人吃惊的结论是单位资本增加1美元的税负，会导致税前利润增加1.3美元，也即美国制造业公司税的转嫁程度超过了100%。对 K-M 方法的主要质疑是其不恰当地使用了相关变量，主要是没有考虑到样本期经济周期变化的影响，具体来说就是其对影响利润的销售与产出等变量的选取没有做到严格控制，从而产生了遗漏变量问题（Gordon，1967），据此，斯利特（Slitor，1966）等学者在 K-M 模型的基础上，引入了诸如就业率等反映经济周期的变量或反映样本期间特殊年份的哑变量，从而大幅度降低了 K-M 模型的估计数值。不同于时间序列的另外一种方法是基尔帕特里克（Kilpatrick，1969）的截面分析法，他通过引入产业集中度来表示税负转嫁的能力，并对公司利润进行回归，结论是美国制造业的税负转嫁能力大约为100%。此后，随着统计推断技术与计量经济学的发展，有关税收归宿研究的新方法层出不穷，很难用有限的篇幅介绍清楚，但一个主要的方向是微观模拟技术和现代计量方法的大量应用（Fullerton and Metcalf，2002）。

国内从税收归宿角度研究收入再分配方面的相关文献相对较少，从笔者掌握的文献看，较早研究税负转嫁的文献是过大江（1997）对我国工商税负转嫁的介绍，其后，朱福兴（2003）运用税收归宿局部均衡与一般均衡模型分析了我国消费税的归宿问题，并提出了消费税改革的政策建议，康昕和李伟（2005）研究了差异税率条件下的税收归宿，实际上是一般均衡模型中的局部要素税问题，此后，谷成（2005）从税收归宿角度对我国财产税改革的分析，张阳

（2005）对我国企业所得税归宿的研究等都具一定的现实意义。

综合国内外现有文献，我们发现：无论是有关税收归宿理论模型的构建，还是针对不同国家进行的经验分析，国外文献在质量与数量上都占有绝对优势，而国内有关税收归宿方面的研究还处于起步阶段，大多数的文献仅仅是对国外研究成果的介绍，或运用中国实际去印证国外理论，独立的研究成果十分罕见。大多数国外税收归宿的经典模型是建立在严格假设基础上的，是纯粹理论性的东西，一些最新的研究成果虽然注意到了非完全市场结构的情况，但这些成果大都是基于单一市场、同质产品，企业进行产量竞争的古诺均衡下的模型，在如今价格竞争日趋突出，产品差异化日趋明显的产业发展背景中，古诺市场下的税收归宿显然是缺乏现实意义的。从国外税收归宿的计量实证看，虽然研究文献汗牛充栋，新的计量方法也不时被应用，研究的对象则主要是公司所得税的归宿，而对个人所得税部分则通常假定为不存在税负转嫁，也即是其法定归宿与经济归宿是一致的。

然而我们认为：有关国外税收归宿的研究尽管已经基本形成完备的研究体系，但在涉及个人所得税时假定其税收归宿明确的行为，虽然简化了现实，但却严重侵蚀了其现实意义。因此，本文就个人所得税的税收归宿及其对收入分配的影响进行一个简要的分析。

三、个人所得税税收归宿对收入分配的影响

为分析个人所得税税收归宿对收入分配的影响，我们首先简要介绍一下税收公平、税收归宿与收入分配的关系。如表 1 所示，首先是税收公平的概念，人们通常把税收公平区分为横向公平与纵向公平，横向公平要求相同境况的人缴纳相同的税收；纵向公平要求境况不同的人缴纳不同的税，纳税能力比较大的人应该缴纳比较多的税收；如果一个税种能够同时满足横向公平与纵向公平，则认为这个税种的设计就是公平的，如表 1 中的税收公平情况 I，五组收入相同的人 A_i；B_i；C_i；D_i；E_i（$i = 1, 2$）缴纳的税收分别是相同，因此符合横向公平原则；同时，不同收入层次的人 A，B，C，D，E 缴纳的是不同的，收入高的人缴纳的税收较多，因此也符合税收的纵向公平原则，于是，如果仅按照税收公平的上述标准，则税收公平情况 I 就是一个公平的税制设计。然而，如果我们再考察一下税收公平情况 II 的情形，其产生的结果显然与情况 I 的结果差别明显。

表1   税收公平、税收归宿与收入公平分配

	项目										
	纳税人	A_1	A_2	B_1	B_2	C_1	C_2	D_1	D_2	E_1	E_2
税收公平 I	税前收入	10		30		50		70		90	
	税前收入排序	最低		次低		中等		次高		最高	
	纳税情况 I	0		5		10		15		20	
	税后收入	10		25		40		55		70	
	税后收入排序	最低		次低		中等		次高		最高	
税收公平 II	纳税情况 II	0		5		10		15		40	
	税后收入	10		25		40		55		50	
	税后收入排序	最低		次低		中等		最高		次高	
	E 转嫁 D 后实际税负	0		5		10		25		30	
	考虑转嫁后的收入	10		25		40		45		60	
	考虑税收归宿排序	最低		次低		中等		次高		最高	

注：本表数据均为虚拟。

在税收公平情况 II 中，税制设计同样满足税收的横向公平与纵向公平原则，但对税后收入影响的排序看，税收公平情况 I 的税制并没有改变人们的税前收入排序，税收公平情况 II 则调整最高收入组 E 的收入到次高水平，从而使原次高收入组 D 的税后收入成为最高。如果我们进一步计算一下两种情况下的基尼系数的话，很容易看出两种征税模式对收入分配的影响是不同的，这也就是在有关税收收入分配效应中将税收对收入排序的影响作为一个重要考虑因素的关键所在。

弄清楚税收公平与收入分配的关系后，再考查存在税收归宿时的情形。假定在税收公平情况 II 的情形中，纳税人 E 可以转嫁 10 单位税收给 D，于是最终的收入排序变化如表1末行所示，显然，表1所示的税负转嫁导致在考虑税收归宿意义上获得了公平的税制，或者说税收归宿使一个非严格意义上的公平税制转化为了严格意义上的公平税制。当然，转嫁对公平性的影响绝非是单向的，也就是说，税负转嫁也可以将一个严格意义上的公平税制转变为非严格意义上的公平税制，甚至是非公平的税制。据此，我们可以得出结论：税负转嫁会通过影响税收公平而影响到收入分配，因此，研究和掌握征税行为中税负转嫁、搞清楚真正的税收归宿是研究税收收入分配效应的关键所在。

对于个人所得税而言，有关其公平效应方面的文献大多从个税所体现的累进程度予以分析，认为累进程度高的个税公平效应突出，反之亦然。然而，从

我们上述分析不难看出，这样的分析思路实际上暗含了个税不存在税负转嫁的假设前提，因为如果存在税负转嫁的话，一个高累进的个税设计可能并不能真正起到公平收入分配的效果。因此，要真正理解个税所具有的收入分配效应，同样必须注意到个税的税负转嫁问题。

理论上讲，现有的税收归宿理论无论是直观的局部均衡分析、还是严密逻辑背景中的一般均衡分析，都清楚地表明了个税表现出的税负转嫁机理：在局部均衡分析中，如果假定个税税源（个人所得）来源于个人劳动的话，那么个人所得税问题就可以归结为要素税的归宿问题，根据归宿的无关性定理，个税无论是由个人缴纳还是单位代缴，税收归宿都是由供求双方的弹性决定，如果劳动供给富有弹性的话，个税税额就会大部分转嫁给个人的供职单位，当然，反之亦然。在一般均衡分析中，个人所得税更多地体现为局部要素税，个税的归宿不仅取决于经济生产中所使用的技术，也与市场供求的变动，甚至消费者偏好的变化有关，此时，尽管理论上并不能给我们以明确的个税归宿结论，但其归宿不确定性的结论却一览无余，于是，从一般均衡的角度同样为我们提出了关注个税归宿必要性的信号。

理论分析的结论为经验分析提供了必要的空间，然而出于个税微观数据方面的限制，有关个税归宿方面的经验分析远没有像公司所得税归宿那样有关广泛而深入的解析。这种情况在我国有关税收归宿的经验研究方面尤为明显，本文的分析将基本限定在个税归宿的影响因素与相关对策的分析方面。

从收入构成看，由于我国实行的是分类所得税制，不同收入构成的相同收入者，对各自应税收入的控制能力显然是不同的，因此，个人对其收入来源的控制能力就成为其经济税负轻重的重要影响因素，一般来说，对自身收入来源控制能力较强的人需要承担的实际税负就较少。个税政策的时间一致性，多变的个税政策为收入自主性较强者转嫁税负提供更多的选择空间。个人所拥有人力资本的可替代性，个人所拥有人力资本的可替代性越差，个体转嫁税负的能力就越强，承担的税负就越少。

四、政策建议

税负转嫁是经济生活中的常见现象，也是影响公平收入分配的重要经济现象，税负转嫁的存在对公平税制的设计提出了挑战，进而对实现和谐收入分配格局的收入分配结构提出了挑战。个人所得税是调节社会收入差距最直接和最重要的税收政策工具，因此，个人所得税的设计必须真正考虑到税负转嫁的影响才可能真正实现其收入分配调节器的功能。就我国个税的现状看，我们认为还应该在如下几个方面加以完善。

从实现居民收入公平的视角看，我国目前执行的分类个人所得税制因向综合所得税制转变，其原因很简单，比如居民1和居民2从事同一工作获取相同收入，而从事这一工作时，他们都面临雇主同样额度的税负转嫁，现假定政府决定对这一工作所得开征个人所得税，于是居民个人的总体税负就会增加，居民逃离此工作岗位的动力也相应增加，在分类所得税下，如果其中某一居民有机会调整工作岗位，他就可以避免雇主的税负转嫁，结果，看似公平的个人所得税却造成了居民收入的更大不公平。而实现综合所得税以后，在面对同样的税前负担的情况下，个人所得税就不会存在个人重新工作的激励，于是，税前相同收入的人，税后也同样相同收入。

注重税收政策的一致性与连贯性。一个拥有更多人力资本的居民，通常具有更多的工作选择机会，也往往会有较高的收入水平。在分类所得税制度下，这类人群由于可以在较短时间内重新获得就业而逃避税负的增加，于是，相对于税制的稳定，一个经济处于变动中的税制就可能总是有利于收入来源丰富的个体。

个人所得税收入分配功能的实现还必须注意相关政策的配套协作，市场经济条件下个人与企业的避税行为完全可以是一种合理和理性的经济行为，税收制度作为法律制度，不可能、也不应该随着某些个人经济行为的变动而不断变动，因此，个税要实现收入分配功能，还必须考虑与收入转移、企业与个体行为的规范性建设等结合起来，唯有在一个经过通盘考虑的环境中，个税的收入分配功能才有可能真正获得实现。

参考文献

［1］谷成：《财产课税与地方财政——一个以税收归宿为视角的解释》，载《经济社会体制比较》，2005年第5期。

［2］过大江：《我国工商税收负担及其转嫁归宿》，载《学海》，1997年第2期。

［3］康昕、李伟：《有差异税率条件下的税收归宿》，载《贵州财经学院学报》，2005年第4期。

［4］李实、赵人伟：《中国居民收入分配再研究》，载《经济研究》，1999年第4期。

［5］王小鲁：《我国国民收入分配现状、问题及对策》，载《国家行政学院学报》，2010年第3期。

［6］杨宜勇：《当前我国收入分配领域存在的主要问题及其对策》，载《中国经贸导刊》，

2010 年第 13 期。

［7］张阳：《中国企业所得税税收归宿问题研究》，载《税务研究》，2005 年第 12 期。

［8］郑功成：《中国社会公平状况分析——价值判断、权益失衡与制度保障》，载《中国人民大学学报》，2009 年第 2 期。

［9］朱福兴：《消费税归宿的均衡分析及启示——从税收负担归宿的均衡分析谈消费税改革》，载《苏州职业大学学报》，2003 年第 4 期。

［10］A. C. Harberger, The Incidence of the Corporate Income Tax. *Journal of Political Economy* 1962 70（3）：215 – 240.

［11］C. Blackorby and S. Murty, Unit Versus and Valorem Taxes：Monopoly in General Equilibrium. *Journal of Public Economics* 2007 91（3 – 4）：817 – 822.

［12］C. Keuschnigg, Dynamic Tax Incidence and Intergenerationally Neutral Reform* 1. *European Economic Review* 1994 38（2）：343 – 366.

［13］D. Dosser, Tax Incidence and Growth. The Economic Journal 1961：572 – 591.

［14］D. Fullerton and G. E. Metcalf, Tax Incidence. *Handbook of public economics* 2002 4：1787 – 1872.

［15］E. R. Rolph, A Proposed Revision of Excise-Tax Theory. *The Journal of Political Economy* 1952 60（2）：102 – 117.

［16］I. Urban and P. J. Lambert, Redistribution, Horizontal Inequity, and Reranking. *Public Finance Review* 2008 36（5）：563.

［17］J. E. Stiglitz, Distribution of Income and Wealth among Individuals. *Econometrica：Journal of the Econometric Society* 1969 37（3）：382 – 397.

［18］J. R. Aronson and P. Lambert, Decomposing the Gini Coefficient to Reveal the Vertical, Horizontal, and Reranking Effects of Income Taxation. *National Tax Journal* 1994 47：273 – 273.

［19］J. R. Aronson, et al. , Estimates of the Changing Equity Characteristics of the US Income Tax with International Conjectures. *Public Finance Review* 1999 27（2）：138.

［20］J. R. Aronson, et al. , Redistributive Effect and Unequal Income Tax Treatment. *The Economic Journal* 1994 104（423）：262 – 270.

［21］J. Van De Ven, et al. , Close Equals and Calculation of the Vertical, Horizontal and Reranking Effects of Taxation. *Oxford Bulletin of Economics and Statistics* 2001 63（3）：381 – 394.

［22］M. Krzyzaniak and R. A. Musgrave, The Shifting of the Corporation Income Tax［M］. Ed. Johns Hopkins 1963 .

［23］M. Krzyzaniak, The Burden of a Differential Tax on Profits in a Neoclassical World. *Public Finance* 1968 23（1）.

［24］M. Krzyzaniak, The Long-run Burden of a General Tax on Profits in a Neoclassical World. *Public Finance* 1967 22（4）：472 – 491.

［25］P. A. Samuelson and W. Stolper, Protection and Real Wages. *Review of Economic Studies*

1941 9 （1）：58 –73.

［26］ P. M. Mieszkowski, On the Theory of Tax Incidence. *The Journal of Political Economy* 1967 75 （3）：250 –262.

［27］ R. A. Musgrave, et al. , Distribution of Tax Payments by Income Groups：A Case Study for 1948. *National Tax Journal* 1951 4 （1）：1 –53.

［28］ R. E. Slitor, Corporate Tax Incidence：Economic Adjustments to Differentials under a Two-Tier Tax Structure. *Effects of Corporation Income Tax* 1966 .

［29］ R. J. Gordon, The incidence of the corporation income tax in US manufacturing, 1925 – 62. *The American Economic Review* 1967 57 （4）：731 –758.

［30］ R. Musgrave, On incidence. *The Journal of Political Economy* 1953 61 （4）：306 –323.

［31］ R. Parks, Theory of Tax Incidence：International Aspects. *Nat. Tax J.* , June 1961 14：190 –197.

［32］ R. W. Kilpatrick, The Short-run forward Shifting of the Corporation Income Tax ［M］. University Microfilms, Inc. 1969 .

执笔：郭宏宝

图书在版编目（CIP）数据

促进居民收入分配结构调整的财税政策研究／浙江
省财政学会编．—北京：经济科学出版社，2012.8
ISBN 978 - 7 - 5141 - 2298 - 5

Ⅰ.①促… Ⅱ.①浙… Ⅲ.①居民收入 - 收入分配 -
财政政策 - 研究 - 中国 Ⅳ.①F812.2

中国版本图书馆 CIP 数据核字（2012）第 194120 号

责任编辑：齐伟娜
责任校对：隗立娜
版式设计：代小卫
技术编辑：李 鹏

促进居民收入分配结构调整的财税政策研究

浙江省财政学会 编

经济科学出版社出版、发行 新华书店经销

社址：北京市海淀区阜成路甲 28 号 邮编：100142

总编部电话：88191217 发行部电话：88191540

网址：www. esp. com. cn

电子邮件：esp@ esp. com. cn

北京中科印刷有限公司印装

787 × 1092 16 开 13.75 印张 240000 字

2012 年 8 月第 1 版 2012 年 8 月第 1 次印刷

ISBN 978 - 7 - 5141 - 2298 - 5 定价：30.00 元